U0531117

MORAL
EDUCATION
FOR
ADOLESCENTS

武陵地区社会与
青少年德育研究

邱世兵　著

中国社会科学出版社

图书在版编目（CIP）数据

武陵地区社会与青少年德育研究/邱世兵著.—北京：中国社会科学出版社，2021.3

ISBN 978-7-5203-8023-2

Ⅰ.①武⋯ Ⅱ.①邱⋯ Ⅲ.①青少年教育—德育—研究—西南地区 Ⅳ.①G41

中国版本图书馆 CIP 数据核字（2021）第 038437 号

出 版 人	赵剑英
责任编辑	孔继萍
责任校对	夏慧萍
责任印制	郝美娜

出　　版	中国社会科学出版社
社　　址	北京鼓楼西大街甲 158 号
邮　　编	100720
网　　址	http://www.csspw.cn
发 行 部	010-84083685
门 市 部	010-84029450
经　　销	新华书店及其他书店
印　　刷	北京君升印刷有限公司
装　　订	廊坊市广阳区广增装订厂
版　　次	2021 年 3 月第 1 版
印　　次	2021 年 3 月第 1 次印刷
开　　本	710×1000　1/16
印　　张	14.25
字　　数	225 千字
定　　价	88.00 元

凡购买中国社会科学出版社图书，如有质量问题请与本社营销中心联系调换
电话：010-84083683
版权所有　侵权必究

前　言

　　武陵地区是地处湖北、湖南、贵州、重庆三省一市边境交汇处的少数民族聚居区。区域内世居少数民族，是跨省交界面积大、少数民族聚集多、贫困人口分布广的连片特困地区。该地区的特殊地理社会环境、特殊教育条件和教育对象，决定了其教育模式与方法的特殊性。

　　本书以武陵地区为对象区域，对该地区教育及社会环境展开了调查研究，并以此为基础对该地区青少年德育展开了理论探索。在"调查研究"部分，我们主要调查了武陵地区的经济社会状况、政策环境、办学条件及办学水平情况。调查研究发现，该地区经济社会落后、民族文化特殊、办学条件落后、师资力量薄弱、办学水平较低，其中经济社会落后是制约该地区教育与社会发展的主要因素。在"理论探索"部分，我们主要以武陵地区青少年为主要研究对象，对其德育（包括政治认同）展开了系统理论思考。研究发现，武陵地区青少年德育需遵循民族教育特殊规律，具体来说就是尊重少数民族文化习惯，立足于少数民族文化来实施教育（青少年德育）。在具体教育实践中，教育者需要引导青少年在今昔对比中、在实践体验中实现对党和国家的认同。同时少数民族青少年德育，需在多元一体格局下以民族文化来涵化和涵育青少年思想政治素质，并在"一体"性基础上培育青少年的中华民族共同体意识。

　　总体来说，武陵民族地区青少年德育素养提升，既取决于该地区经济社会发展，也取决于教育者对民族教育规律的依循。本书是一个初步的探索。未来武陵民族地区教育发展要在自立自强的基础上，走对外争取改善教育环境与条件、对内探索民族教育自身规律的内涵发展道路。

目　录

第Ⅰ部分　调查研究

恩施州农村中小学教师生存状态调查 …………………………………（3）
武陵地区民族德育现状调查 ……………………………………………（21）
民族院校转型发展调查 …………………………………………………（63）
鄂西高校宣传思想工作调查 ……………………………………………（74）
近年来党的民族政策在恩施州落实现状调查 …………………………（100）
武陵山片区精准扶贫中易地搬迁农民生存状态调查 …………………（119）

第Ⅱ部分　理论探索

少数民族传统文化的德育价值 …………………………………………（139）
以文育德：一种少数民族道德教育的新路径 …………………………（149）
同一与超越：社会主义核心价值观与少数民族传统价值观
　的比较 …………………………………………………………………（160）
影响少数民族大学生政治认同的主要因素 ……………………………（174）
论民族文化对少数民族大学生政治认同的影响 ………………………（180）
少数民族大学生政治认同的生成机制探究 ……………………………（187）
少数民族大学生政治认同教育的策略 …………………………………（195）

文化视角下的民族院校道德教育 …………………………………（202）
民族院校大学生马克思主义理论接受、认同教育规律 ……………（212）
民族院校开放办学新路径 ……………………………………………（221）

第Ⅰ部分

调 查 研 究

恩施州农村中小学教师生存状态调查

民族地区农村中小学教师是民族地区知识的传播者，是民族文化的传承者，是培育民族下一代的基础力量。切实关注民族地区农村中小学教师的生存状态，是民族地区乡村教育发展的必然选择。恩施土家族苗族自治州位于湖北省西南边陲，其农村中小学教师占全州中小学教师的73.9%，农村中小学生占全州中小学生的76.7%。73.9%的农村中小学教师承担着全州76.7%学生的教学任务，可以说农村中小学教师是该地区教育教学的决定力量。因而，准确把握该地区农村中小学教师的生存状态、了解他们面临的困境，提出切实有益的解决问题的措施和建议，对促进该地区教育的整体发展具有重要意义和价值。为此，本课题组在全州开展了一次恩施州农村中小学教师生存状态的调查。本次主要抽取恩施州的四个县市，并在四个县市中抽样选择了12所学校。调查主要采用座谈和发放问卷的方式进行（本次参加座谈的有53位老师，发放并收回了217份问卷）。调查中还访谈了16位校长、1位乡镇领导、3位教育局领导和1位分管教育的县市领导。

一　调查结果统计

（一）被调查对象的自然状况

1. 调查对象的地域分布与民族构成

本次研究主要调查恩施土家族苗族自治州（以下简称"恩施州"）恩

施市、利川市、巴东县和鹤峰县。选取恩施州这几个县市主要因为恩施州是土家族、苗族集中居住的地区，同时恩施、利川、巴东属于恩施州教育大县市，也是教育较强的几个县市，而鹤峰县教育相对较弱，其乡村教育具有代表性。在所有调查样本中，恩施占30%，鹤峰占22%，巴东占25%，利川占23%（见图1）。因恩施州是土家族苗族自治州，因此此次调查对象主要为土家族和苗族。调查中也包括一定比例的侗族、朝鲜族、壮族、蒙古族、回族、彝族等其他少数民族。在所调查样本中，土家族占43%，苗族占29%，其他少数民族占12%，汉族占16%（见图2）。

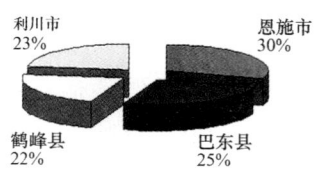 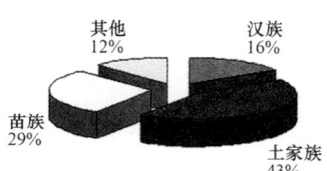

图1　调查对象区域分布　　　图2　调查对象的民族构成

2. 被调查对象的性别与年龄

此次调查样本中：男性占44%，女性占56%，这一比例与该地区男女性别比例大体吻合（见图3）。在年龄方面，此次调查样本年龄在25岁以下的占22%，26—35岁的占34%，36—45岁的占23%，46—55岁的占13%，55岁以上的占8%（见图4）。从数据看，本地区教师主要以青年教师为主，45岁以下者累计占79%。

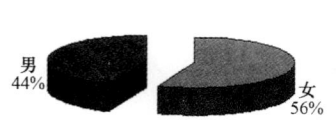 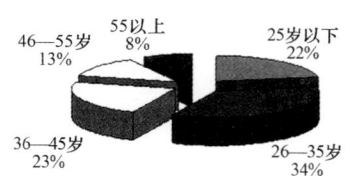

图3　调查对象的性别构成　　　图4　调查对象的年龄构成

3. 调查对象的教龄状况与学科比例。

在教龄方面,此次调查样本中,教龄低于 5 年的教师占总体样本的 32%,教龄为 5—10 年的占 25%,教龄在 11—20 年的占教师比例的 24%。有 57% 的教师教龄在 10 年以内(见图 3)。这表明乡村教师呈现出年轻化现象。年轻教师充满活力,但经验不足,他们需要更多培训和提升机会。被调查对象的学科比例方面,此次调查样本中语文学科教师占 26%,数学学科教师占 29%,英语学科教师占 13%,其他学科教师占 32%。

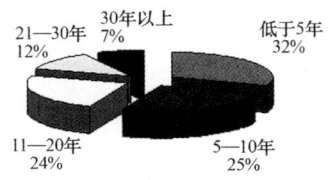
图 5　调查对象的教龄构成

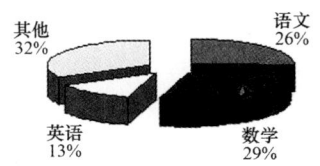
图 6　调查对象的学科构成

(二) 被调查对象的内在生存状态

1. 学历状况

学历是反映教师学业水平和学术能力的重要尺度。调查显示本地区农村中小学教师的第一学历主要是中师和专科,两者共占调查样本的 74.7%,而其中中师占 41.9%。教师中第一学历为本科学历的只占 18.1%。在最高学历方面,调查样本最高学历为本科的占 64.1%,专科占 29.9%,中师占 6.0%。这一数据表明,老师们都注重自身学历提升,到目前有 94.0% 的教师都达到了专科以上水平(见表1)。访谈中,在问及"学历提升对自身业务能力和业务水平是否有较大帮助"时,只有少部分通过自学考试途径提升学历的老师认为有帮助,而多数通过网络教育和函授教育途径提升学历的教师认为没有什么帮助,其学历提升动机主要是因职称评定的需要。

表1　　　　　　　　　　教师学历情况　　　　　　　　（单位:%）

	本科	专科	中师	其他
第一学历	18.1	32.8	41.9	7.2
最高学历	64.1	29.9	6.0	0

2. 职称状况

职称反映着专业技术人员教师的业务水平和业务能力。调查显示首先该地区农村中小学教师大多为初级职称，占调查样本的46.1%；其次为中级职称，占调查样本的30.0%，初级和中级职称教师占调查总数的76.1%。而高级职称只占调查对象的5.1%（见表2）。此数据显示本地区教师职称结构不合理，特别是高级职称与中级职称比例失衡，同时中级职称与初级职称比例差距也较大。访谈中，有老师指出："在职称评定中主要存在的问题是名额少，高级职称一个乡镇有时一年只有1—2个名额，而且每年在职称评定时标准变动较大，老师们无所适从。"19%无职称教师主要是因新进而没有转正定级。

表2　　　　　　　　　教师职称状况

	频数	百分比（%）	累计百分比（%）
高级	11	5.1	5.1
中级	65	30.0	35.1
初级	100	46.1	81.2
无职称	41	18.8	100.0
总样本量	217	100.0	

3. 身心状况

教师身心健康状况是反映教师生存状态的重要指标。调查显示该地区农村中小学教师大多患有不同程度的咽喉炎和颈椎病，患病比例达81%，少部分教师的职业病已明显影响到其继续从事教学活动，仅有19%左右的教师表示未患职业病。心理健康方面，该地区老师们普遍反映工作压力大，有31.8%的教师认为工作压力非常大，有62.2%的教师认为工作压力比较大。从累计百分比来看，认为自身工作压力比较大的占94.0%（见表3）。这一数据反映该地区教师生存状态并不理想。在进一步访谈中，教师们认为造成其工作压力大的因素主要有两个：一是学生学习成绩，因为相关部门主要以学生学习成绩来评价教师优劣和认定教师绩效；二是来自学生安全压力，特别是班主任老师对学生安全担负着重要责任，大脑这根"弦"随时都绷得很紧。

表3　　　　　　　　　　教师工作压力状况

	频数	百分比（%）	累计百分比（%）
工作压力非常大	69	31.8	31.8
工作压力比较大	135	62.2	94.0
工作压力一般	10	4.6	98.6
没有工作压力	3	1.4	100.0
总样本量	217	100.0	

表4　　　　　　　　　　教师职业幸福感

	频数	百分比（%）	累计百分比（%）
有较强的职业幸福感	22	10.2	10.2
有一定职业幸福感	144	66.3	76.5
有少许职业幸福感	39	17.8	94.3
没有职业幸福感	12	5.7	100.0
总样本量	217	100.0	

4. 职业幸福感

职业幸福感是教师个体作为教师生存状态的综合反映。该地区农村中小学教师对自身职业基本满意，有一定的职业幸福感。此次调查显示，有10.2%的教师有较强的职业幸福感，有66.3%的教师表示有一定的职业幸福感，有17.8%的教师有少许的职业幸福感，有5.7%的教师表示没有职业幸福感。从数据来看，该地区教师有一定职业幸福感的数量累计达76.5%（见表4）。在进一步访谈中，大多数教师认为对自身职业感到幸福的原因在于，每位老师都各自培养了一批较为出众的学生，而且这些学生常常电话联系和回家探访，这是他们感到最高兴的时刻。同时在工作方面，教师的教学质量和教学水平也得到了学校、社会和上级相关部门的认可。另外，教师对自身职业有较高满意度还因为近两年来在政府的不断努力下，乡村教师经济待遇比往年有一定提高，相对过去教师们感到满足。

表5　　　　　　　　　　是否热爱教师这份职业

	频数	百分比（%）	累计百分比（%）
热爱	106	48.7	48.7
比较热爱	56	25.6	74.3
一般	43	19.7	94.0
不太热爱	7	3.4	97.4
不热爱	5	2.6	100.0
总样本量	217	100.0	

表6　　　　　　　　　　职业重新选择意向

	频数	百分比（%）	累计百分比（%）
教师	53	24.8	25.7
其他事业单位	84	39.3	66.4
公务员	44	20.5	87.6
企业	20	9.4	97.3
其他	6	2.6	100.0
总样本量	217	100.0	

5. 个体职业认同

个体职业认同是教师生存状态的间接反映。一般来说若教师对自身职业认同度较高，他们往往处于一个较好的生存状态；反之则相反。调查显示，该地区农村中小学教师比较热爱自身所从事的教育事业。在"你是否热爱教师这份职业"的调查中，表示热爱教师职业的占48.7%，比较热爱教师职业的占25.6%，一般热爱教师职业的占19.7%，前三项的累积百分比达94.0%（见表5）。另外，在"如果给你一次机会重新选择自己职业,你会选择什么"的调查中,仅有24.8%的教师选择再一次做教师,而高达75.2%的教师选择其他职业。其中选择做公务员和其他事业单位的占59.8%（见表6）。表明该地区农村中小学教师热爱自身职业,但是对自身所从事的职业认同度不高,这一问题值得我们重视。

（三）被调查对象的外部生存状态

1. 教师的社会地位

某一职业社会地位高低可显示出该职业从业人员的生存状态。当前整个社会中,教师的社会地位不断提高。但在对本地区农村中小学教师的调查中,教师的社会地位并不高。在教师对自身职业社会地位的评价调查中,认为教师社会地位较高的占7%,一般的占52%,较低的占38%,数据表明教师对自身地位认可度不高。访谈中老师们认为教师职业并未得到社会其他行业和家长的尊重。其主要原因是：在市场经济时代,教师收入不高,而其他行业人员工资总体比教师工资高,因而社会地位滑落。在社会其他行业人员对教师地位的评价中,认为教师地位较高的达39%,表明社会其他行业人员看重教师地位,但有高达45%比例的人员认为教师社会地位一般。这呈现出与教师自我职业评价相同的趋势（见图7）。

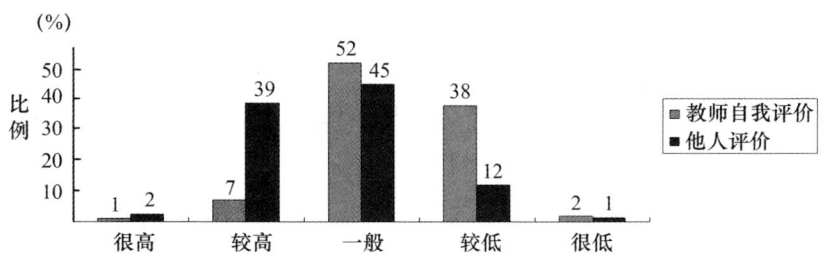

图7　教师社会地位

2. 经济状况

经济收入是个体生存的基础条件。特别在市场经济社会,人们更多关心的是行业从业人员的经济收入。此次调查显示,教师工资收入在

3000元以上的占30.8%，2501—3000元的占34.2%，2001—2500元的占15.4%，1501—2000元的占17.1%，1001—1500元的占2.6%（见图8）。从数据上看，教师月工资在2501元以上占样本的65%，但由于物价上涨和行业间的差距，教师收入相对较低。访谈中一教师说："我们教师是弱势群体，经济收入较低，行业间差距大，教师社会地位卑微，作为一个清贫职业只是同行之间彼此认同。"调查中，我们访谈了一个真实案例：某中学范老师，48岁，毕业于鄂西大学专科，毕业后一直在该学校教书，有27年教龄，中级职称，每个月医保、失业保险等项目扣除后，月工资约有2500元。范老师爱人没工作，一个女儿正在读大学，每个月需要800元生活费，一个儿子正在读小学，每个月零花钱约200元，剩余1500元支付家庭和工作中的各项开销。加上社会上各种应酬和近几年物价上涨，范老师日渐拮据。大女儿读书每年靠贷款，日常开销就是"拆东墙补西墙"。此数据和案例表明农村中小学教师经济状况不容乐观。

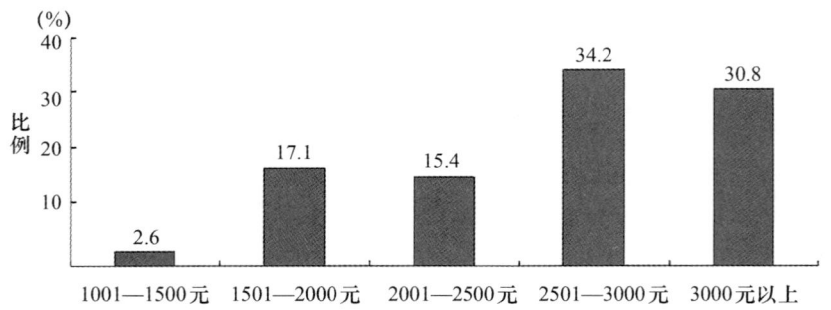

图8　教师收入状况

3. 生存环境

生存环境是教师生存状态的直接反映。在调查中，我们把教师生存环境主要分为物化环境和人文环境。物化环境主要是指学校居住、教学办公条件；人文环境主要指教师工作的人际环境。在对教师物化环境满意度的调查中，回答非常满意的占5.8%，比较满意的占16.3%，一般满意的占30.2%。总体上对当前物化环境回答满意的占52.3%。但另有30.0%的教师表示不太满意，有17.7%的教师表示非常不满意。访谈中教师们反映对物化环境不太满意和非常不满意主要是因学校教学条件较差，包括多媒体和基本实验设备缺乏，另外教师住房条件差或根本没住房。老教师住着学校陈旧住房，年轻老师基本上都在校外租房。在人文环境方面，此次调查显示，教师们对所在学校人际关系环境普遍感到满意。高达46.6%的教师对所在单位的人际环境感到满意，有32.7%的教师表示一般满意，感到一般满意以上的累积达88.0%，表明乡村教师工作的人文环境较好（见图9）。

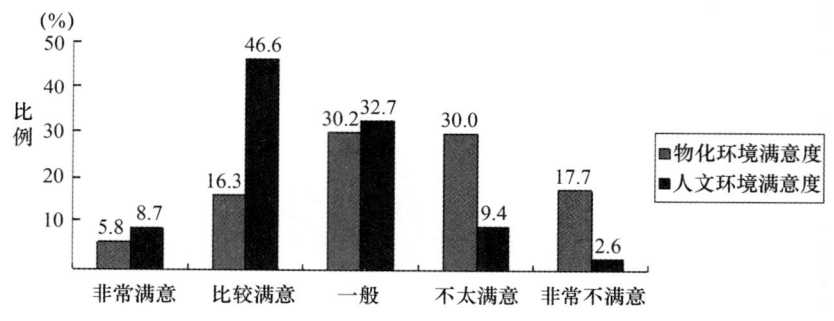

图9　工作环境满意度

4. 工作时间

工作时间也是反映教师生存状态的重要指标。此次调查显示，乡村教师每天工作时间多数超过8小时。教师每天工作时间在5—8小时的占调查总数的35.9%；每天工作时间在9—12小时的占55.6%；每天工作时间在12小时以上的占7.7%（见图10）。在访谈中了解到，实行走读的乡村小学，学校上课严格执行八小时工作制。在课外老师们主要是备课、改作业、查资料、出习题。实行住读的乡镇中学，老师们还需要负责早晚自习。班主任老师负责学生日常行为管理、班级管理，还包括课外活动和学校委派的其他任务。班主任从早到晚没有停息，有的老师从早上六点半一直忙到晚上十点半。关于周课时量，调查显示有34.2%的教师每周课时量在10—20节，有38.5%的教师每周课时量在21—30节，有22.2%的教师每周课时量在30节以上（见图11）。访谈中老师们反映，每个老师都不止教一门课，一般语数外老师都另外附加教一门政史地课程。甚至部分农村学校老师需要负责班级所有课程。

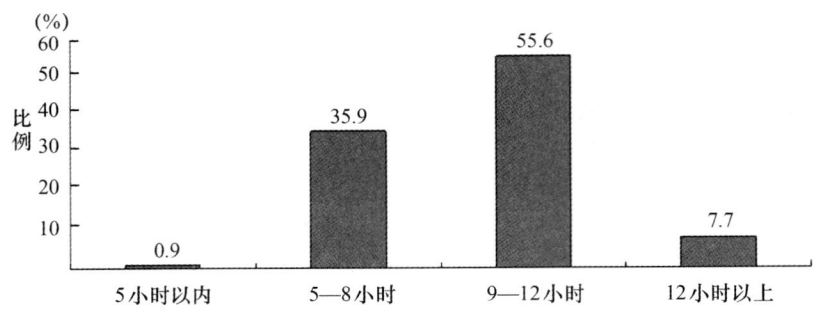

图10 每天工作时间

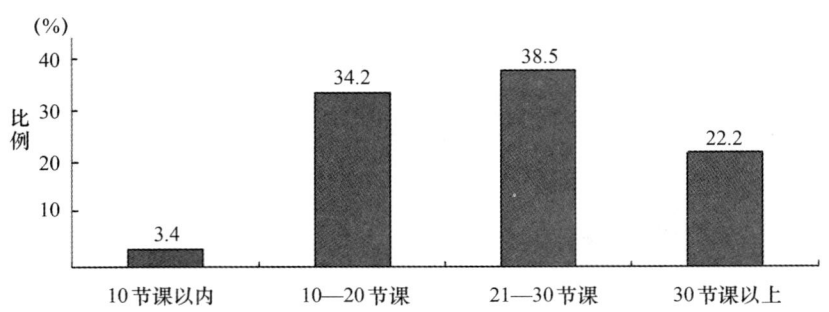

图11 每周课时数

5. 专业发展

专业发展状况也是反映教师生存状态的重要指标。教师作为专业技术人员，有一个专业生存问题，能否获得较好的专业发展，以更高质量地从事本行业是现代专业技术人员的一个基本要求。调查显示近三年来该地区农村中小学教师从业后参加过校外系统培训的占5.1%，参加过校外短期培训、观摩学习的占14.9%，参加过校内学习培训的占21.1%，同行观摩互学互进的占37.8%。另外有21.1%教师表示没有或很少参与过自己所从事的专业方面的培训。他们表示近年来自身专业素养和专业能力没有什么提升，更多凭自身经验从事教学（见图12）。

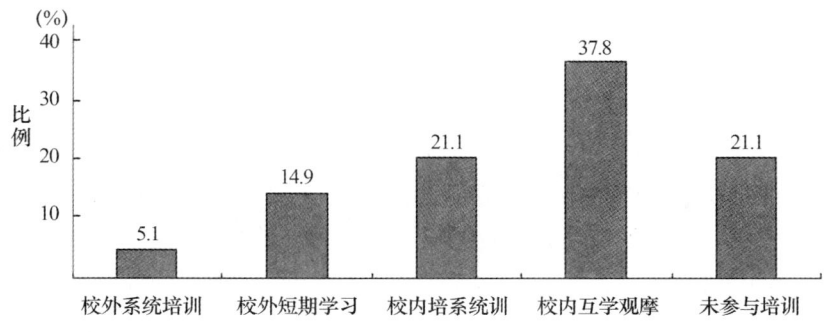

图 12　教师参加学习培训情况

二　教师生存状态存在的主要问题及原因

（一）教师生存状态存在的主要问题

1. 行业间收入差距大，教师社会地位较低

问卷调查显示，教师月工资在3000元以下的占69%，而恩施州2014年城镇单位在职职工平均工资为36848元/人（见《恩施州社会保险核定标准》）。访谈中一教师说，"在工资性收入方面教师与公务员差距不大，但在各类津补贴、奖金等其他收入及培训、晋升渠道方面两者差距较大"。如前所述，调查对象在对"如果再给一次择业机会您是否会选择做教师"问题的回答中，有75.2%的教师选择不会再从事教师行业。另一教师说："许多教师都纷纷从教师行业转入其他行业，而很少听说有从其他行业转入教师行业的情况。年轻人一般把教师职业作为一个跳板，转入其他行业，较少静下心来从事教学。年轻人宁愿报考做城管，也不愿做教师，A学校就有一老师转行做城管。"

2. 学习培训机会较少，教师专业发展受限

调查显示，本地区农村中小学教师第一学历普遍较低，教师职称普遍较低，青年教师教学素养不足，老教师理念滞后。然而教师较为系统的职后教育机会也较少，使得教师专业发展受限。一位老师说："现在基层老师专职的多，专业的少。由于初中教师流动，小学教师来补充，阅

卷时一些答案错了，这些老师不知道为什么。"同时在教学中教师的教学能力亟待提升。一位教师在座谈时说："年轻教师有 PPT 依赖，课上就是阅读和切换幻灯片，较少引导学生去思考和分析问题。"教师需要不断学习提升、不断吸纳新的教育教学理念，然而该地区农村中小学教师培训学习机会较少。调查中一位校长直言："现在教育局的政策就是不支持教师走出去学习，教师申请外出学习培训都要经过一系列烦琐的审批手续。学校也没有'请进来，走出去'的经费，教师视野狭窄，沦为井底之蛙。"关于培训效果，一教师说道："培训一般时间短，参加过两次培训没有任何实际效果，希望上级部门组织些参与式、体验式的高水平培训会。"

3. 安全和教改压力大，教师精神负担沉重

调查显示有 94.0% 的教师感到工作压力很大，而 76.7% 的压力来源于社会、家长及教师的责任心。座谈中一位教师指出："教师行业压力大的一个重要来源是对学生的安全责任。若出现任何安全问题政府部门'一板子'打到学校，学校又把责任转嫁给老师。老师随时神经高度紧张，达到崩溃边缘。"他又补充说："教师为减少风险，就把一切竞技性学生活动取消，学生在学校期间不允许出教室，学校体育课几乎全面崩溃。我们教师是因难以承担责任，不得已而出此下策。"此次调查显示，本地区的教学改革主要不是基层教师基于教学实践自身而开展的教学改革，更多是上级业务部门强力推行的教学改革。一位校长也讲道："现在教学理念和知识更新快，老教师逃避、害怕新的教学理念和教学改革。"教师们对新理念的教学改革无所适从，压力巨大。

4. 城乡条件差距较大，青年教师心思不稳

调查中一教师说："乡村学校基本垮台。一是师资缺乏，稍好老师调进县城或县城附近乡镇，然后从小学抽教师弥补中学师资，再招代课老师弥补小学师资。二是教学条件很差，城里学校均是高楼大厦，乡村学校教学设施却非常简陋，学生宿舍条件差。在教师方面，即使在乡下，教师也无宿舍。"另外一教师指出："上级部门常常把那些教学能力不强和受过处分的教师调到乡村学校任教，把那些没有任何经验的支教大学生派到乡村学校任教。"由于城乡差距大，业务部门往往把"问题"教师派到乡村学校"改造"，使得乡村骨干教师和青年教师想方设法离开乡村

学校进入城里。一位老教师说："现在很多青年教师责任心不强，工作时常常人在心不在。"一位校长也说："年轻教师，包括支教老师，是因在应聘其他工作中受挫，而暂时选择了教师职业，大都是以此为基础再跳槽和转行，或想方设法调到县城。他们从进校那一天起，心思从来没有稳定过。"

5. 社会教育评价滞后，教师育人本职淡薄

调查显示，该地区的教育发展及教育评价存在功利化倾向。整个社会的教育发展和对教育的评价都以分数和升学率为导向，而忽视基础教育中学生全面发展和全体学生发展。一位校长说："当前社会和主管部门所推崇的教育培优模式，对整个恩施州的长远发展是很不利的，也是很危险的。对于政府来说，教育是一项社会事业，若整个社会只关注学生分数而忽视学生人格发展和全面成长，只重视少数优秀学生而忽视更多普通学生，教师评价只重学生成绩而忽视学生素质，就会导致地方教育的畸形发展。我们不愿看到一所学校一枝独秀，更愿看到所有学校遍地开花；我们不愿看到每年有十个考上北大、清华，更愿看到每年有千个、万个湖大（指湖北大学）。""有教无类"是为师之德的优良传统，调查发现，有些教师只注重培植成绩优等学生、漠视普通学生、丢弃差生。座谈中，一位教师直言："现在有的班级五六十人或七八十人，我们主要把那几个成绩好的学生弄好就行，其他的不管。他们是陪读，只要他们上课不捣乱就行。"进一步询问具体怎样做时，他又补充道："班主任一般把成绩好的学生座位安排在教室前面，成绩差的学生一般都放在教室最后几排，上课睡觉什么都行，只要不讲话即可。"

（二）存在问题的原因分析

通过此次调查，我们发现恩施州中小学教师的从业状况存在很多问题，这些问题错综复杂、原因众多，在反复归因基础上，我们发现其主要原因有三：

1. 政府对教育和教师生存状态关注不够

一直以来各级政府都比较重视教育，然而恩施州教师在从业实践中存在上述问题也与政府密切相关。首先，教师社会地位较低与青年教师心思不稳的问题。青年教师爱岗意识缺乏，固然与其职业道德素养和工

作作风密切相关。进一步追问可知,青年教师不爱岗敬业是因为他们内心总是想着转岗和调动工作岗位。他们心存这种思想使其不能静下心来从事本职工作。为什么青年教师总是想着转岗和调动工作岗位呢?其核心原因是教师职业经济待遇低、社会地位卑微,青年教师从内心上不愿从事教师这一职业。而教师职业出现经济待遇低、社会地位卑微状况正是因为政府对教育重视不够、对教师生存状况重视不够、对尊师重教的社会舆论环境塑造和引导不够。其次,乡村教师职业缺乏吸引力与教师专业素养缺乏。这一问题在深层次上也与政府对教育重视不够密切相关。当前恩施州教师专业素养缺乏的原因之一是新教师准入点低,教师选拔时对教师职业水准要求不高。为何出现这种情况?其核心原因是当前恩施州中小学教师岗位很难招录到优秀大学优秀毕业生。在每次招录新教师时,总是因人员不足而一次次地进行调剂,这使得难以招到优质教师。而恩施州中小学教师岗位难以吸引优质教师或优秀教师流失的原因在于:这一职业的经济收入低和社会声望不高,不受优质人才的青睐。如前所述,教师经济收入及社会地位与政府对教育和教师的重视程度脱不了干系。再次,教师教学素养不足与教师职后培训提升滞后。其核心原因也可归结为政府及其相关部门对教育不够重视。现代社会,新知识、新观念不断更新,教师需要不断加强学习和培训才能有效胜任教师职业,而当前培训政策的缺位和苛刻缘于政府对教师培训投入不足。同时青年教师教学素养不足及老教师不热心教学改革的重要原因之一是现有薪酬标准和薪酬制度难以激发在职教师不断学习、加强教研教改的积极性。

2. 教育管理体制机制性障碍

恩施州中小学教师在从业实践中存在的问题是当前社会普遍存在的问题。同时这些问题也与恩施州各级地方政府的教育管理体制机制有关。首先,关于教师为教育承担无限责任导致教师精神高度紧张的问题。对政府来说,教育是一项社会事业。学校是这项事业的具体执行者,与教育有关的问题和责任(特别是安全责任)应由家庭、学校、社会、政府共同来承担。政府及相关部门不能因降低成本、规避责任把与教育有关的一切责任推给学校,同时对学校及教师的业绩全部否定。而与此相关的深层次问题是因层层规避责任而形成的有关青少年的教育与发展问题。

上文所述的部分学校的体育课全面崩溃问题就是如此。我们不禁要问：我们的目的到底是相关部门与个人规避责任，还是促进青少年健康而全面发展？这需要理顺相关管理体制，建立有效运行机制来解决此问题。其次，关于城乡教育资源分配严重不均的问题。此问题的实质也是一个教育管理的体制机制问题。教育作为一项社会事业，政府部门不仅要关注城市教育发展，更要不断推进教育公平，推动乡村教育发展。诸如为什么乡村师资紧缺，而县城及其周边乡镇师资富余的问题，其重要原因之一就是教育管理中没有形成一种有效的教师流动机制。再次，相关业务部门存在的不作为和乱作为的现象。这也与管理体制机制直接相关。在调查中我们发现，有些教育主管部门领导对自己所管部门没有思考、没有感悟，我们很难相信这样的领导能够很好地领导一个地方的教育发展。事实上，关于领导和校长的考核，需要建立起一种有效的进入和退出机制。还有那些诸如在教育资源分配中让穷的地方教育越来越穷，把受过处分的教师和教学能力差的教师调入乡村教学点任教现象，所形成的城乡教育资源严重不均是一种乱作为的表现。这些是比教师业务素质更为重要的教育管理体制和机制问题。

3. 教育认识和教育评价中的误区

当前恩施州中小学教师从业实践中存在的问题，除上述原因之外更深层次的原因是整个社会对教育认识的误区和教育评价的误区。首先，关于教育的认识与发展问题。一般来说，一个社会对教育的认识决定着这个社会的教育发展模式。恩施州中小学教师从业实践存在上述问题的一个重要原因就是，社会普遍认为教育的目的就是让学生考高分，并以此为基础考上一个好的学校。基于社会及政府部门对教育的这种认识，各地方政府形成了举全县市之力，调动本地方全部优质教育资源举办"好"一所学校的办学模式，相应忽视了一般学校的发展。同时各类学校也举办宏志班、阳光班、快班强化对学生的训练，提升考试分数。这种办学模式导致了城乡教育资源分配严重不均。基于这种认识的教育发展模式，出成绩快，成效好。但这种模式是以牺牲学生全面发展而得到的一个较高分数，是牺牲大多数学生发展机会和资源而得到的少数学生的较高分数。而教育的目的和教育的本质不在于此。政府和相关业务部门要在深刻理解教育本质和教育目的的基础上，对当前社会中有关教育的误解进行引导，并积极推进相应的教育教学改革。其次，关于教育评价问题。教育评价是指引教育发展的指挥棒。当前恩施州中小学教师从业实践中存在的问题也与当前的教育评价模式密切相关。比如当前教师队伍中存在的只重视培养少数优等生、轻视普通学生、放弃差生的问题。此问题不能完全指责教师，因为当前的教育评价体系只重视所教班级学生的考试分数与名次，其他一切指标基本都忽略不计，因而为求生存，教师千方百计、想方设法提高学生分数。所以就出现上述的教师轻视普通学生、放弃差生的现象。教育本应是一个"有教无类"的行业，不应把学生分成三六九等，差别对待。作为承担社会事业主体的政府，所要做的是着力提高整个社会的文明水平和受教育水平，而不是打造少数人的出类拔萃，因而相关业务部门需要在政府引导下建立一套科学的教育评价体系。

三 改善教师生存状态的对策建议

本研究认为教师生存状态的改善不仅是简单解决教师工资待遇与教师教育培训问题。而是该地区教师生存状态的改善必须与本地区整个教育系统问题的解决有机结合。为此本研究力图提出改善教师生存状态和促进教育发展的以下建议：

1. 竭力增强乡镇教师职业吸引力

如前所述，教师爱岗敬业不够、准入点低及流动大，核心原因在于教师岗位（特别是乡镇教师岗位）缺乏吸引力。恩施州在提高教师待遇方面做了积极努力，但由于教师行业的特殊性，还有竭心尽力提升教师职业吸引力的必要。提升教师职业吸引力主要体现在两个方面，即物质待遇和职业发展空间。在物质待遇方面，调查发现乡镇教师最在意的就是收入水平。建议在落实乡镇教师生活补助基础上，进一步配套落实乡镇教师的各类津补贴；提升乡镇教师住房和办公条件。在职业发展方面，要在职称评定中对乡镇教师予以优惠政策，比如要求校长和教育行政部门官员必须有一定阶段的乡镇从教经历，将乡镇任教经历纳入职称评定和评优评先的必要条件，同时建立乡镇教师培训、提升制度。

2. 重点发展乡镇学校和普通高中

目前学生大量涌进县城，教师千方百计进入县城，除城市的一般优势之外，一个主要原因在于城市拥有较好的教学资源和教学条件，而乡镇和各普通高中是恩施州教学的中坚力量，把教育发展重心转移到乡镇学校和普通高中有利于缩小城乡教育差距，改善乡村学校的办学条件和提升办学水平，改善乡村教师住宿条件，让乡村教师能静下心来安心教学。重点发展乡镇学校和普通高中，需要从以下三个方面着手。一是把主要设施建设和硬件投入重点放在乡镇和普通高中，改善乡镇学校办学条件。二是制定利于乡镇学校和普通高中发展的制度与政策，比如划片招生。三是重点加强乡镇学校和普通高中的师资队伍建设，可尝试城乡教师轮岗制度、低职高聘制度，并制定教师准入和考核制度。

3. 扩大公立中小学办学自主权

各级各类学校是教育教学事务的执行者，教学质量的提升需要充分发挥各个学校各个层次的力量与活力。激发学校内部活力需要学校内部在民主协商基础上形成一套有效的机制。教育主管部门需要落实"管办分离"原则，将部分自主权下放到学校，使学校成为真正自我发展的主体。具体包括三个方面：一是给予教师教学自主权。比如充分给予教师根据学生实际理解教学内容、确定教学方法的权利，以及组成专家开展教学同行评价的权利。二是给予学校专项经费充分自由支付权，加强督查监管，避免烦琐审批手续。三是给予中小学一定的人事自主权。比如中小学可以拥有根据需要引进和辞退教师的权力，便于实现有效人事管理，调动教师积极性，避免形成慵、懒、散的工作环境和氛围。

4. 实行多元共担学生安全责任制

人命关天、安全第一。此次调查显示安全责任是引起教师精神高度紧张的重要原因之一。原有安全责任承担模式加重了教师精神压力，同时形成了阻碍学生身心发展的一系列后续问题，需要改进和完善。一般来说，政府和社会委托学校对青少年履行教育管理职能，家庭把学生委托给学校，同时学生是安全责任的主体。一例安全事件应由学生本人、家庭、学校、社会、政府及其他主体共同承担。在事件处理中，应建立一套过错认定办法，根据过错认定结果分别由学生个人、家庭、学校、社会、政府及其他主体分担学生安全责任份额大小。同时建立中小学生强制保险制度，由政府和家庭为学生购买保险，让社会机构分担部分学生安全责任。

5. 建立注重过程的多元教育评价体系

教育评价是教育教学的指挥棒。过去中小学推行以分数为中心的结果评价模式，评价指标单一，忽视学生素质形成过程评价，不利于学生综合素质发展。这种评价模式淡化了教师教书育人的本质，使教师在履行自身本质与迎合教育评价中形成了双重人格。以分数为核心指标是当前社会较为流行的教育评价模式。据此，政府也有必要及时推进中小学教育评价改革，以促进青少年的全面发展。建议在恩施州逐步推行注重过程的多元教育评价体系，此评价体系需注意两个方面：一是注重过程评价。教育既是一个获取科学知识的过程，更是个体的精神成长过程。过程评价强调教育的过程性，引导教师把教学精力放在学生培养的过程之中，而不仅仅是只以一个结果来衡量。二是建立评价的多元化指标。即在教学评价中不只以一个"分数"指标来衡量老师和学生，在分数之外更注重建立个性养成、人格完善、身心健康等综合性评价指标。

6. 积极引导社会的教育理念转型

一个社会对教育是什么的理解决定着一个社会的教育实践模式和教育评价模式。由于受传统教育理念影响，当前我国社会对教育的理解进入一个误区，认为受教育就是学习知识，最终考一个较高分数。基于对教育的这一理解形成了我国教育的应试模式。随着时代发展和社会变迁，我们对教育要有新的理解，并基于对教育的新的理解推动教育的新发展。教育在其本质上是主体知识学习与精神成长相统一的过程。教育离不开知识，但真正的教育是用知识来充盈于人、服务于人、启迪人心，而决非把人变成贯彻某种知识的工具。教育离不开必要的技术技能的训练，但训练是为了培养人的整体智慧，而不是把人当作训练的机器，使训练成为与人的心灵隔离的异己的活动。针对当前恩施州（乃至整个社会）教育存在的问题，建议政府及教育相关部门加强宣传，积极引导社会教育观念的转型。

（执笔人：邱世兵　项目组：谭德宇　黄晓波　邱世兵）

武陵地区民族德育现状调查

道德水平的高低是衡量一个社会文明程度的标志。为大力加强公民道德教育，我国颁布了《公民道德教育实施纲要》、《未成年人道德教育实施纲要》、《大学生思想政治教育实施纲要》等指导性文件。同时各地区、学校和村社高度重视公民道德教育工作，并制定了道德教育的操作性细则，努力提升我国公民的道德水平。然而过去我国德育界一直缺乏对少数民族道德教育的关注。随着经济体制改革的深入和民族地区社会环境的变化，我国少数民族的道德教育面临着新的挑战。究竟少数民族道德教育的现实状况如何，以及如何根据少数民族实际开展卓有成效的道德教育是一个值得研究的课题。少数民族道德教育是整个中华民族德育的重要组成部分，其现实状况如何关系到整个民族文明程度和发展水平。为能在复杂的教育现象中把握住少数民族道德教育基本情况，弄清少数民族道德教育存在的主要问题，并探寻少数民族道德教育的基本规律，以为新时期我国少数民族道德教育实践提供有益参考，本研究以武陵民族地区为地域范围，力图对武陵民族地区土家族、苗族青少年的道德教育遇到的各种问题展开全面调查，并在此基础上展开分析和研究。

（一）调查计划的设计与实施

1. 调查的着眼点和主要问题

少数民族道德教育是一个相对复杂的、抽象的、动态的系统。随着社会发展，少数民族道德教育中的各个要素正发生着深刻变化。要把握少数民族道德教育的基本情况,并对少数民族道德教育实施的具体内容、具体环节和方式方法作出客观的评价,需要对新时期少数民族道德教育所处的环境、少数民族青少年的思想观念和价值取向展开深入全面调查,并在此基础上总结规律,提出有关少数民族道德教育的新见解和新观点,以在新时期推进少数民族道德教育实践的新发展。

为此,本研究以武陵民族地区土家族、苗族青少年为调查对象,对其道德教育的各个方面和环节展开深入、全面调查。调查的主要问题如下:(1)家庭城乡分布。(2)父母的文化水平。(3)父母从事的职业。(4)家教(家庭教育)的方式。(5)家教(家庭教育)的内容。(6)青少年对家庭教育的评价。(7)受教育者的年龄、职业。(8)学校德育的内容。(9)学校德育的方式。(10)青少年对学校德育的评价。(11)社区德育的开展情况。(12)社区德育的内容。(13)社区德育的方式。(14)青少年对社区德育的评价。(15)青少年对传统德育内容的看法。(16)青少年对传统德育方式的看法。(17)青少年对社会公德的看法。(18)青少年对个人品德的看法。(19)青少年对家庭美德的看法。(20)青少年对职业道德的看法。(21)青少年对市场经济中不道德现象的看法。(22)青少年违纪、违法犯罪情况。(23)青少年中的好人好事情况。(24)青少年道德冲突。(25)产生道德冲突的原因。

通过这些问题的调查,主要是想了解少数民族家庭差异对少数民族青少年道德教育的影响,道德教育的方式对道德教育的影响,青少年对家庭教育、学校德育以及社区德育的评价,少数民族青少年道德状况,青少年对传统德育以及道德教育方式的看法,市场经济条件下青少年的道德教育冲突及其原因,以及少数民族青少年所乐于接受的道德教育方式等。

2. 调查的范围和抽样设计

为了使调查取得较好效果,在开展调查前对调查的地点选择作了较为周密的安排。由于本调查的目的是想了解武陵民族地区土家族、苗族青少年道德教育现状及普遍存在的问题,为探索有效开展少数民族道德教育提供实证,在调查设计上考虑了以下几个方面:

(1)在调查区域的选择上,根据土家族、苗族的分布情况以及研究的方便,研究小组在湘西土家族苗族自治州的龙山县、湖北恩施土家族苗族自治州的利川市、重庆黔江区和贵州铜仁沿河土家族苗族自治县等土家族聚居区选择了四个农村乡镇和一个城区街道办事处，再根据随机抽样选出四个土家族人口相对较多的四个村和一个社区，对该地区土家族青少年思想道德教育状况展开调查。

（2）在调查对象的选择上，因为调查对象为土家族青少年，在年龄结构上主要集中在25岁以下，包括小学生、初中生、高中生和大学生，以及辍学在家和参加工作的青少年。调查对象中男女比例基本一致，被调查对象家庭城乡比例为1:2。同时调查中还专门选取部分对青少年道德教育有影响的人展开调查。

（3）在被调查者职业的选择上，主要包括四个部分：一是在校学生，主要包括小学生、初中生、高中生、大学生；二是在业青年，主要是在本地城市或沿海城市工厂工作的工人以及在家跟随父母从事农业劳动的农民；三是无业青少年，主要是因各种原因辍学在家没有固定工作的青少年；四是青少年道德教育的教育者，包括家长、老师和部分社会知名人士。

（4）在被调查者家庭背景的选择上，因为家庭教育在道德教育中占有十分重要地位，为使调查结果更为客观，本调查从四个角度对被调查者的家庭背景进行了分类。一是在家庭的城乡居住环境上进行了划分，二是在家长受教育程度上进行了划分，三是从家长所从事的职业类别进行了划分，四是从青少年所在家庭的家庭结构方面做了划分，力争了解不同家庭环境下青少年的道德教育状况。

为更准确把握少数民族道德教育状况，在问卷调查之外，本研究小组还进行了大量的个人访谈和座谈会，听取了土家族青少年关于道德及道德教育的不同看法。同时本研究还对部分土家族青少年道德教育的实施者包括家长、学校老师、学校管理层人员以及部分政府官员进行了访谈，以了解他们关于该地区和该民族青少年道德教育的意见和看法，并就有关问题与他们进行了详细的沟通、交流和讨论。

3. 调查的方法与实施情况

此次调查主要采取问卷调查和访谈的方式展开，用录音笔和照相机记录调查访谈过程。根据调查对象不同，此次调查设计了两类不同调查问卷，一类是针对小学生，另一类是针对中学生、大学生和社会青年。调查的问题如上所述。主要调查少数民族青年的道德价值观、了解家庭差异对少数民族青少年道德教育的影响、道德教育的方式对道德教育的影响、青少年对传统德育以及道德教育方式的看法、市场经济条件下青少年的道德教育冲突及其原因以及少数民族青少年所乐于接受的道德教育方式等。访谈内容则主要深入被调查者的内心，了解他们关于道德价值及道德教育的建议和看法，了解青少年对传统文化及其德育方式的态度。在调查中我们力图把实事求是、准确客观地把握少数民族的道德教育状况作为第一原则。本研究调查主要分为四个阶段。

第一阶段：调查主要在湖北省利川市，时间是2010年7月至8月。调查对象主要集中于利川市第三高级中学（位于利川市白杨镇）、白杨镇初级中学、白杨镇中心小学以及利川市白杨镇的龙桥村，因为白杨是少数民族集中居住的规模较大的乡镇，具有较为浓郁的民族传统文化。

第二阶段：调查工作主要在湖南省龙山县，时间是2010年8月。主要集中于龙山县板桥河村、龙山县高级中学、龙山县石门小学、龙山县走马初级中学以及龙山县武陵街道办事处湘峰社区居委会，该区也是土家族聚居地区。

第三阶段：调查工作主要在贵州土家族苗族地区，时间是2011年1月。因贵州是土家族集中居住地区，此次调查选取了贵州铜仁市，主要对贵州铜仁市坡脚村、铜仁市两河口初级中学、铜仁学院、铜仁职业技术学院、铜仁县高级中学展开调查。

第四阶段：调查工作在湖北来凤县和恩施市展开，时间是2011年3月。主要对来凤县翔凤镇李家沟村、来凤县湘峰初级中学、来凤县高级中学和来凤县职业中学展开调查。同时，在恩施市三岔乡玉岭居委会、恩施市舞阳街道办事处窑湾居委会、湖北民族学院、湖北民族学院科技学院以及恩施州职业技术学院展开调查。选择湖北民族学院是因为它是一所少数民族院校，少数民族学生占较高比例。

此次调查共发放问卷1200份，回收有效问卷1086份，其中小学生413份、初中生316份、高中生207份、大学生150份。另外在调查中还对部分青少年、家长、教师和教育部门官员做了访谈。

通过周密策划和细致工作，本研究通过问卷调查、访谈以及召开座谈会和讨论会，搜集了大量一手资料，这些资料对于把握少数民族的道德教育状况和开展少数民族道德教育研究具有重要意义。

(二) 问卷调查的统计结果

1. 关于被调查对象的自然状况

本研究主要对武陵民族地区的青少年展开调查，主要调查区域包括贵州铜仁土家族苗族自治县、湖南湘西土家族苗族自治州的龙山县、重庆黔江土家族苗族自治县以及湖北恩施土家族苗族自治州的恩施市、利川市和来凤县（见表1）。选择这四个地区主要是因为这四个地区是土家族、苗族居住较为集中的地区，所选样本具有代表性。

表1　　　　　　　　　　调查对象的地域分布

	频数	百分比（%）	累计百分比（%）
黔江	195	18.0	18.0
铜仁	239	22.0	40.0
湘西	260	23.9	63.9
恩施	392	36.1	100.0
总样本量	1086	100.0	

被调查对象的学历层次。此次调查对象包括小学生、初中生、高中生和大学生。其中小学生和初中学生比例较高（见表2）。这是因为小学生和初中学生在接受学校教育的同时，受家庭教育影响相对较为明显。调查中也对部分研究生展开访谈，因为他们有较高的学历和知识水平，对道德教育及其影响因素有相对理性的态度和看法。

表2　　　　　　　　　　调查对象的学历层次

	频数	百分比（%）	累计百分比（%）
小学	413	38.0	38.0
初中	316	29.1	67.1
高中	207	19.0	86.1
大学	107	9.9	96.0
研究生	43	4.0	100.0
总样本量	1086	100.0	

被调查对象的民族比例。本研究主要集中于对土家族道德教育展开调查研究,因此此次调查对象主要为土家族。同时土家族和苗族多存在混合杂居、相互通婚的情况,调查中也包括较大比例的苗族,还有侗族、朝鲜族、壮族、蒙古族、回族、彝族等其他少数民族(见表3)。以某一民族为主要对象,同时兼对其他民族道德及德育状况展开调查,更能显示研究的一般意义。同时调查对象中父母均为少数民族的占71%,父母一方为少数民族、一方为汉族的占29%。

表3　　　　　　　　　　调查对象的民族构成

	频数	百分比(%)	累计百分比(%)
土家族	511	47.1	47.1
苗族	423	38.9	86.0
其他少数民族	152	14.0	100.0
总样本量	1086	100.0	

被调查对象的家庭城乡比例。不同家庭环境对青少年思想道德教育有较大影响。由于目前我国少数民族地区城镇化进程比较快,本研究在对青少年思想道德教育状况进行调查时对青少年城乡比例作了适当考虑。调查中我们把教育对象来源分为农村、乡镇和城市,以真实掌握我国少数民族德育状况(见表4)。

表4　　　　　　　　　　调查对象的家庭来源

	频数	百分比(%)	累计百分比(%)
农村	413	38.0	38.0
城市	315	29.0	67.0
乡镇	358	33.0	100.0
总样本量	1086	100.0	

被调查对象父母的文化水平情况(见表5)。父母文化水平和受教育状况影响着青少年的道德教育方式、教育水平和教育效果。由于民族地区教育水平较低,被调查对象父母受教育水平整体不高,特别是农村家

庭其父母受教育水平更低。这在一定程度上对少数民族青少年道德教育产生了影响。

表5　　　　　　　　　　　　父母文化程度

	频数	百分比（%）	累计百分比（%）
小学	381	35.1	35.1
初中	402	37.0	72.1
高中	206	19.0	91.1
大学	76	7	98.1
研究生	21	1.9	100.0
总样本量	1086	100.0	

被调查对象的性别比例。被调查对象中男性占46.9%，女性占53.1%，这一比例与该地区男女性别比例基本吻合（见表6）。

表6　　　　　　　　　　　调查对象性别比例

	频数	百分比（%）	累计百分比（%）
男	510	46.9	46.9
女	576	53.1	100.0
总样本量	1086	100.0	

被调查对象的民族语言使用情况。语言与文化密切相关，而且民族语言所传播的文化对少数民族教育有着重要影响。因而，此次调查把对象的民族语言使用情况也作为一个重要变量。我们在此次调查中发现，武陵民族地区土家族和苗族青少年以少数民族语言为母语的不多，有些村庄甚至所有人都不会讲自己的民族语言（见表7）。本研究注重以少数民族语言为母语的民族青少年与不以少数民族语言为母语的青少年道德教育的对比研究。

表7　　　　　　　　　民族语言使用情况

	频数	百分比（%）	累计百分比（%）
使用民族语言	76	7.0	7.0
使用汉语	1010	93.0	100.0
总样本量	1086	100.0	

2. 关于被调查者的学校德育情况

学校德育课程。课程是实施学校德育的载体，我国学校道德教育主要通过一定的课程来实现。一般来说，课程的设置应因教育对象的不同而有所差异。然而调查表明在具体德育实践中，我国德育实行"大一统"模式，不同教育对象基本使用统一教材。各民族学校道德教育中基本上没有专门开设与本民族密切相关的德育文化课程（见图1）。

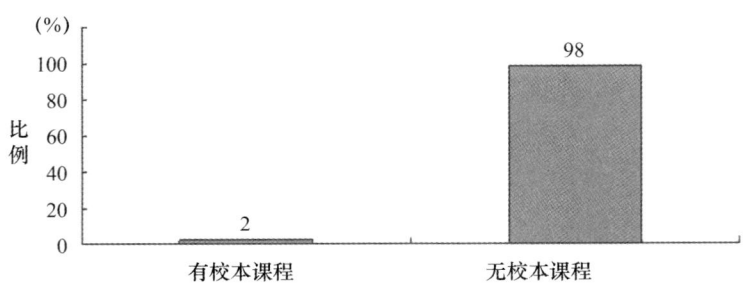

图1　学校德育课程设置

学校德育的主要内容。学校教育是系统的有组织的教育，学校德育内容丰富，主要包括社会主义教育、爱国主义教育、遵纪守法教育、珍爱生命教育、行为习惯教育、文明礼仪教育、诚信教育、团队意识教育、热爱集体教育、科学精神教育等。调查显示学校德育内容全面，学校思想道德教育特别注重爱国、守法和社会主义教育，比例分别达94%、96%、100%（见图2）。

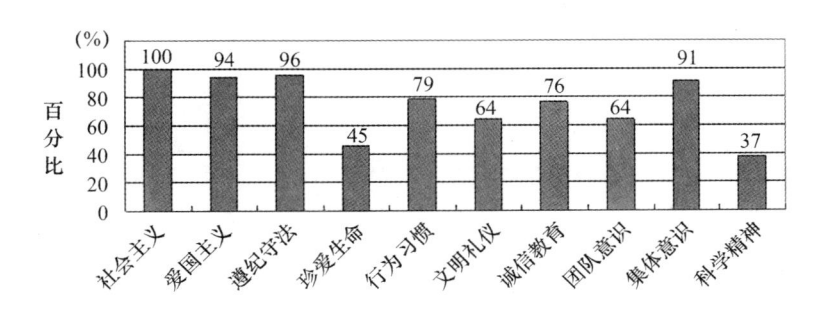

图 2　学校德育内容

学校德育的主要方法。学校德育采取的方法多种多样，主要有课程学习法、说理法、榜样示范法、品德评价法、实践锻炼法等。调查显示，学校思想道德教育特别注重运用课程学习来开展道德教育，占所调查对象的91%；其次榜样示范法和说理法也有较高比例，实践锻炼法相对运用较少（见图3）。表明理论灌输仍是少数民族学校德育的主要方法。

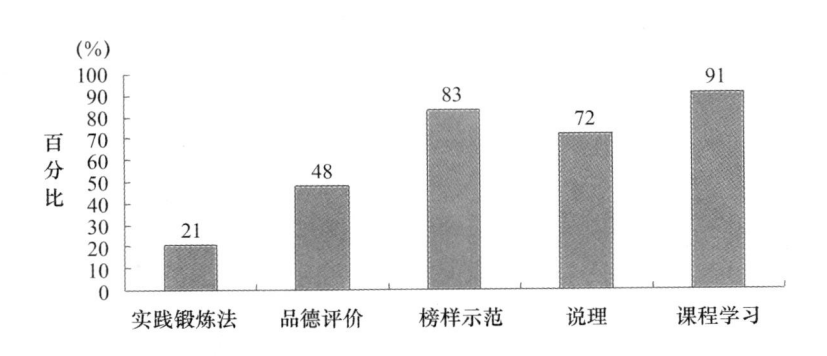

图 3　学校德育方法

学校德育途径。学校德育的途径主要是指学校实施德育的方式或学生获得德育信息的途径。调查表明，学生在学校获取德育信息中，思想政治课堂教学是学生获得思想道德教育信息的主渠道，达90%；同时学校的日常行为规范教育对学生思想道德素质的形成有较大影响，达69%；

相对来说爱国主义等德育专题和其他学科课堂教学的德育熏陶所占比例相对较低（见图4）。

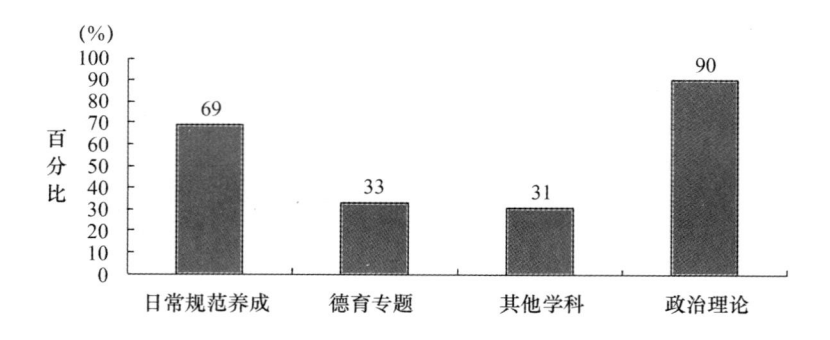

图4 学校德育的途径

学校德育效果。学校德育效果的评价是多方面的，本调查主要搜集了作为教育对象的学生对学校德育工作的评价。调查显示，有3%的学生对学校德育效果评价特别好，有22%学生对学校德育效果评价较好，有51%学生对学校德育效果一般，评价不好的占16%，评价糟糕的占8%（见图5）。这表明学校德育总体效果较好，但不容忽视的是，对学校德育评价为"不好"和"糟糕"的占比为24%，民族地区学校德育任务非常艰巨。

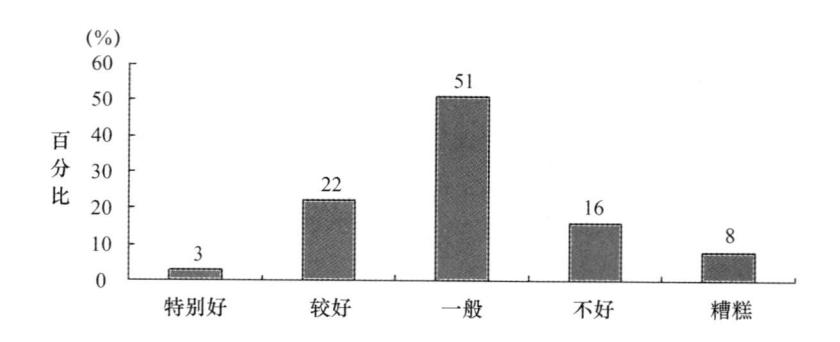

图5 学生对学校德育的评价

学校团学德育情况。团委（团支部）和学生会（班委会）是学校德育的主要载体和主要阵地，同时团委（团支部）和学生会是与学生紧密联系的学生组织，在学校德育（特别是实践德育）中起着重要作用。学生们普遍认为团委学生会政治性太强。在访谈中学生们认为所谓政治性太强主要是团委学生会的活动主要是团日活动，而团日活动多是搞政治学习。另外有48%的学生认为学校团学部门"活动走形式"，还有36%的学生认为其学校团委、学生会根本没有开展工作（见图6）。调查表明，民族学校团委和学生会的德育功能没有得到有效发挥。

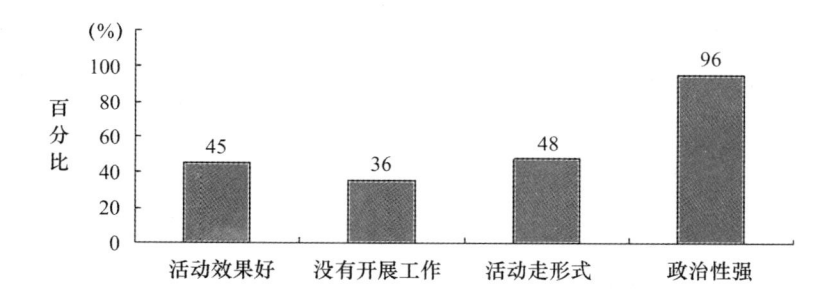

图6 学生对团委学生会的评价

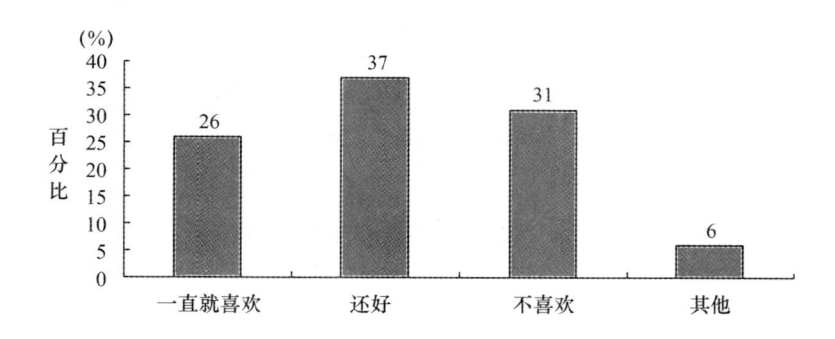

图7 对思想政治理论课的评价

对思想政治理论课的看法。"你喜欢思想政治理论课吗"？一题的回答中，回答一直就喜欢的占26%，还好的占37%，一直不喜欢的占

31%。从前两项数据来看学生们对当前学校思想政治理论课教学总体是认可的。但从后一组数据看,有31%的学生一直不喜欢思想政治理论课。这就需要思想政治理论工作者不断地反思(见图7)。

3. 关于被调查者的家庭道德教育情况

土家族苗族把家庭道德教育统称为"家教"或"家庭教育",没有专门的家庭道德教育称谓。因此以下"家庭教育"主要就是指家庭道德教育。这里的家庭道德教育主要是指由父母和家庭中的长辈对青少年的道德教育。

家庭教育的主要内容。土家族苗族家庭的道德教育内容十分丰富,主要包括:尊老爱幼、孝敬父母;不偷盗、勤劳、节俭;讲秩序、不乱吐乱扔;诚实、讲信用;热爱祖国等。调查显示少数民族家庭道德教育特别注重传统德育内容,在尊老爱幼、勤劳节俭、诚实守信方面显示出较高的比例(见图8)。

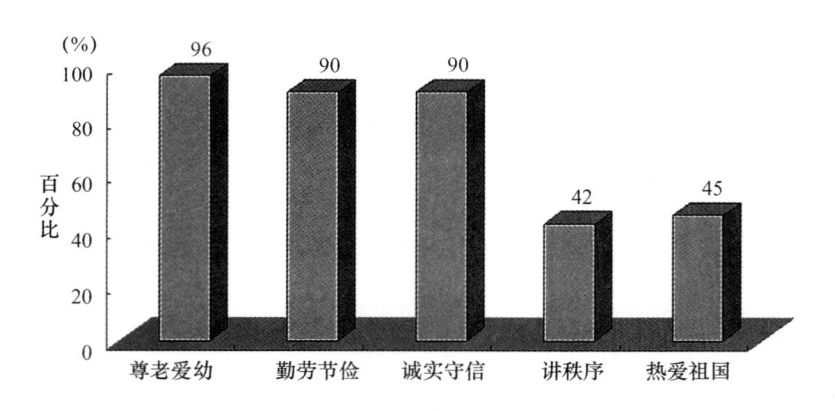

图8 少数民族家庭教育的主要内容

家庭教育的形式与方法。土家族苗族家庭教育中比较常用的方法有:故事教育方法、自身示范法、仪式教育法、惩戒法、说理法等。对不同家庭背景学生的进一步访谈显示,少数民族农村家庭仍然普遍采用上述教育方法,而城市家庭中主要采用说理及故事教育法。对于所讲故事的内容,前者主要利用民间故事开展教育,后者多为讲述现代社会或市场经济中的小故事。故事教育法运用比较广泛，也得到儿童的认可。另外惩戒法也占有较高比例（见图9）。

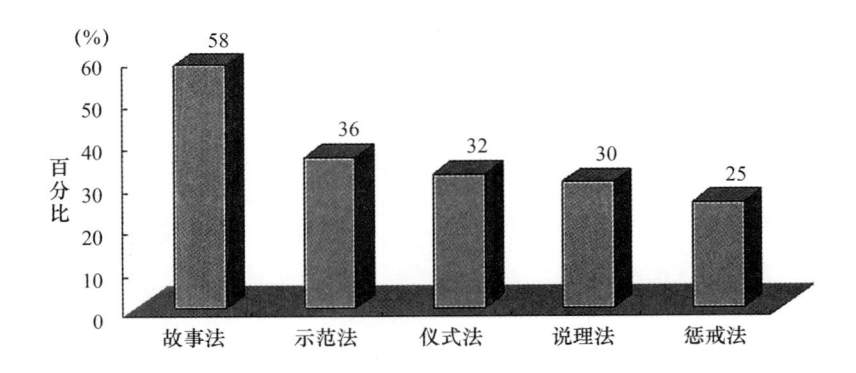

图 9　家庭教育方式与方法

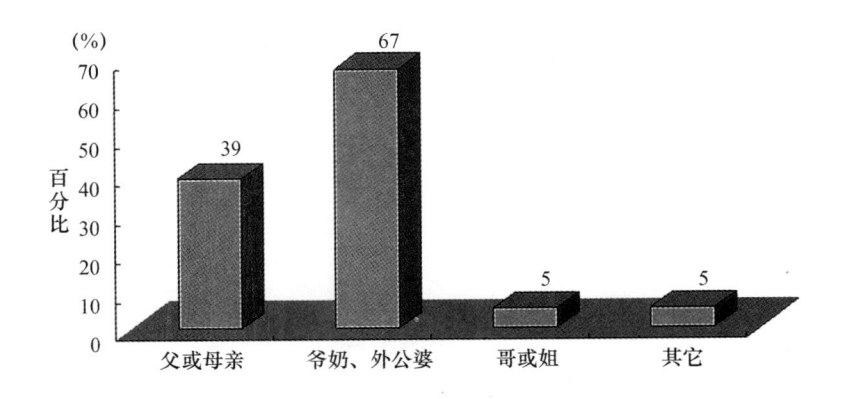

故事法 58　示范法 36　仪式法 32　说理法 30　惩戒法 25

图 10　家庭教育的实施者

父或母亲 39　爷奶、外公婆 67　哥或姐 5　其它 5

家庭教育的实施者。土家族苗族家庭教育的实施者主要是父母和长辈。调查表明，爷爷奶奶或外公外婆是家庭教育的主要实施者，其比例远远超过父亲或母亲直接参与家庭教育的比例（见图10）。在进一步调查中发现，家庭教育中父母所占比例较低的主要原因是当前农村家庭中孩子父母双双外出务工家庭比较多。而且爷爷奶奶或外公外婆的年龄多数都在 50 岁以上，占 88%（见图 11）。在文化程度方面，爷爷奶奶、外公外婆的文化程度较低，小学及文盲层次文化程度占到总数的 80%（见图 12）。爷爷奶奶、外公外婆实施青少年道德教育的比例较高，其高年龄、低文化层次，无不影响着下一代教育水平的提升。

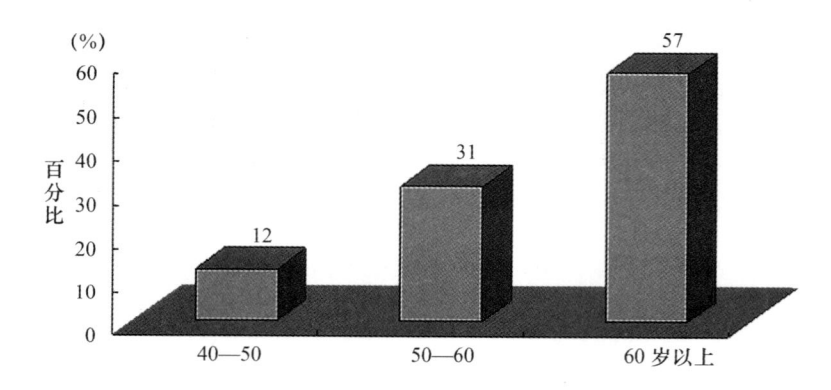

图 11　爷奶、外公外婆年龄

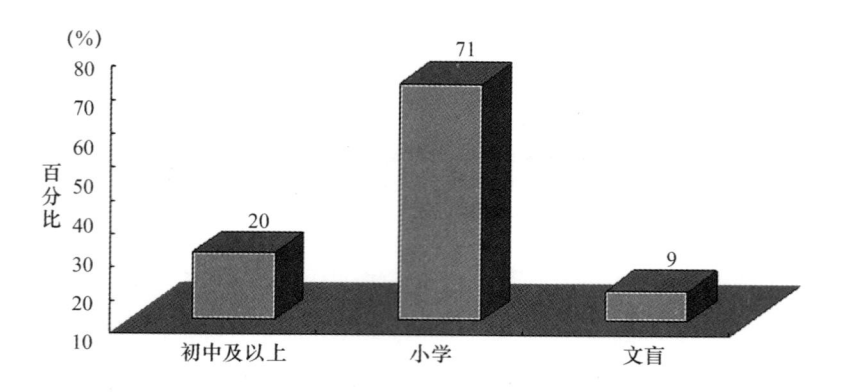

图 12　爷奶、外公外婆文化程度

家庭教育在品德教育中的地位。家庭道德教育是指在家庭中开展的道德教育。在受教育者对家庭教育在其品德教育中地位的评价中，选择家庭教育在其品德教育中占首要地位的比例较高，远远超过选择学校教育在其品德教育中占首要地位的比例（见图13）。这种情况说明家庭教育在少数民族青少年道德教育中占有重要地位。在被问及为什么给予家庭教育如此高的地位时，被访者的回答多是家庭教育更为真实，与社会现实紧密相关，而且在家庭所学到的道德准则能较好地处理好社会生活中的道德问题。

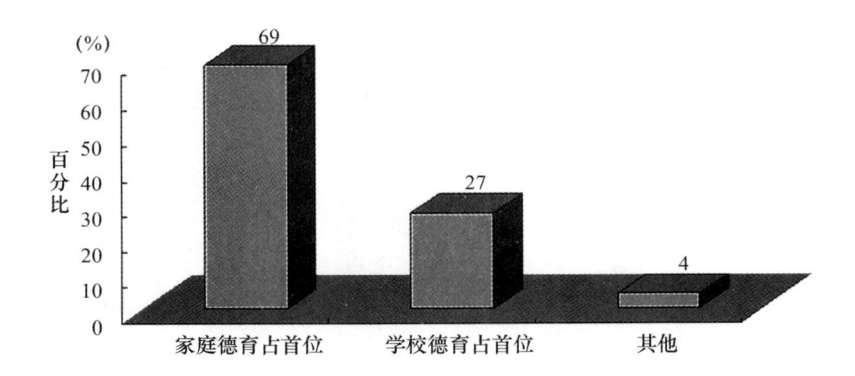

图13　家庭教育在品德教育中的地位

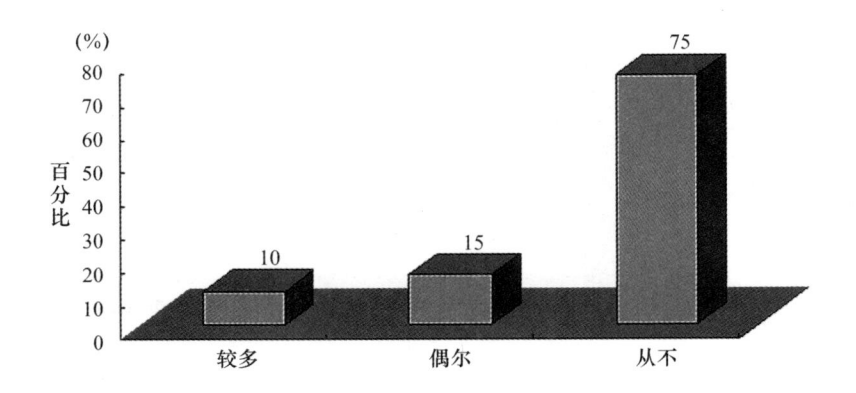

图14　家长带青少年去博物馆、图书馆、纪念馆频率

家庭教育资源。家庭教育资源主要是指家长为青少年道德教育所提供的条件和物质准备。调查中,家庭教育资源测量的指标主要包括:家长是否经常为青少年购买励志图书或其他书籍,家长是否经常带青少年去博物馆、纪念馆参观等。调查显示,在少数民族家庭德育中从来不带青少年去博物馆、图书馆、纪念馆的家庭比例特别高(见图14);从来不为青少年购买励志图书的家庭占有较高比例(见图15)。这表明少数民族青少年的家庭道德教育资源非常短缺。

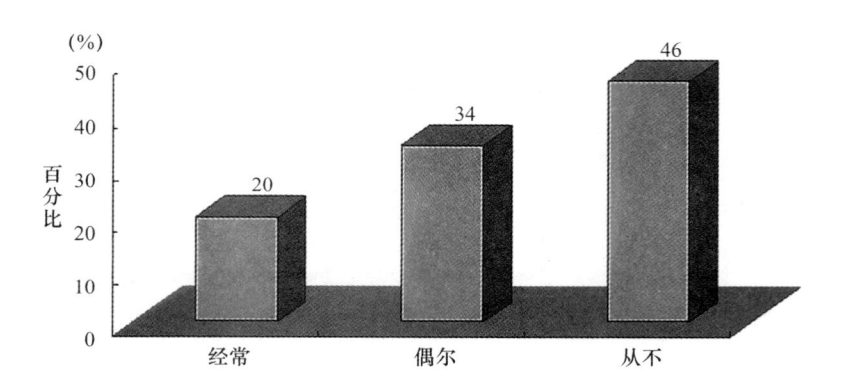

图15 家庭购买励志图书情况

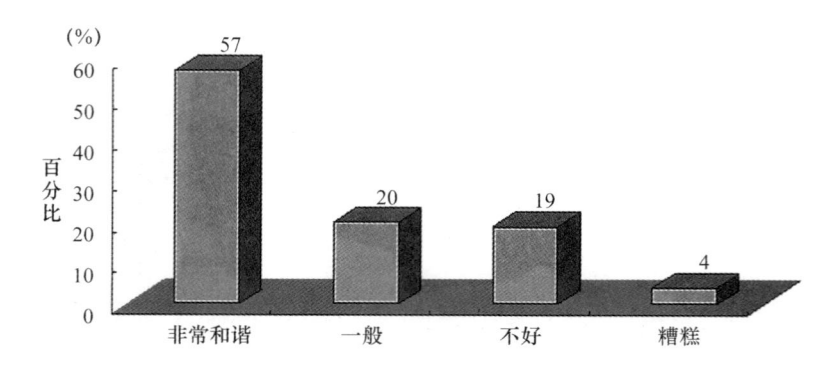

图16 家庭人际关系

家庭人际关系。在家庭教育中，青少年与家长形成了不同的关系状况。家庭人际关系深刻地影响着家长对其子女的教育效果，良好的人际关系促成德育目标的有效达成，反之会对家庭道德教育的效果产生负效应。同时家庭人际关系状况在一定程度上也反映着家庭道德教育状况。调查显示，少数民族家庭教育中的家庭人际关系较好，非常和谐的达57%（见图16）。

家庭教育满意度的评价。家庭教育满意度反映家庭教育的和谐状况，是教育者和受教育者彼此对家庭教育活动的评价，也是家庭教育有效性的一个重要指标。在所搜集到的关于家庭教育满意度评价中，大多数土家族苗族家庭对其家庭教育基本满意，比较满意和非常满意的达65%（见图17）。

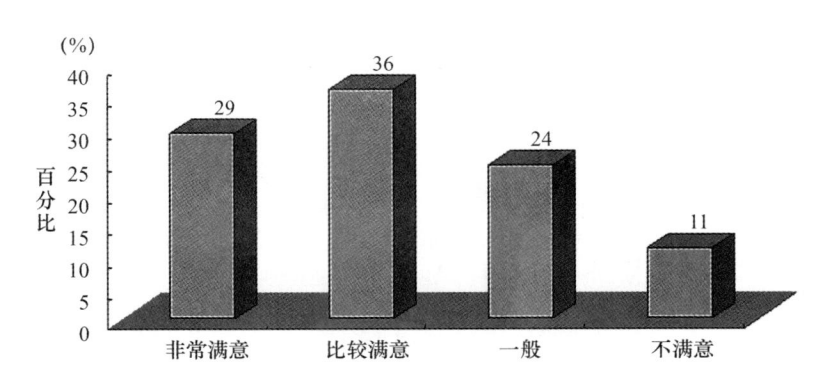

图17　家庭教育满意度评价

4. 关于被调查者自身的特点

青少年对民族传统文化的态度。对本民族传统文化的态度是衡量个体对本民族及其文化认可与认识的重要指标，也是一个民族自信心与自卑心理的反映。结果显示，认为民族传统文化是本民族精神寄托的占51%，对本民族文化持无所谓态度的占29%，认为本民族传统文化落后的占14%，认为本民族传统文化是陋习的占6%（见图18）。调查表明超过一半的青少年认为民族文化对其自身尤为重要，是其精神寄托。但总体上也有接近一半的调查对象对本民族文化不关注，甚至持否定态度。

对此问题，课题组对部分青少年进行了进一步访谈。从访谈实际看，青少年并不是不关注或否定本民族文化，而是由于青少年对文化及民族文化理解不深，同时受当前追逐利益的不良风气影响而导致其价值观偏离。

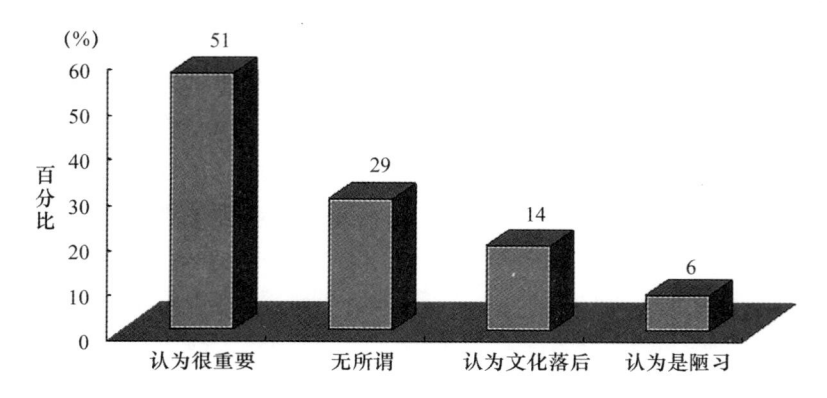

图18　青少年对本民族文化的态度

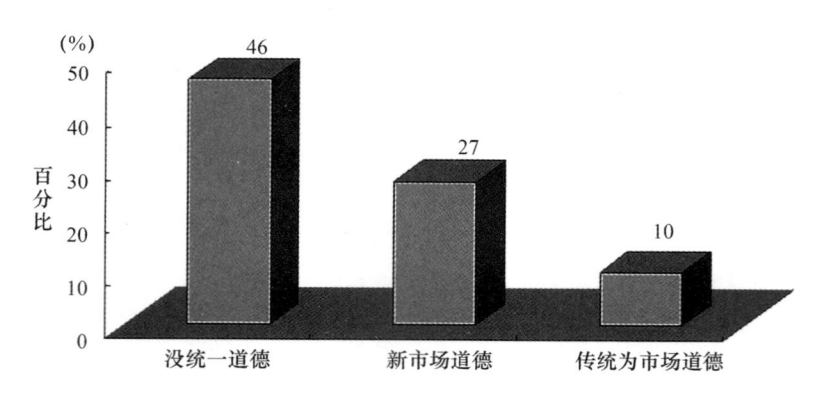

图19　青少年对市场经济时代道德观的看法

青少年在市场经济时代的道德观。在市场经济时代，青少年对道德各自有着不同的观点与看法。有46%的被调查者认为市场经济时代没有统一的道德标准。调查显示有10%的青少年把本民族传统道德作为市场经济时代道德标准（见图19）。青少年对市场经济道德的看法就是他们对市场经济的认识。出现这一状况的原因，或是青少年对市场经济认识不够深刻，或是因没有融入市场经济，或是对市场经济社会存在错误的认识。

青少年对他民族及其文化的态度。通过对他民族文化态度的调查也可以了解少数民族青少年对民族文化的认识程度。在调查中有 45% 的青少年表示很想了解他民族文化，有 19% 的青少年表示无所谓，有 8% 的青少年表示不愿了解他民族文化（见图 20）。同时，调查中有 60% 的青少年表示愿意尊重他民族文化，有 20% 的青少年表示依情况而定（见图 21）。调查表明多数少数民族青少年对本民族文化有着深刻理解，但仍有为数不少的青少年对他民族文化不重视或非常冷漠。在进一步访谈中，发现主要是由于改革开放以及市场经济的影响，部分青少年对社会价值及民族文化认识肤浅，认为文化是虚无缥缈的东西，经济上的实惠才是真道理。根据这一情况，可以说我国少数民族的教育任重而道远。

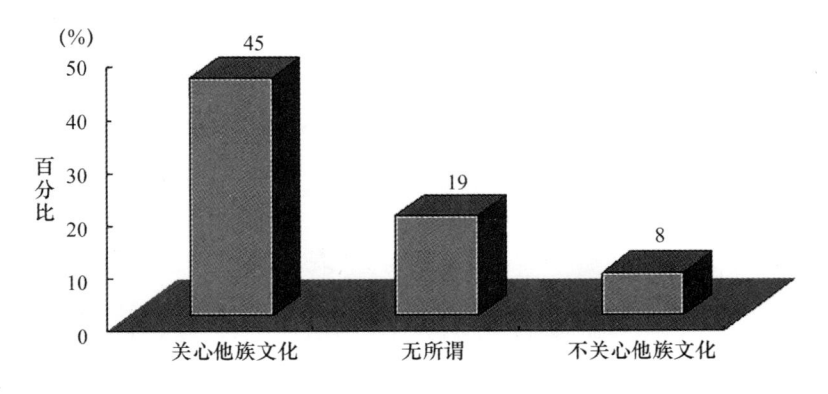

图 20　对他民族文化的关心程度

青少年对共产党的认同情况。对党和国家的认同是思想道德教育的重要内容，在调查中，有 15% 的对象对党表示非常认同，有 49% 的表示认同。这些数据说明马克思主义、社会主义、共产主义理想信念在大多数青年学生中占有重要地位，大多数学生信仰社会主义和共产主义。同时调查中，表示不清楚的占 30%，不认同的占 7%（见图 22）。这说明实用主义等西方社会思潮以及其他因素对我国思想道德教育形成了一定程度的冲击。

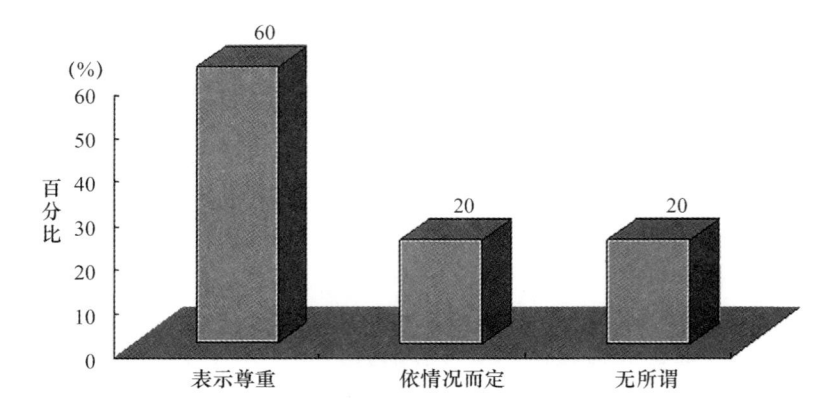

图 21　对他民族文化的态度

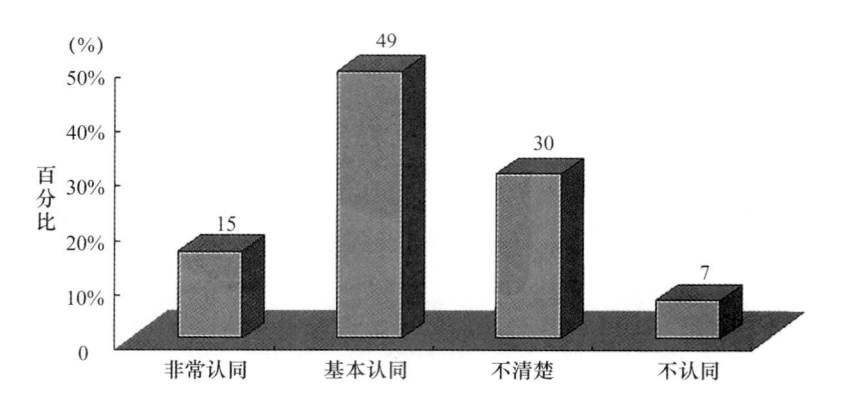

图 22　青少年对中国共产党的认同

青少年对家长教育的看法。青少年对家长教育的看法决定了青少年对家庭道德教育的接受程度，进而影响着道德教育的实效性。此次调查中，多数调查对象对家长教育观念持否定态度，有 67% 的青少年认为家长的教育观念较为传统，他们的思想观念基本上跟不上时代（见图 23）。进一步访谈表明，青少年并不是真正地对家长教育观念的否定，而是因为其对传统价值观念的理解和认识不够，同时也是受外界不良风气影响的结果。这也表明青少年受新环境的影响较大，并乐于接受新观念，而其长辈融入新环境又不够。

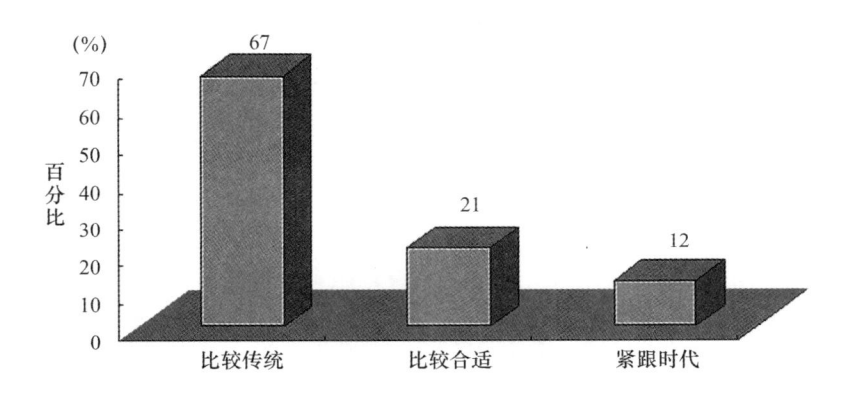

图23　青少年对家长教育的评价

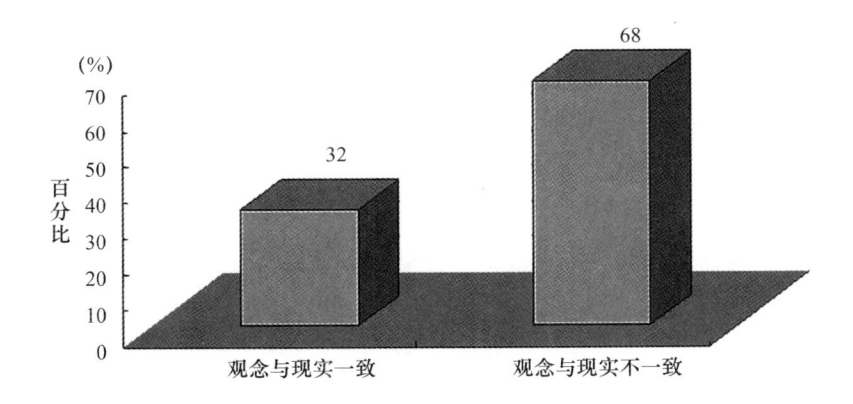

图24　青少年对教师观念的评价

青少年对学校教师教育的看法。青少年对教师教育的评价、对于教师客观认识自身有着重要意义。德育课堂中教师只顾一言堂，忽视学生的观点与诉求。有效的道德教育需要教育对象的有效参与。调查显示，认为德育教师观念与现实生活不一致的占68%（见图24）。学生对教师教育的这种认识无疑显示出学生对教师教育的质疑与批判，这需要少数民族道德教育在实践中不断完善。

5. 关于被调查者的语言与文化情况

民族语言掌握情况（见图25）。语言对民族文化有着重要影响，同时语言本身就是一种文化现象。操持不同语言的人必定属于不同的文化。同时少数民族对本民族语言的了解和掌握程度，反映出民族文化对本民族影响的深刻程度，因为民族语言是民族文化的一种象征。

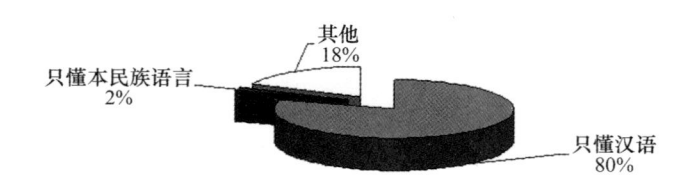

图 25　民族语言掌握情况

民族语言使用情况。通过关于民族语言使用情况的调查也可以进一步了解民族传统文化在少数民族个体生产生活中的地位。调查显示少数民族在日常生活中经常使用民族语言的占3%；在日常生活中主要使用汉语的占92%（见图26）。虽然本民族语言使用频率较低，但在进一步的访谈调查中我们深深感受到土家族人和苗族人仍然坚守着自身独具特色的民族文化。

传统习俗的了解与信奉。少数民族青少年对传统习俗的了解与信奉直接表明传统文化对少数民族青少年的影响程度。调查表明，少数民族青少年对本民族的民族习俗基本了解，而且绝大部分青少年都延续着本民族的习俗。少数民族青少年对本民族习俗大多比较了解，在家里经常遵从民族习俗的占90%（参见图27）。民族习俗是民族文化的基本形式，多数人对民族习俗的延续，足以表明民族文化对本民族青少年有着重要影响。

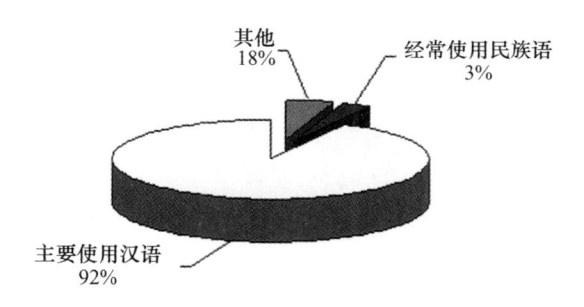

图 26　民族语言使用情况

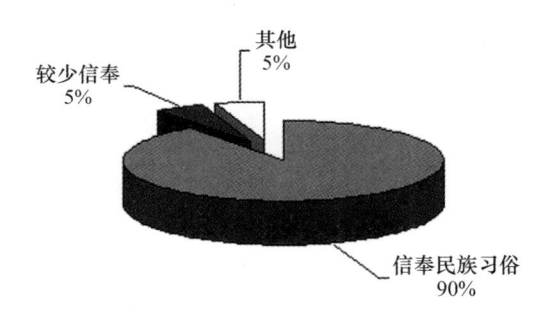

图 27　对民族习俗的了解与信奉

民族宗教信仰。宗教也是民族文化的具体表现形式，有宗教信仰的民族，其宗教文化对其影响根深蒂固。部分少数民族对宗教的信仰也是民族文化对其影响的具体形式。调查显示少数民族中有 15% 的人信仰宗教（见图 28）。因此，我们在处理有关少数民族事务的工作中，要注意处理好宗教问题。

民族禁忌。民族禁忌也是民族文化的重要内容，少数民族在长期生产生活中形成了丰富的有效处理人与人、人与自然、人与社会的禁忌文化。这些禁忌文化规定着人们能做什么、不能做什么，影响着人们的行为活动和道德生活。调查表明，47% 的民族有着本民族的禁忌，这些禁忌对本民族道德生活产生着重要影响（见图 29）。

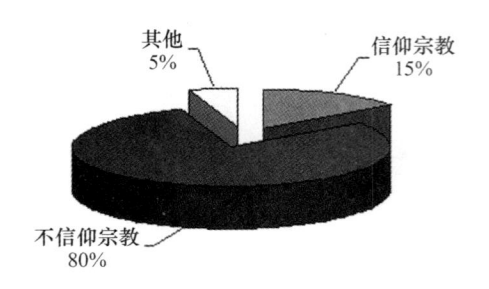

图 28　宗教信仰状况

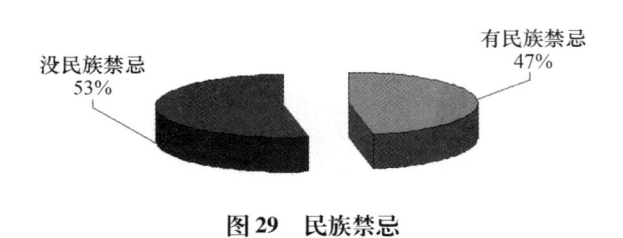

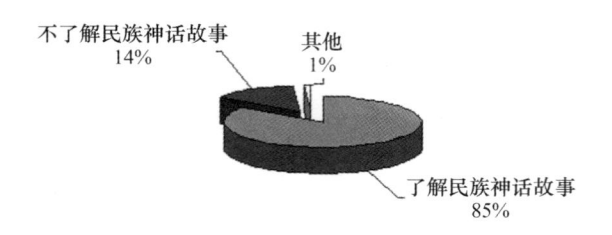

图 29　民族禁忌

图 30　民族文学素养

民族传统文学。文学是文化的具体表现形式，每个民族在其长期的生产生活中都形成了自身独特的文学样式，并对青少年产生着重要影响。少数民族中每个人都是听着故事和神话长大的，神话故事极大地影响着人们的道德生活。调查显示有85%青少年知晓并了解本民族文学，说明民族文学影响着少数民族的道德生活（见图30）。

对本民族文化的态度。此问题调查的目的是想明确民族文化对少数民族的重要性。期望本民族文化得到他民族的尊重足以表明民族文化在少数民族心中的神圣地位。少数民族对本民族文化的这种敬畏展现出民族文化对少数民族的深刻影响，包括在道德领域的影响。调查表明土家族苗族青少年中特别希望本民族文化态度得到尊重的达90%（见图31）。这足以表明民族文化对少数民族的深刻影响。

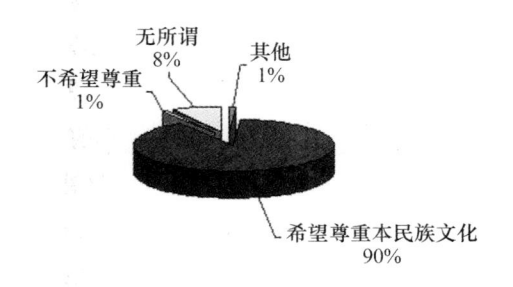

图31 期望他人对本民族文化的态度

（三）民族德育的特点分析

调查中，我们深感各少数民族间文化上的巨大差异。这也显示出民族德育对象的特殊性。民族德育对象的特殊性是民族德育特殊性的核心内容，而对民族德育对象特殊性的把握是有效开展少数民族德育的前提。具体来说，民族德育对象的特点主要体现在以下几个方面：

1. 差异较大的生活习俗

少数民族青少年都生活在各自不同的生活区域。由于彼此生活环境、经济状况和历史境遇不一样，各少数民族在衣、食、住、行以及生产、婚姻、节日等文化生活方面具有较大差异，而且在传统喜好、生活禁忌、习俗风尚方面也具有较大差异。例如，土家族人在吃饭时喜欢给客人夹菜。因为土家族人认为主人给客人夹菜是好客的表现，是主人对客人的关心。当你在土家族家庭做客时，若主人频繁给你夹菜，表明主人把你当成上等嘉宾。往往土家族长辈在吃饭时叮嘱晚辈要给客人夹菜，并以此对晚辈开展礼仪教育。另外，藏族朋友在见面打招呼时忌直呼其名，一般要在名字后加"啦"字表示尊敬和亲切，有些地区在男性名字前加"阿吉"或"阿觉"。藏族朋友和熟人在聊天或问候时要避免把手放在别人肩膀上，也不能用手摸对方的头。总之，各民族间在传统文化和生活习俗方面存在着较大差异。

2. 各自有别的宗教信仰

宗教是人类社会的一种独特文化现象。它认为在现实世界之外有一种超自然力量统领着人类社会，并具有绝对权威性，它主宰着自然进化和人类命运的全过程，人们对此权威性应有一种敬畏和崇拜之心。各少数民族青少年由于自身的文化传统，加之长期生活在边远落后地区，科学知识相对缺乏，对宗教形成了一种特有的依赖和信仰。我国各少数民族多数都信仰宗教，而且有 20 多个民族几乎普遍信仰宗教。各民族的宗教信仰彼此不同，各种宗教在宗教教规、宗教仪式方面也有着较大差异。这些宗教对少数民族具有较大影响，而且宗教意识和宗教观念渗透到各民族生产生活的各个方面，并形成了一种相对稳定的行为和习惯，在很大程度上改变着人们的意识和行为。由于历史传统和家庭环境的影响，很多学生在进校前就是虔诚的宗教信徒。在交谈中少数民族青少年还表示，他们希望他们的信仰和习惯上的差异能得到其他各民族的理解和尊重。并且在某种意义上他们把他民族对待本民族宗教信仰和生活习惯的态度当作对待他们民族乃至个人尊严的态度。

3. 彼此不同的心理特征

心理特征主要指个人和社会群体在社会活动中体现出来的相对稳定的心理特点和性质，主要包括气质、能力和性格等方面。少数民族生活在不同的地区，由于各民族自身经济条件、文化传统和风俗惯例的差异，形成了各民族独具特色的心理特质、性格和行为习惯。例如，土家族具有大胆、勇敢、淳朴的心理特质；傣族具有温柔、和谐、和睦友好的心理特质；纳西族具有坚强毅力、理性谨慎、质朴爽朗、诚实守信的心理特质；回族具有英勇无畏、顽强拼搏、善于包容、灵活机智的心理特质；蒙古族具有粗犷豪爽、英勇刚毅、刚劲勇猛的心理特点等。由于我国各少数民族大多生活在偏远高寒山区，交通不便、信息闭塞、居住分散，在心理特征上也形成了一种较为封闭保守、孤僻清高的民族心理和民族性格。少数民族学生的这种心理和性格上的缺陷在一定程度上影响着其个人的心理特征和生活、行为习惯，而且还影响着不同民族青少年之间的交往和相处。当然在民族"大花园"中，各少数民族青少年也渴望本人和本民族得到其他民族的接纳和认同。他们往往会主动与同学、朋友交往，与其他民族融为一体。但有时由于传统习惯和心理特征的差异性，他们把自己限制在一个狭小圈子之内，不愿和其他民族沟通。

4. 各具特色的思维方式

思维方式主要是指人们的思维在把握现实世界、思考现实问题、探索知识创新中所形成的一种模型和范式，即主体认识现实世界的范式、规则和框架，也即方法论原则。我国各少数民族由于长期生活在贫困山区，环境封闭、经济落后、交通不便，这种生态环境和经济环境使他们形成自身独特的民族性格和思维方式。这种思维方式是他们认识客观世界、思考现实问题的思维模型和范式，而且这种模型和范式相对稳定，不会轻易改变。在调查访谈中我们也深深地感受到少数民族在思维方式上的差异。关于少数民族在思维方式上的独特性，赵志毅对凉山彝族思维方式的专门研究也提出了佐证。他认为凉山彝族思维方式具有以下三个特点：一是具体性，如彝族人在谈及家庭收入时，往往不能用概括的数字回答，只能分别列出每一项的具体收入数字，度量概念尚未从具体事物中抽象分离出来；二是类比性，如凉山彝族习惯于"以物言事"，以精练的语言把天、地、人、物中的某一具体现象和另一具体现象直接联系起来表达理性思想；三是形象性，由于思维的具体性和类比性，他们善于借助形象进行思考，凉山彝族典籍中没有理论著作，其全部彝文典籍（包括宗教经书和格言谚语），无一例外均是寓于形象的思维。

5. 相互不同的价值坚守

价值观是主体对"什么是好的""应该是什么"的价值意识和价值判断。在现实的人事关系中，人们总要对生活中的某些事件做出某种评判。而人们在实施这种评判时总是遵循或依据着某种基本原则和基本取向。

这种原则和取向的核心就是主体的价值观。个体和群体的价值观往往受到其所处自然生态环境和经济社会环境影响。马克思曾指出："……意识在任何时候都只能是被意识到了的存在，而人们的存在就是他们的现实生活过程。"[①] 也即个体的思想意识和价值状况反映着个体的环境状况，或者说个体所处的生活环境深刻影响着思想意识和价值观念。我国境内的各少数民族，因各自文化传统、自然生态环境和生产生活方式的差异，形成了各自独具特色的价值观念。且各民族间的价值观念彼此差异很大，甚至有的是截然相反。这种各民族间价值观念的差异形成了各民族道德教育的独特性。因为在道德教育中如果不考虑到少数民族学生价值观念的差异，会大大削弱道德教育的实际效果。同时我们要处理好现行的主流德育价值与少数民族传统德育价值的关系。既要使本民族中的优秀文化价值得以保持和传承，又要使其传统价值在其形成时代所需的价值中起到促进作用。

（四）民族德育存在的主要问题

同时调查表明，当前我国少数民族道德教育还存在许多问题。通过对问卷调查结果和研究小组对访谈内容的整理、分析和研究，笔者发现武陵地区少数民族青少年道德教育存在以下几个方面的问题：

1. 忽视教育对象的民族性

运用科学的教育方法、把握教育对象的特性是有效开展道德教育的两个基本要素。两者共同作用、共同促进，缺一不可。然而调查表明当前少数民族道德教育普遍存在着偏重道德教育的科学性，而忽视少数民族道德教育的民族性问题。

我国 55 个少数民族各自独具特色，均有着自身独特的民族文化。这些民族文化间存在着较大差异。在当前少数民族道德教育中，少数民族及其文化的独特性没有得到较好的体现。少数民族道德教育在其课程设置、教学内容、教学方法方面存在着一般化、格式化等趋同性问题。少数民族道德教育仍普遍依循大汉族道德教育模式，存在少数民族道德教育汉族化现象。这种忽视教育对象特殊性的现象极大地影响了少数民族

---

① 《马克思恩格斯选集》第 1 卷，人民出版社 1995 年版，第 72 页。

道德教育的实效性。本研究在少数民族地区学校道德教育的调查中发现，几乎所有学校均没有采取专门针对少数民族道德教育的特殊形式与方法。在对教师的访谈中大多数教师均承认虽然班级内学生分属不同民族，但少有专门针对少数民族学生的文化差异而采取特殊的道德教育形式。他们表示从教学目标、教学内容、教学方法及教学形式的各个方面和环节，其道德教育均采取同一模式。这种汉族化或趋同化的思想教育模式与现实社会的多元文化背景产生矛盾，影响着道德教育的实际效果。

少数民族道德教育汉族化或趋同化主要表现在以下几个方面：一是课程设置趋同化，民族特色展示不足。调查表明无论是民族学校，还是非民族学校或非民族地区学校，道德教育课程与汉族地区学校课程设置差别不大。没有一所民族学校专门开设诸如少数民族或本民族伦理道德、本民族道德生活史、政治史等课程。这使得少数民族学生不容易从本民族文化角度接受一般的、汉族化的道德教育观念。二是教学内容一般化，而体现民族地区和民族文化特点的内容不够。我国的少数民族道德教育主要采取汉族道德教育的一般模式，其内容上强调意识形态道德教育，而较少涉及少数民族伦理道德及少数民族道德生活，而且也较少把道德教育的一般内容与少数民族道德教育有机结合。三是学校道德教育方式方法简单化，与少数民族德育对象的接受方式不相适应。少数民族由于思维方式有着自身的特点，主要表现为具体化、形象化。民族地区学校德育仍采取理论教学、知识教学为主。这些抽象理论或概念推演的方法使少数民族难以接受所传递的道德教育内容。少数民族道德教育需要采用少数民族易于接受的道德教育方式。

2. 德育存在泛政治化倾向

对"德"的不同理解，形成了不同的德育思想和方法，广义上说德育包括思想教育、政治教育和道德教育。而政治性是德育的固有属性，道德教育不是普世的，它有着自己的立场和观点。比如我国教育方针规定教育要"为社会主义现代化建设服务，为人民服务"，要"培养德、智、体、美全面发展的社会主义建设者和接班人"。道德教育强调政治无可厚非，但我国少数民族的道德教育存在着泛政治化的倾向。在调查访谈中为数不少的教师谈到当前学校思想道德教育（思想政治教育）主要从政治教育的角度展开，更多地强调个人、国家、集体在政治经济上的服从关系，强调要以爱党、爱国为中心，而较少涉及世俗的人际关系与人伦关系。调查表明，在少数民族学校道德教育中，道德教育内容特别强调共产主义理想、社会主义信念和高尚的人生观，在个人与集体关系上更为注重集体利益，在奉献与索取关系上更为强调奉献。在对部分德育教师和德育管理领导的访谈中，他们认为目前的思想道德教育主要就是政治教育，学校德育的主要功能就是培养政治接班人，主要为国家的政治生活服务，而较少考虑到学生个体作为人的成长。

思想道德教育本身具有政治职能，但思想道德教育政治职能的实现首先需要着眼于个人成长，在促进个体成长中更好履行其社会服务职能。其实，政治教育依赖于个体的思想教育、道德教育和心理教育，只有形成了正确的世界观人生观、良好的道德观念和健康的人格，其坚定的政治观念才会形成。学生不是政治家，他们更需要处理身边世俗人伦关系。访谈中有受访者指出当前学校德育在实际操作中产生了一种现象，即政治理论课代替了德育的全部内容。而学生个体的社会关系非常广泛，例如包括父母、兄妹、朋友、老师等。这些世俗的人伦关系对形成较高的道德品质具有更为重要的意义和价值。而且改革开放以来，传统的政治道德关系逐渐瓦解，新的道德关系逐渐形成，泛政治化的道德教育容易使学生形成双重人格，影响学生个体发展。那种过分关注德育中的政治关系而忽视人的日常人伦关系的情况，往往不能培养出有道德的人。

3. 轻视德育方法的启发诱导

在思想教育方法上，由于受历史传统的影响，我国更多的是采取强制性管理方法和灌输式的教育方式。这一方式，在教育中忽视教育对象的内心认同、思想接受等主体能动反应，忽视教育对象的个性发展需求。促进人的主体性发展是道德教育的重要任务。着力于发展人的主体性的教育需要在教育实践中尊重受教育者，发挥受教育者的主体性，构建主体间的和谐德育。也即在道德教育中需要倡导一种人文关怀精神，让受教育者在教育者的引导下实现自我建构、自我改进，从而促进人的精神解放和创造性发展，进而促进人的品质充分而自由地全面发展。本研究对50名中小学教师展开了抽样调查。结果显示，德育实践中主要采取传统灌输法开展道德教育的占86%，而采取启发、诱导等教育方式开展道德教育的仅占14%。灌输式教育主要是通过简单强制性的方式向教育对象灌输社会认可的思想观点、行为规范。

灌输式教育的主要特征表现在以下几个方面：一是教育信息上的单向灌输。在道德教育中，其素材主要是课本，道德教育信息主要从教材和教师向学生单一流向。教师负责主要对教育信息和观点展开阐释以帮助学生理解，而摈弃教育者和受教育者的双向沟通。二是道德教育方式上的强制性。在道德教育中，教师不顾学生是否认可所教授的道德观念或是否理解所教授的道德观念，都要求学生无条件接受并无条件执行。三是道德教育过程的封闭性。在德育实践中，教育者将道德教育从生活中孤立出来，展开道德说教，使道德教育着力于概念阐释和知识传授。这使得道德教育与学生的生活实际相脱离。在当前社会里，人的潜能得到较大程度上的释放。学生个体的主体意识比以往任何时代都强烈。那种不顾学生主体意识的道德教育灌输模式往往使学生对道德教育产生反感、抵制情绪，进而大大影响道德教育实际效果。道德教育是促进人的发展的教育。灌输式道德教育方法实际是一种控制性的、奴役性的教育。在这种教育中教育者往往把学生当成物来对待，或作为驯服工具，或作为美德袋进行道德注入，压抑了人的主体性，违反了人的本性。

4. 忽视民族德育的主体价值

道德教育的本质是促进人的发展。现代社会的道德教育强调要培养青少年作为道德活动主体的自主性、能动性和创造性，提高他们的道德判断能力和道德自主能力。在当今，缺乏个性、独立人格和创造力的人将会被社会所淘汰。学校德育必须顺应时代要求，担负起培养具有独立人格的责任，以不断增强学生的主体意识和自主能力。然而遗憾的是，在本课题的调查中，少数民族地区的道德教育有着较强的功利化倾向，往往把道德教育作为为社会政治、经济服务的工具，把作为教育对象的受教育者作为道德原则、道德规范的被动接受者。在就"你认为学校道德教育的目的是什么？"的调查和访谈中，有74%的教师选择是为经济社会服务，培养党和国家需要的人。在进一步访谈中，教师们认为道德教育应该是促进个体能动性和自主性的发展，应该促进社会的和谐，那种基于某种功利目的的道德教育不利于个人和社会的发展。道德教育功利化主要是指在学校德育中，片面强调道德教育的外在价值，即社会公众价值，忽视道德教育的本体价值，同时突出强调德育的即时和显性功效，轻视道德教育长期潜在效益。

这种道德教育方式的主要弊端体现在以下几个方面：一是把道德教育当作万能救世的工具。即在道德教育中，不是探求个体内在自身成长，而是突显德育的工具性。如在统治阶级政治需要时，道德教育突显其政治性，政治倾向突出；在经济建设需要时，道德教育又突显其经济功能，强调道德教育要为经济发展服务。类似地，道德教育彰显出其文化功能、生态功能等。二是忽视人文关怀。功利化的道德教育强调根据社会需要培养社会需要的人，而忽视人自身的需要和人文关怀。道德教育主要是为了塑造健全人格，其本身超越功利，它本身不把求得何种报偿作为自身目的。正是在这种语境中马克思强调道德的基础应为人的精神的自律。三是道德教育中主体缺失。功利性德育由于强调功利，在道德教育中重说教，忽视学生的道德需要和道德体验，把有血有肉的学生当作接受道德知识的容器。道德教育的功利化偏离了道德教育的应然轨道，因而深深影响了道德教育实际效果。有效道德教育需要改革功利化道德教育模式，建立人本化的道德教育模式。

5. 家庭德育隔代施教现象严重

家庭是社会的细胞，家庭教育对个体成长有着重要影响。在少数民族地区，由于社会发展滞后和其他社会组织的缺乏，家庭教育在个体道德素质生成中有着更为重要的作用。然而本调查表明，我国少数民族家庭道德教育明显滞后，家庭道德教育在培养个体新道德素质中明显不足。其中一个突出现象就是家庭德育隔代施教现象突出，调查显示少数民族地区家庭教育的主要实施者是爷爷奶奶、外公外婆。

家庭教育中的隔代施教有许多弊端：一是施教者的道德观念相对传统。爷爷奶奶、外公外婆往往与传统生产方式密切联系。在道德教育中，他们所涉及的内容一般是日常生活人伦关系，而对现代经济生活中的道德观念摄入不够。在对家庭道德教育内容调查中，道德教育内容注重尊老爱幼、孝敬父母的占96%，不偷盗、勤劳、节俭的占90%，讲秩序、不乱吐乱扔的占42%，诚实、讲信用的占90%，热爱祖国的占45%，其他占34%。当前市场经济环境下的道德价值相对淡化。当今社会，随着我国市场经济和信息通讯的发展，市场经济观念和信息观念已深入到少数民族内部。少数民族青少年对新的观念的需要越来越迫切，这使得家庭教育中家长与青少年教育关系不和谐。二是施教者年龄和文化程度影响着现代儿童的教育。在对主要由爷爷奶奶实施教育的家庭调查中发现,爷爷奶奶年龄在50—60岁之间的占31%,年龄分布在60岁以上的占57%。爷爷奶奶年龄偏大,这种主要由老年人履行教育职能的状况不利于青少年成长。同时在调查中发现爷爷奶奶文化水平普遍较低,小学文化程度占71%,小学以上文化程度占20%,另有9%是文盲。教育者年龄偏大、思想观念的陈旧和保守在很大程度上影响着青少年道德教育的实际效果。新时期,特别是改革开放以来,随着市场经济的发展和信息化、国际化、现代化的发展,我国社会新道德观点和道德水准不断涌现,新的道德观念调整着人们之间的人伦和道德关系。新的道德观念和道德标准要求各族人民,包括少数民族的道德教育要适应时代的需要,培养少数民族青少年形成新的道德品质结构,以适应社会发展的需要。三是道德教育方法相对滞后。调查显示家庭教育中主要以传统道德教育方式为主,而相对淡化新时期道德教育方式。在对少数民族家庭道德教育方式调查中,多采用故事教育、自身示范和仪式教育法。调查显示仍有25%的家庭主要使用惩戒法。这主要是因为少数民族家长,特别是农村,青少年家长文化素质低,教育简单粗暴。虽然惩戒法在某种意义上也能取得一定效果,但如果一味采用惩戒法,会对青少年身心造成极大伤害,使青少年形成叛逆情绪,不利于青少年健康心理和健康人格的养成。这在一定意义上极大地影响了青少年道德教育效果。另外,农村老年人在承担家庭教育的同时,还承担着沉重的家务劳动和田间劳动。有时老年人甚至忙于劳动而忽视了青少年教育。民族地区青少年家庭教育中的这一现象,已成为家庭教育必须关注的问题。

6. 学校德育知识化现象普遍

学校教育是现代教育的基本形式。由于受传统的影响,我国德育强调理论灌输。理论灌输主要是促进受教育者的知识建构,进而生成了知性德育模式。调查显示,当前我国民族地区少数民族道德教育仍处于知识化教学的应试教育模式之中。知识化德育主要传授道德知识,强调受教育者学习道德知识,以发展其道德认知能力为主要目标。在教育手段方面,强调道德教育课程化、课程学习知识化、知识学习灌输化。调查期表明学校德育选择课程学习法占91%,说理法占72%,榜样示范法占

83%，品德评价法占48%，实践锻炼法占21%。上述数据说明目前学校德育主要以课程学习为主，主要以教师讲授为主。在具体访谈中有的老师谈到学校德育中存在"三多一少"情况，即单兵作战多、联合作战少，理论讲得多、实践锻炼少，消极应付多、解决实际问题少，集中灌输多、启发引导少。"三多一少"情况实际是在道德教育中突出知识传授，在具体教育中把受教育者当作道德知识的容器，企图通过道德知识的灌输来提升青少年的道德水平。

道德教育知识化主要有以下弊端：一是强调学生道德知识学习，而忽视学生情感因素的培养。完整意义上的道德教育不只是道德知识的学习，还包括道德规范、价值信念的学习。在道德规范的学习中必须要以一定的道德体验来把握，需要在道德活动的参与中形成。价值、信念的学习亦如此。二是知识化德育往往强调德育理论的灌输，忽视学生道德主体意识的发展。知识化德育往往把道德作为客观知识来教授，割裂道德与学生生活之间的联系。其评价方式主要是通过书面考试，学生只要按照教材上的知识来回答，即被认定为合格。三是知识化教学往往形成道德教育的误区，致使道德教育低效。知识化德育的一个特点就是道德教育专修化，使道德教育有专门的课堂、专门的时间。这往往使得道德教育课堂以外的其他课程不过问道德教育问题而专门从事其专业知识教学。然而道德与人的关系密切，只要人与人之间发生关系，就需要道德调节。这种专修式的道德教育模式，人为地将道德教育与人的实际活动分开，有悖于道德生成逻辑。少数民族青少年学生对学校德育工作的评价，选择特别好的占3%，较好的占22%，一般占51%，不好占16%，糟糕占8%。这也反映了教育对象对知性德育模式的评价。

7. 民族德育与社会现实脱节

在内容上，现有学校德育偏重意识形态灌输。这使得在德育实践中，教师不顾学生需要，一味向学生灌输特定价值观念。这种不顾教育对象需要的教育，往往会被教育对象远远甩在身后。在方法上，现有学校德育更多注重机械理论宣讲与灌输，而较少结合学生实际展开分析与阐发。这使学生产生无处可用、无计可施的想法。因而形成了民族德育与社会现实的脱节。

民族德育与社会现实脱节主要表现在以下几个方面：一是学校道德

教育与社会现实的强烈反差。比如在诚信教育中，教师在教学和生活中时常强调道德的重要性，但在社会现实中特别是在市场经济中常有不诚信现象，这使得青少年把学校的道德教育看成是说教，或者认为老师说的是假话或违心的话。这在教育中是一个非常可怕的问题。尤其是一些有自己看法的学生，社会反面信息看多了，往往对学校教育失去信任。在关于青少年对学校教师教育的调查中，认为德育教师观念与现实生活不一致的占68%，认为德育教师观念与家长观念一致的占32%。二是学校道德教育价值一元与多元化社会之间的矛盾。当前学校德育在指导思想上以集体主义和社会主义为主旋律，坚持道德教育一元化导向。但现实生活中，即使是少数民族地区，社会阶层分化亦十分严重。少数民族与汉族间、各少数民族间、少数民族内部（包括不同地域或城乡）差异较大，这使得少数民族地区的社会文化形成了多元化状态。这也形成了对现行思想道德教育的不同看法。在调查中，对市场经济时代的道德，青少年各自有不同的看法。调查显示，认为市场经济时代没有统一的道德标准的占46%，以诚信、公平、正义作为道德标准的占27%，以本民族传统道德作为市场经济时代道德标准的占10%。同时在对共产党认同的调查中，16%对党表示非常认同，49%表示认同，不清楚的占30%，不认同的占7%。学校教育是有组织的教育，是青少年道德教育的主渠道。学校道德教育主要是弘扬主旋律，而这种主旋律主要是一种意识形态教育。在市场经济环境下这种道德教育与市场经济现实形成绝对矛盾体，如何处理和协调好这一问题，也是市场经济环境下道德教育需要解决的问题。

8. 忽视传统文化的德育价值

民族传统文化是本民族先辈在长期生产生活中形成的、具有本民族特色的风俗习惯、宗教信仰、思想观念和代表本民族生存方式的文化形态总和。在市场经济时代，由于市场观念和市场竞争的影响，少数民族青少年对本民族文化持不同态度。特别是在市场观念影响下他们的本民族传统文化观念淡化。调查显示少数民族青少年对本民族传统文化持无所谓态度、认为本民族传统文化落后、认为本民族传统文化是陋习的比例不少，这是一个危险信号。如果一个民族对自己文化持无所谓态度，也就是不信任本民族文化，也就无所谓信仰和让本民族敬畏的东西。在这种情况下少数民族青少年就会走向无所不为甚至无恶不作的境况。此次调查显示，本地区少数民族对本民族习俗比较了解的占95%，不太了解的占5%。认为民族传统文化是本民族精神寄托的占51%，对本民族文化持无所谓态度的占29%，认为本民族传统文化落后的占14%，认为本民族传统文化是陋习的占6%。在家里经常信奉民族习俗的占90%，较少信奉民族习俗的占5%。在民族传统文学方面，知道并了解本民族故事神话的占85%，不了解的占14%。习俗、禁忌、文学故事等文化形式本身承载着丰富的道德教育信息，青少年对相关内容的淡化说明本民族传统文化的道德教育功能没有得到应有的发挥。这些调查数据说明，在市场化环境下，少数民族青少年对自身民族文化的轻视与忽视，这是一种民族自卑、自弃的表现。在道德教育中他们往往丢弃自己民族文化而去寻求其他提升道德素养的方法，而当他们在通过这一方式提升自身道德素养的同时，往往在精神上陷入无根境地。其实在个体道德素养提升方面，少数民族结合现实社会，传承本民族传统道德价值观念，并在其中实现本民族传统价值的现代化，也是一种积极有益的德育素养提升方式。

当然如何评价本民族文化也是一个重要问题。对于少数民族来说，传统文化对其民族至关重要，但少数民族传统文化毕竟是传统的，是少数民族先辈在长期农耕生活中创造的农业文化。而在市场经济时代，这种农业时代的民族传统文化显现出一定的局限性。这需要教育者对少数民族传统文化展开客观评析和评价，认识传统文化的不足之处，并找到传统文化的精华。这里的核心是如何促进新时期民族传统文化的现代化问题，如何取其精华去其糟粕，以建立起市场经济环境下的本民族新文化。

（五）民族德育存在问题的原因分析——文化的视角

1. 民族德育本身具有典型的文化属性

民族德育的文化属性是由民族德育的民族性决定的。首先，民族与文化总是联系在一起的，是民族创造了文化。这主要是指民族中的人的劳动创造了文化。在人类社会产生之前，整个世界是一个纯粹的自然界，植物自然生长，动物被动地适应着自然。自从制造和使用第一件工具开始，猿变成了人，从此人开始改造自然。原来的自然世界一分为二，即自然世界和人文世界，从此世界开始了人类文明。人类的加入给自然界带来了灵气。自然界的事物因为人类的涉入刻上了文化烙印，而形成文化物，从而区别于自然存在的事物。民族主要是一个文化共同体，人类创造文化其实就是民族创造了文化。可以说，一个民族之所以能成为民族，最根本的原因在于该民族形成了自己所特有的文化。各个民族所创造的文化体现在文化的具体形态之中。这些具体形态包括各民族的风俗习惯、节日礼仪、民族文学、民族规约、宗教信仰等。同时各民族文化形成了各民族特有的思维方式和行为方式，从而形成其特有的生存方式。与此同时，文化还会以各种方式在这个民族中世代流传下去，并世代相继地产生影响，从而形成本民族的文化传统，进而形成本民族的特色与标志。其次，文化与民族密切相连，是文化形成了民族。人创造了文化，文化也创造了人。也即是说，在一定环境中形成的文化，会在该文化环境中的人身上刻上深深的烙印。就我国而言，由于自然生境的差异以及历史遭遇的不同，不同地域的人们形成了各自特色的文化。这些各具特色的文化一旦形成，也成为区分这些不同地域人们的标志。林耀华等人指出由于种种原因，人类不可能创造同一种模式的文化，而是创造不同类型、样态各异的文化。这些不同的文化模式和文化类型形成了具有相应文化特征的人类群体，即民族。[1] 也就是说，由于环境、条件的不同，方式和途径的差异，人们创造了各具特色的文化。这些各具特色的文化又反过来成为划分民族的标志。正是因为此义，斯大林通过对民族特征的描述来界定民族。他认为民族是一个具有共同文化特征的群体，这些特征主要包括人们所使用的语言、人们所共同生活的地理环境、人们在一定环境中所从事的经济生活方式以及由共同文化所形成的人们的共同心理素质。[2] 斯大林这一民族定义特别强调了文化对于民族的重要性。总之，文化与民族都是历史的产物，两者不可分离。民族在社会生产实践中创造了文化，同时文化传统又成为区分民族的重要标志。而民族文化一旦形成，就会在较长时间内影响着民族群体中的每一个人，同时民族

---

[1] 林耀华：《民族学通论》，中央民族大学出版社1997年版，第399页。
[2] 《斯大林全集》第2卷，人民出版社1953年版，第294页。

群体中的人们基于这种共同的文化归属,又紧紧地凝聚在一起。因此可以说,在当今世界,文化都是民族的,民族也都是文化的,文化性是民族的根本特性。

民族的文化性决定了民族德育的文化性。同时道德本身也是充满人文意蕴的文化现象。这些要素决定了少数民族道德教育要植根于少数民族历史文化传统。脱离文化谈道德是不现实的,我们只有从文化学的视角关照与分析道德,才能增强少数民族道德教育的实效性。

2. 民族文化深刻地影响着民族德育

文化传统决定着道德教育的内容。文化是一个民族在其长期共同的生产生活中形成的具有强烈情感倾向和心理归属的观念系统。道德作为人们之间社会关系的反映,受制于一定的生产关系和文化传统,有什么样的文化传统就有什么样的道德价值观念。例如,土家族长期生活在边远山区,大山里独特的生存环境和社会关系造就了土家族坚忍不拔、勤劳勇敢、吃苦耐劳的文化传统和德性精神。从世界上看,世界不同民族因其文化背景差异往往具有不同的道德内容和道德精神。比如英格兰人的道德教育特别强调谦恭、智慧、礼貌和学问,强调通过道德教育培养具有大不列颠文化的绅士型人格。美利坚民族由于其航海民族的特有性质和品格决定了在道德他们崇尚自由、追求个性发展。同时西方信仰文化背景下人们的道德具有一种追求自由、博爱、民主、平等的道德原则,而又把这种道德归于上帝或神的启示。在中国传统文化背景下,其道德内核体现为"仁",孔子说仁者爱人,中国传统文化决定了"仁"这一道德教育特定内容。所以古代有"志于道,据于德,依于仁,游于艺"之说。世界各民族如此,一个国家内部各民族也如此。在一个国家内部由于各民族地域和生产生活差异,各民族形成了自身独特的文化。而每一种文化内部又形成了各自不同的道德关系和道德内容。

文化传统决定着人的思维方式。思维方式是人头脑中相对稳定或相对定型的思维结构和思维模式,是思维主体把握客体的理性认识方式。人是一种文化性的存在。语言、神话、宗教、伦理和艺术等文化样式既是少数民族理解和把握世界的方式,也是少数民族自身的生存方式。不同民族的生存状态和生存方式是独特的。这不仅是因为不同民族群体自身生存方式彼此有别,更为根本的是这一人类群体在理解和把握世界中蕴含着不一样的思维方式。一般而言，一个文化群体的思维方式是相对定型的，并为这个文化群体共有。这一特定的思维方式相应形成了特定的道德接受模式。因此在道德教育中，需要深入教育对象的文化传统，把握教育对象及其群体的思维方式。教育者只有深刻把握教育对象思维方式的特点，有针对性地采取道德教育措施，才能有效开展思想道德教育。因为道德教育包含着道德知识的培养、道德情感的熏陶以及道德意志的磨炼等环节，每一环节都与个体思维模式密切相关。只有达到了对教育对象所在群体的思维方式的理解和把握，才算是更为深刻地把握了教育对象，才能更有效地开展道德教育。在如何把握受教育者思维方式方面，马克思主义认为，社会的实践活动方式是怎样的，人的思维方式大体也就是怎样的，个体的思维方式取决于个体所处的环境以及所从事的社会实践活动。因此，道德教育者需要深入教育对象文化之中，把握教育对象群体的思维方式，才能有效地开展道德教育。

文化传统决定着道德教育环境。环境是围绕着人类生产生活的外部世界，是人类赖以生存和发展的社会和物质条件的综合体。任何个体的成长都离不开环境的影响，道德教育也如此。一般来说，在一定社会条件下产生的法律、道德等社会意识形态及其社会风俗习惯，为人们设计出道德行为规范，形成道德环境，并制约和影响着人们的言行。个体的道德品质就是在这样的环境中形成的。不同的文化传统形成了不同的道德教育环境。马克思指出："人们的观念、观点和概念，一句话，人们的意识，随着人们的生活条件、人们的社会关系、人们的社会存在改变而改变。"[①] 一个民族、一个地区甚至一个组织或更小的群体也如此。对少数民族来说，由于各自有着自己独特的传统风俗、风土人情和语言文化，其独特的文化环境影响着个体道德品质的形成。马克思指出："善恶从一个民族到另一个民族、从一个时代到另一个时代变更的这样厉害，以至它们常常是相互直接矛盾的。"[②]这里，马克思强调了民族道德受到民族所生存的外界环境的影响程度之深。这种外界环境就是一个民族所生存的文化传统。可以说，道德及道德教育环境受制于一个民族的文化传统。

---

① 《马克思恩格斯选集》第1卷，人民出版社1995年版，第270页。
② 《马克思恩格斯选集》第3卷，人民出版社1995年版，第132页。

因此，道德教育必须植根于这种文化传统，并深入其文化传统内部。

文化传统决定着道德教育的方法。道德教育方法就是教育者在对受教育者开展道德教育过程中，为实现道德教育目标，传授道德教育内容所采用的与其相适应的方式和手段。道德教育目标的实现需要一定的方法去达成。同时文化对道德教育方法具有决定意义。人类学家斯宾格勒指出，社会的文化渗透在社会的方方面面，对人们的行为产生着重大影响，也深刻地影响着人们对后代的教育行为和教育方式。他进一步指出，特定的文化传统会形成特定的教育子女的方式，有什么样的民族文化传统就有什么样的教育方式。同时，道德教育实践也反复证明，道德教育方法直接影响到道德教育的效果，在其他条件大致相同的情况下，由于教育者各自采取不同的方法，最终形成的道德教育效果完全不同。而且即使有了道德教育的方法，如果方法不具有适切性，也会导致预设目标难以达成。因而，教育者只有在具体道德教育实践中采用适合教育者、适合教育内容的方法才能使道德教育取得良好效果。总体来说，在道德教育中，道德教育方法对于消化教育内容、提高教育效果、促成教育目标的实现具有重要意义。对少数民族来说，我们必须从其特定的文化背景出发，来制定相应的"船"和搭建相应的"桥"。

总之，由于文化性是民族德育的根本属性、民族文化对道德教育具有决定意义，而道德教育主要是将一定的道德标准、道德原则及其价值内涵传递给教育对象的实践活动，因而道德教育需要深深扎根于文化之中。教育者只有有意识地从文化的视角开展道德教育，才能促进教育对象道德素质的生成。

(六) 民族德育的对策

少数民族要走文化德育之路。文化德育，即基于文化的道德教育，主要是指在少数民族道德教育中，充分利用其民族文化要素，发挥文化的道德教育功能，实现文化培育德育、文化润化德育和文化传承德育的目的。具体来说文化德育的内容主要包括以下几个方面：

（1）探索适合民族文化的道德教育方式与方法。文化是人的生存和发展方式。文化方式就是一种道德形成和道德教育方式。也即人化的过程、文化的过程也是人类道德产生的过程，这是个体道德形成的自然过程。少数民族亦如此。少数民族文化方式本身也是一种道德教育方式，因此在少数民族道德教育过程中要充分利用文化促进个体道德的生成。即在文化德育中要注重探索如何发挥民族文化功能，让少数民族在学习、理解、感悟、体验自身文化的过程中，自觉或自主地对自身施加道德影响。这就需要在充分理解道德与文化关系的基础上，探索如何通过文化的方式传递道德教育内容，或如何通过文化载体传递道德教育内容，并通过采取少数民族易于接受的方式开展道德教育，以促成个体道德品质的形成。文化性是德育的本质属性，道德教育只有转向为文化型德育、道德教育只有采用教育者易于接受的文化方式才能取得较好效果。

（2）有效利用承载德育信息的文化载体。道德教育的目的是向教育对象传递一定社会的道德规范，而包括科学知识、文学艺术、制度文化在内的文化要素本身承载着一定的价值观和丰富的道德教育信息，构成道德教育的载体，并在道德教育过程中为道德教育活动提供具体的加工对象，同时连接道德教育各个要素促使道德教育活动得以运行。基于文化的思想道德教育就是要在道德教育中充分利用文化载体，以发挥文化要素在道德教育中的载体作用。如何发挥文化要素在道德教育中的载体作用，如何促使道德教育与少数民族文化具体形式（包括语言符号、传统仪式、风俗习惯、节日活动、文学艺术以及宗教活动等）的结合，也是文化德育的主要内容。

（3）创设具有文化内涵的道德教育环境。任何个体的成长都离不开环境，道德教育也如此。良好的道德教育环境促进个体道德的生成，相反不良的道德教育环境对个体良好道德的形成起反作用。因此，在道德教育实践活动中教育者需要创造良好的道德教育环境才能促进个体良好道德的有效生成。一般来说一定社会条件下产生的法律、道德等社会意识形态及其社会风俗习惯，为人们设计出道德行为规范，形成道德环境，制约和影响着人们的言行。我国各少数民族都创造了各自灿烂的民族文化，这些文化对少数民族产生着深刻影响，它深深地积淀在本民族主体的心理结构之中，构成少数民族思想和行为形成的外部条件，对本民族产生着深刻影响，形成了少数民族道德教育环境。如何利用文化要素创设、优化道德教育环境也是文化德育的重要内容。

（4）利用与开发民族文化中道德教育资源。人类的一切活动都是依托于一定的资源来实现。我国少数民族传统文化中蕴含着丰富的德育资源。各民族的道德教育就依赖于民族文化中的德育资源来实现。传统文化的具体形态就是德育资源的具体形态。民族传统文化的形式主要有节日文化、宗教文化、禁忌文化、民族文学等，相应民族文化的德育资源体现为节日文化德育资源、宗教文化德育资源、禁忌文化德育资源、民族文学德育资源等。道德教育总是把一定的道德教育内容和承载道德教育信息的介体加工后传递给受教育者，而民族文化中的德育资源为道德教育活动过程提供加工对象。在文化德育中，德育工作者需要对物质形态和精神形态的德育资源进行加工，挖掘其所蕴含的精神内核，并加工成受教育者易于接受的形式，以此转化为受教育者思想品德素质的一部分。

（5）发掘和阐释德育内容的文化价值内涵。文化德育的内容还包括在道德教育中根据民族传统文化实际对道德教育的具体内容作出符合民族传统文化的阐释。道德在具体实践中表现为一系列的规则与规范，纯粹的道德规范教育是令人生厌的。道德教育的核心是对道德规范所蕴含的文化价值内涵的教育，因为规范的价值内涵是道德规范的基础和精髓，是道德规范的底据。而道德规范的价值内涵蕴含于一定社会的文化之中，蕴含于现实的人文人事之中。道德教育者的重要责任就是阐发和揭示隐藏在道德规范背后的人文价值内涵，即民族德育内容的文化阐释。民族德育内容的文化阐释主要是丰富道德教育内容的民族文化内涵，使道德教育内容充满文化意蕴，而不是仅局限于道德规范的说教，以增强道德教育的局限性。也即在民族道德教育中，如何对公民道德教育的具体内容实现符合具体民族文化的文化阐释与转换也是文化德育探索的主要内容。

民族院校转型发展调查

为摆脱发展困境、寻求发展空间，我国民族院校一直不断推进自身的改革发展。在具体的办学实践中，民族院校的改革体现为一种办学形式的转型，民族院校的转型是民族院校面对现实困境的一种理论和实践上的抉择，是民族院校发展模式的创新。本部分以如何推进我国民族院校改革和发展为问题，对我国民族院校和非民族院校部分领导干部、教师和学生展开调查，了解他们对民族院校办学、对民族院校改革发展的看法，然后对这些结果进行分析、综合、归纳、提炼，探讨关于我国民族院校改革发展的理性认识，以期对我国民族院校的改革发展具有参考和指导意义，推进我国民族院校和民族高等教育的改革与发展。

（一）样本的基本情况

本研究分别对民族院校、非民族院校师生、部分高等教育专家及四所少数民族高中的学生展开调查。对民族院校和非民族院校的校长（书记）主要采用邮寄问卷的方式，对民族院校中层干部和学生主要采用登门自填问卷和访谈的方式进行。调查对象主要有10所民族院校的校长、副校长，3所民族院校的中层干部、教师和学生，10所非民族院校的校长、副校长以及部分教育专家和社会人士。此次调查共发出问卷500份，回收有效问卷341份。回收的341份有效问卷中，包括6所民族院校和7所非民族院校的校长、副校长共24份，三所民族院校中层干部49份，教师问卷88份及学生问卷180份，其中少数民族学生134人，汉族学生46

人。此次调查回收有效问卷占发放问卷百分比为：校长、副校长占21%，中层干部占61%、学生占89%。样本充足、覆盖量大，有一定代表性，由于填表者对情况的了解程度和对问卷的理解程度的影响，各类项目会出现误差，但不影响对总体结果的分析。

（二）调查结果概述

本研究将民族院校和非民族院校学生、教师及中高层领导的调查结果一并统计，其结果如下：

1. 对学生的调查结果统计

民族学生选择大学的倾向。在对147名少数民族高三毕业生对报考高校类型倾向的调查中有44%的学生希望报考综合型大学，49%的学生希望报考理、工、农、医、师范等行业类大学，7%的学生希望报考民族院校，其他为1%。在访谈中他们认为综合性大学办学实力较强，具有良好的学习和学术氛围；师范、理工农医高校能学到较为专业、实用的技术。在问及报考民族院校的情况时，他们认为民族院校有比较优惠的政策，容易考上。调查表明民族院校并不是少数民族学生的首选报考对象，现今学生报考时他们更多关注学校的办学水平、办学声誉，以及是否能学到实用的技能。

民族学生选择专业的倾向。调查结果显示：在影响少数民族学生报考专业的因素中，热门专业占的比重最高达47%，学生主要选择的专业集中在经济、管理、医学、工程类，而选择政治、民族类相对较少；关于选择专业的目的的调查表明：较高薪金待遇的85%，有助于个人发展的41%，父母期望的占6%，适合家乡建设的占2%。访谈中他们认为相对热门的专业就业较为容易，待遇相对较好。在问及有关适合家乡建设的专业选择时，他们认为一是不想留在农村，二是相关专业就业面较窄。同时少数民族学生在选择专业过程时比较看重东南沿海发达地区社会的需要，而且往往根据发达地区的专业需求来确定自己的专业选择，他们认为沿海地区有更多的发展机会和较高的薪金待遇。在问及为什么不以家乡和本地区的需要来确定自己的专业选择时，其回答是其实他们更愿意在本地区谋一份职业，但因家乡落后，想在本地区谋一份较为理想的职业特别困难，而且一般职业待遇较差。可以看出由于经济社会发展及人才的市场调节作用，少数民族学生在选择专业时，更多的是从整个社会需要而不是从民族地方社会来确定自己的专业选择。

民族院校学生的就业意向。对少数民族学生毕业后就业区域和地点的调查显示，有59%的学生愿意在非民族地方就业，有41%的学生愿意回民族地方；在愿意去非民族地方就业的学生中84%的主要去东中部大中城市和沿海发达地区，而愿意回民族地方就业的学生中有74%的学生倾向于想留在省会城市和其他民族地方中小城市就业，较少学生愿意去广大少数民族农村地区。而且在访谈中部分少数民族学生不愿意使用"民族地方"和"非民族地方"等术语，他们认为"民族地方""非民族地方"等术语带有歧视的感觉。在调查和访谈过程中还发现，在大都市和省会城市民族院校就读学生愿意回民族地方或愿意回家乡就业学生的比例，比在地方民族院校就读学生愿意回民族地方或愿意回家乡就业的比例更低。在访谈中笔者感受到大都市和省会城市民族院校学生比地方民族院校学生视野更开阔、融入主流民族的程度更深。另外部分民族院校学生在就业应聘中不愿意透露自己是民族院校学生，认为就业单位有时歧视民族院校学生。

对民族院校教学的看法。调查中有67%的学生认为老师没有采取专门针对少数民族学生的教学方法，21%的学生选择教学中老师有专门针对少数民族学生采取不同方法的情况，在对民族院校的单独统计中，选择教师没有专门采取不同方法的比例仍然居多，占60%。调查表明，在是否采取专门针对少数民族学生的教学方法方面，民族院校与非民族院校没有较大差别。但学生表明对学生不懂的地方，民族院校和非民族院校教师都会耐心讲解、耐心辅导。在进一步的访谈中民族院校的少数民族学生认为由于民族院校一般都具有20个以上少数民族，老师不可能根据每个民族的差异而采用不同的教学方法，在教学中部分老师会根据学生知识水平和能力水平的差异而采用不同教学方式，而在大多数时候，民族学生与汉族学生一同授课，教学和管理方面一视同仁，没有体现出民族差异。有些少数民族学生认为部分老师对少数民族文化不太了解，甚至有时对他们的风俗做出不正确的、荒唐的阐述，但他们也能包容。

对所在大学的满意度。调查结果表明学生对所在大学表示非常满意的占7%，比较满意的占51%，一般的占38%，不满意的占4%。在对民族院校学生问卷的单独统计中，民族院校学生对民族院校表示满意的占4%，比较满意的占47%，一般的占48%，不满意的占1%。其中学生对委属民族院校的满意率高于其他民族院校，中央民族大学学生对学校满意率高于其他民族院校。调查中显示，中央民族大学学生对中央民族大学的满意率低于北京同类高校学生对其学校的满意率，中南民族大学学生的满意率低于武汉同类高校学生对其学校的满意率。在访谈中学生表示，对所在学校是否满意的标准主要是学校的办学条件、学校品牌和师资水平。

对专门设立民族院校的看法。学生在对"你认为是否应专门设立民族院校？"的回答中，回答"是"的占35%，回答"否"的占39%，回答"说不清楚"的占26%。进一步统计发现，回答"否"的学生中，51%是非民族院校的少数民族学生，14%是非民族院校汉族学生，35%是民族院校少数民族学生；肯定回答的学生中，43%是民族院校少数民族学生，41%是非民族院校少数民族学生，16%是汉族学生。在分民族统计中，认为没有必要专门设立民族院校的少数民族学生占61%，认为没有必要专门设立民族院校的汉族学生占78%。在访谈中部分学生认为专门设立民族院校是对少数民族的一种歧视，甚至一部分学生认为民族院校总是较差，专门设立民族院校无形之中就形成了少数民族与汉族之间的一种隔阂。中央民族大学和中南民族大学部分学生认为除了民族学生数量和民族学科特色之外，两所学校与北京、武汉其他高校几乎没有什么区别。一部分学生认为专门设立民族院校很有必要，有利于对少数民族和少数民族文化的尊重。

2. 对教师的调查结果统计

对民族院校学生的评价。调查中民族院校大部分教师认为民族院校学生知识基础较差、学习能力不强。非民族院校教师也认为非民族院校少数民族学生相对于汉族学生其基础较差。访谈中老师们认为造成民族院校学生基础较差的原因可能有两个方面的因素：一是少数民族享受的基础教育薄弱，特别是在广大少数民族农村地区师资力量薄弱，家庭教育监管缺失；二是基础较好的少数民族学生一般选择非民族院校就读。同时由于民族院校招生制度使得民族院校成为基础较差少数民族学生的集中地。被访谈老师认为对民族院校的发展来说，现有民族院校的招生制度不利于民族院校自身高水平提升；同时民族院校在硬件和软件、课程结构、教师水平、教学管理以及学术环境方面与同层次的非民族院校存在较大差异，较差的生源集聚在办学水平相对较差的民族院校不利于少数民族高等教育水平的总体提升。

对民族院校教育教学的看法。调查显示，民族院校教师中没有根据少数民族学生的民族特性改变其教学方法的占被调查教师的60%。在进一步访谈中，他们认为民族院校少数民族较多，要根据各个少数民族的民族特性采用不同的教学方法没有必要，也不可能；同时在教学中，教师教学任务繁重，班级人数较多，无法顾及学生的实际情况，而且在教学中偏重知识的传授，学生对知识的习得和对思维的训练不够。另外有40%的教师认为在教学中注重采用适合少数民族的方式开展教学。在进一步访谈中他们所指的适合少数民族的教学方式主要是指降低教学要求，同时在教学中避免使用各少数民族的禁忌语。他们也认为各少数民族的禁忌语种类繁多、涉及面广，在教学中也不可能一一顾及。

对民族院校学生管理的看法。学生管理是高校育人的重要环节，在对民族院校从事学生工作管理老师的调查中，有37%的老师表示在教育管理中注重根据少数民族学生的文化差异开展学生的教育和管理工作。达63%的教师坦言在教育管理中没有考虑到少数民族学生的文化差异，由于学生人数较多对学生的民族成分也不是很清楚。同时在调查中发现没有一所民族院校制定了专门针对少数民族学生的管理制度。但对新疆籍少数民族学生的管理各民族院校都有一位由新疆教育厅委派的专门从事新疆籍少数民族学生教育管理的干部。另外民族院校的学生管理，除日常管理外，特别注重对有关民族敏感问题的管理和疏导，比如特别注重对少数民族学生宗教问题的管理和疏导。一位从事民族院校学生工作的领导说，民族院校少数民族众多，民族问题较多，民族院校的学生工作肩负着更多的管理责任和管理职能，有时候实际上担负着民族工作的职能。同时部分教师认为大量少数民族学生集中于民族院校不利于民族融合，也不利于有关民族问题的疏导。

对民族院校科研与服务的评价。调查显示民族院校的科学研究主要集中在理论研究，而应用性研究缺乏。在"你认为民族院校科学研究项目的类型主要是什么"的调查中，选择理论研究的占61%，选择应用研究的占33%，其他占6%。进一步访谈表明，应用研究中多属政治、民族、社会问题研究，而涉及自然科学及区域经济发展的应用研究较少；民族院校的应用研究真正能对经济、社会发展起到推动作用的研究较少。同时民族院校的研究项目获得全国性的奖项较少。同时部分教师表示民族院校教师的项目申报更多是从民族视角选题，乃至出现为民族而民族的情况，其课题研究对社会推动作用较弱，以至于出现民族院校研究与区域经济社会发展的"两张皮"现象。这种为研究而研究、为学术而研究的现象，不利于民族院校学术水平和教学水平的提升。同时民族院校的研究主要倾向于政治性的民族问题的研究，不是针对区域经济发展实际问题的研究，不利于推动民族地区经济社会的发展，即研究的社会服务功能发挥不够。民族院校对民族问题的研究也有一定的封闭性，在对"非民族院校参与民族问题的研究是否更有利于民族问题研究的深入"的问卷调查中，大部分老师都作出了肯定回答。

对专门设立民族院校的看法。在调查中，笔者就"专门设立民族院校的问题"也对民族院校和非民族院校教师展开了访谈，其中民族院校有68%的教师认为有必要专门设立民族院校对少数民族实施高等教育，有12%的教师认为没有必要专门设立民族院校，有20%的教师表示不清楚。在对非民族院校教师的调查中，认为没有必要专门设立民族院校的教师占所调查教师的59%，认为有必要专门设立民族院校的教师占所调查教师的27%，另有14%的教师表示没有研究过此问题。这两组调查数据呈现出相反的态势。在进一步的访谈中，认为有必要专门设立民族院校的老师主要是基于少数民族的民族文化差异而赞同需要专门设立民族院校。但也有老师提出我国55个少数民族设立55种类型的民族院校是不可能的；也有的是基于对少数民族的教育补偿而赞同需要专门设立民族院校。在访谈过程中，被访谈的老师也随着对民族院校了解的增多而不断颠覆自身原有的一些观点。但他们一致认为建立更加合理的少数民族高等教育优惠政策是更为关键的问题。

对民族院校改革发展的建议。在关于民族院校改革发展的访谈中，部分老师对民族院校的改革发展提出了建议，这些建议主要包括以下几个方面。(1)民族院校要实现开放发展。一位老师讲道："我国民族院校在制度设计上形成了一个较为封闭的系统。学校的改革就是要使学校形成一个开放的办学系统，使民族院校跳出民族院校系统的圈子，像其他高校一样在更广阔的视野中发展。"同时他指出："民族院校要形成真正开放的办学局面，需要改革我国民族院校现有办学模式，使民族院校享有充分的办学自主权，面向社会，自主办学。"（2）民族院校要走内涵发展之路。一位研究民族教育的老师指出："由于高等教育大众化的发展，我国民族院校呈现出重规模发展的状况，但不管如何评价，民族院校教学质量下滑是一个不争的事实，当前民族院校需要从规模发展转向内涵发展。"同时他指出，"长期以来由于民族院校肩负着较为重要的政治职能，民族院校的办学具有较浓的政治色彩，民族院校需要在去政治色彩的基础上实现学术上的内涵发展"。（3）民族院校要走转型发展之路。在访谈中一位老师指出，"一般来说民族院校的改革发展主要是讨论民族院校现有模式下的变革问题，其实我国的民族院校原是政治性的干部培训学校，今天民族院校的主要功能实现了转变，但仍旧沿袭原有办学体制，这使得民族院校的结构和功能不匹配。因此必须改革民族院校的办学体制，使其实现结构和功能上的协调"。

3. 对领导、专家的调查结果统计

对民族地方经济社会形势的把握。调查中所有领导都表示"民族地区经济社会的新变化"是促使我国民族院校不断改革创新的主要因素。他们都对西部大开发在民族地区经济社会发展中的影响作用持肯定态度。调查中有65%的领导专家认为当前我国民族地区的经济社会发展与整个国家的经济社会发展已基本实现一体化。在进一步访谈中，所有领导都强调民族院校要根据民族地方经济社会的变化不断调整自身的办学思路和学科结构，使民族院校的学科结构与民族地方经济结构基本保持一致，以体现民族院校为少数民族和民族地区服务的办学宗旨。

关于民族院校当前面临的困境。调查中大多数领导和专家认为当前我国民族院校的发展面临着诸多困境和难题，他们认为"国家投入不足""学校资金短缺""人才引进困难""科研力量不强""师资力量薄弱"是当前我国民族院校发展面临的主要困境，其中民族院校面临的最大困境是"国家投入不足"和"学校资金短缺"。在进一步访谈中，他们认为民族院校存在这些困境的原因有三：一是国家对整个高等教育的投入不足；二是学校自身的造血功能不足；三是民族院校肩负的特殊的社会职能使其办学成本更高，同时这种特殊社会职能也在一定程度上制约了民族院校作为高等学校的发展空间。在访谈中大部分领导认为民族院校办学的相关特殊规定在一定程度上影响了民族院校办学水平的提升。

对民族院校招生培养制度的评价。在对"您认为民族院校办学的某些特殊规定（比如少数民族学生必须达到一定比例）是否在一定程度上影响了民族院校办学水平的提升"的调查中，回答"是"的占比60%，回答"否"的占比30%，其他占10%。在对部分领导的进一步访谈中，有的领导提出，"民族院校有着特殊的办学使命和办学目标，无法简单评价其办学水平"。有的领导提出：生源质量是高等学校的重要资源，少数民族地处边远地区，其基础教育落后，若少数民族大量集中于民族院校，必然使得民族院校生源质量较差，这无疑对民族院校办学水平的提升有着重要影响。在人才培养方面，本研究就"民族院校如何为少数民族地区培养人才，以实现为少数民族和民族地区服务"的问题对专家和领导进行了访谈，他们认为民族院校的办学也是坚持"有所为有所不为的原则"，同时民族院校的人才也主要由民族地方人才市场、区域人才市场和全国人才大市场来调节，绝对的为专门少数民族地区培养人才不可能、也不可取。目前民族院校特别注重宽口径、厚基础的人才培养，以培养民族院校培养人才的社会适应性。

关于民族院校与其他高校的对比。调查结果显示，对"民族院校与同一层次其他高校在人才培养质量方面是否存在差距"的回答中，回答"存在差距"的占所调查问卷的52%，回答"不存在差距"的占所调查问卷的44%，其他占4%。调查显示，影响民族院校与同一层次其他高校在人才质量方面产生差距的主要因素包括民族院校的生源质量较差、民族院校的区位劣势、民族院校的办学质量较差等。在进一步的访谈中，有的领导认为高等教育不存在统一的人才培养模式和质量标准，民族院校有着特殊的使命和目的，应该有着自己的特殊评价标准。有的领导认为民族院校与其他高校在职能方面存在差异，普通高校属于国民教育系列，主要致力于国民素质的提升，民族院校虽然致力于提高国民的高等教育素质，但民族院校还肩负着更多的职能，具有较浓的政治意义。民族院校在办学过程中既要遵循民族教育的基本规律，也要遵循高等教育的基本规律。

对专门设立民族院校的看法。在对"在高等教育阶段您认为是否有必要专门设立民族院校发展少数民族高等教育"一题的回答中,回答"完全有必要"的占所调查问卷的70%,回答"说不清楚"的占24%,回答"没有必要"的占6%。在对民族院校领导的单独统计中,回答"完全有必要"的比例达95%,非民族院校领导回答"完全有必要"的占回收问卷的10%。在进一步访谈中,民族院校领导主要从民族学人类学、教育公平的角度认为有必要专门设立民族院校。另外,也有部分领导认为专门设立民族院校发展少数民族高等教育并不一定有利于少数民族高等教育水平的提升,他们认为提高少数民族高等教育水平的关键在于制定较为完善的少数民族高等教育政策。在高等教育阶段学生都有了一定的跨文化交往能力,不专门设立民族院校是可能的;同时学生毕业后需要面对人才市场在更广阔的空间中发展,需要更高的跨文化素质。而专门设立民族学院,使其成为一个相对独立的体系,不利于培养学生的跨文化素质。有的专家提出,民族院校是历史的产物,也是一个历史概念,其内涵和外延都在不断变化,我国的民族院校不存在专门设立的问题。但也有专家认为当前我国民族院校仍然一直沿用20世纪50年代的办学模式。

有关民族院校改革发展的观点。民族院校如何改革发展是民族院校办学者特别关注的问题,调查中几乎所有的专家都认为由于民族地区经济社会的新变化、高等教育领域的激烈竞争以及民族院校自身发展的需要,我国民族院校要不断地改革创新。关于民族院校如何改革发展,有的专家也提出当前我国民族院校要走内涵发展之路,即民族院校要由过去强调规模发展和政治功能的办学取向向提高办学质量和强调学术内涵发展转变。有的专家提出要建立民族院校与其他高校联合培养少数民族专门人才的模式,以提高少数民族高等教育质量。有的专家提出我国民族院校需要进行体制上的重组,把民族学院组建成大学的二级学院,把地方民族院校办成民族地方高等学校,从自身体制上为民族院校的改革发展创造条件。同时也有专家提出我国民族院校不存在独立的专门体制,作为民族院校的根本体制问题,民族院校和其他高校是完全相同的,只有不断改革我国整个高等教育体制,才能更进一步促进我国民族院校的改革与发展。另外,访谈的专家对"少数民族到各层各类高等学校就读更有利于少数民族高等教育质量和水平的提高""非民族院校参与民族和民族问题的研究更有利于提高民族和民族问题研究水平""让少数民族到各层各类高等院校就读更有利于各民族的交流与融合"等观点表示认同。

(三) 基本结论与分析

1. 我国民族院校的生存与发展面临着前所未有的挑战

我国民族院校创立于20世纪50年代，主要致力于政治干部培养，后来其职能由政治干部培训转为专业技术人才培养。民族院校的创立有着特殊目的、特殊使命，随着时代的发展和高等教育改革的深入，我国民族院校的发展面临着前所未有的挑战。一是少数民族的高等教育选择发生了变化，调查显示当前我国的民族院校已不是少数民族选择大学时的首要报考对象。二是调查显示少数民族学生专业选择时主要考虑自身的发展及社会的热门行业，民族地方的需要不是其专业选择时的主要考虑因素。同时在就业方面，调查显示多数少数民族学生毕业从内心里不愿意回少数民族地区。三是调查显示民族院校师资力量相对较弱、科研力量不强，办学质量和办学水平相对较差，毕业生社会竞争能力相对较弱。四是我国民族院校仍然沿袭20世纪50年代的体制和运行机制，随着市场经济的发展和高等教育领域的改革，传统民族院校办学体制和机制的局限使民族院校的发展受到极大限制。

2. 民族院校传统办学体制内的改革不能改变民族院校的办学困境

我国民族院校一直沿用20世纪50年代的体制和机制，在投资办学、管理、招生、培养、就业、内部管理等方面的特殊规定性，使其表现出较为浓厚的政治办学色彩。学校的办学主要通过改变少数民族的民族观、宗教观和政治观，致力于解决国内民族问题。这种通过以解决民族问题的方式而举办的高等学校其内在精神不在于学科发展和学术创新，而在于对政权稳定的维护，其体制和机制的设计也从根本上体现了这一点。虽然随着社会形势的变化我国民族院校也一直在不断地改革发展，包括培养、就业制度的改革以及学校的规模发展和内涵发展，但这种改革仍旧是政治取向办学模式下的改革，其不能为民族院校的发展理清体制和机制上的障碍，我国民族院校的改革必须在体制和机制上改变原有的政治取向办学模式。

3. 转型发展是新形势下民族院校的应然选择

组织转型是指组织在方向、结构、体制方面的一种革新。由于政治取向办学模式的改革不能改变民族院校的办学困境，民族院校改革必须突破政治取向模式，实现自身转型发展，可以说转型发展是我国民族院校在新形势下的一种应然选择。调查中一位老师指出，"一般来说民族院校的改革发展主要是讨论民族院校在现有体制下的变革，其实我国的民族院校原是政治干部培训机构，现有民族院校虽然主要办学任务发生了变化，但仍旧沿用原有办学体制，这使得民族院校的结构和功能不匹配。这要求民族院校的办学体制必须转型，使民族院校的结构和功能相协调"。关于民族院校如何改革发展，有的专家也提出当前我国民族院校要走内涵发展之路，即民族院校要由过去强调规模发展和政治功能的办学取向向提高办学质量和强调学术内涵发展转变。

4. 向一般普通高校转型是我国民族院校转型发展的路向

一般普通高等学校属于国民教育范畴，主要致力于国民教育素质的提升。我国民族院校主要根据我国特殊国情，为解决国内民族问题而设立，其性质是政治性的。调查表明，随着形势的发展，我国民族院校在教育教学、学生管理和科研服务方面显示出与一般院校越来越接近的趋势，这也是我国民族院校随着社会环境和各阶段任务的变化不断调整自身办学任务和办学方针的结果，以不断融入高等教育发展的主流。可以说我国民族院校的建立和发展过程是民族院校这种民族高等教育办学形式的探索和发展过程，也是我国民族院校办学形式不断转型发展的过程。我国民族院校经历了完全的政治干部培训阶段、政治干部培训与学科专业并举阶段、以学科专业为主的民族院校阶段、向"大学组织"转型阶段。我国民族院校的转型过程是民族院校的普通高等教育特性逐步增强，民族性逐步减弱的过程。可以说向学术性的大学组织转型是今后我国民族院校转型发展的路向。

鄂西高校宣传思想工作调查

宣传思想工作是党和国家工作大局的重要组成部分。习近平在全国宣传思想工作会议上指出意识形态工作是党的一项极端重要的工作，只有物质文明建设和精神文明建设都搞好，国家物质力量和精神力量都增强，全国各族人民物质生活和精神生活都改善，中国特色社会主义事业才能顺利向前推进。课题组对鄂西高校宣传思想工作展开了抽样调查。

一　调查设计与实施

此次调查以鄂西高校教职工、青年学生为调查对象，调查中采用分层抽样的办法抽取三峡大学、湖北民族学院、湖北民族学院科技学院三所高校，同时在调查中根据分层抽样选取不同层次不同类别的调查对象展开调查。调查主要采取问卷调查和访谈的方式展开。根据调查对象不同，调查设计了两类不同调查问卷，一类是针对青年学生（包括本专科学生、研究生），另一类是针对教工（包括教师、管理者及工人）。调查问题主要包括：（1）学习党的理论的重要性与作用；（2）马克思主义在今天的地位；（3）对"三个自信"宣传的评价；（4）信念与信仰；（5）学习党的理论的途径与渠道；（6）对学校思想理论课及教师的评价；（7）对当前中国社会意识形态状况的把握；（8）学校理论教育及思想政治理论课存在的问题；（9）学习党的理论的动机；（10）部分人不重视党的理论的原因；（11）党的理论在某些单位不能落实的原因；（12）对思想理论学习内容的期待；（13）对思想理论宣传形式的的期待；（14）对思想理论宣传途径的期待；（15）对思想政治课教师的期待；（16）开展思想理论宣传的经验与做法。访谈环节则主要深入被调查者的内心，了解他们关于党的理论教育的建议和看法，了解他们的理想信念状况及对"三个自信"的建议和看法。在调查中调查组把实事求是、准确客观地反映湖北地方高校宣传思想工作状况及普遍存在的问题作为第一原则。

本调查主要经历三个阶段：第一阶段：6月下旬至7月上旬，成立课题调查组，同时结合本次调查工作实际，在充分讨论的基础上形成适合针对高校师生的调查问卷。第二阶段：7月中旬至7月下旬，课题组赴三峡大学、湖北民族学院、湖北民族学院科技学院三所学校展开调查工作，调查中根据抽样设计有意识地注意调查对象的层次和类别，并对部分教师、管理者和学生展开了访谈，搜集了关于此次调查主题的第一手资料。第三阶段：8月上旬至8月中旬，课题组对调查阶段所搜集的资料进行整理归类，运用SPSS17.0统计软件进行数据整理分析，同时根据统计分析结果结合调查研究实际体验总结提炼，形成调查报告。

二　调查结果概述

此次调查共发放问卷650份，回收问卷625份，回收率96.1%。其中有效问卷601份，有效回收率为96.2%。为了使调查具有代表性，课题组在发放问卷时兼顾文理工科，发放问卷时兼顾了高校教职工、学生等各类人群。调查对象的基本情况如下：调查对象在年龄分布上，25岁及以下占65.7%，26至55岁占14.8%，36至55岁占18.2%，56岁以上占1.3%。调查对象中男性占59%，女性占41%；文科占47.3%，理科占10%，工科占42.7%；高校党政干部占3.2%，高校专职教师占29.4%，青年学生占64.9%，后勤管理人员占0.7%，其他人员占1.8%。学生的分布情况为大一（2013级）占16.2%，大二占19%，大三占51.9%，大四12.9%。

（一）对党的理论重要性的认识

对党的理论重要性的认识是衡量宣传思想工作成效的重要指标。调查中，关于"您认为学习党的理论是否重要"的回答，认为学习党的理论很重要的占 38.8%，重要的占 47.7%，不太重要的占 11.2%，不重要的占 2.3%（见图 1）。

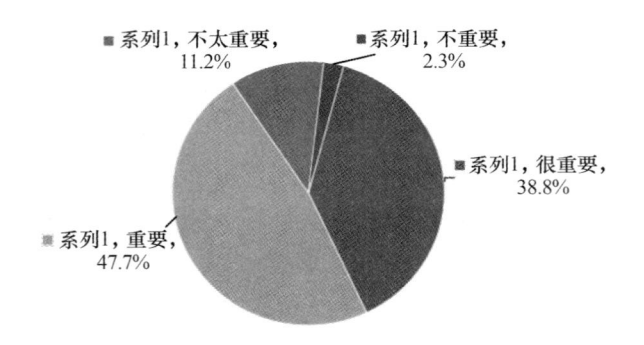

图 1　学习党的理论工作的重要性

关于学习党的理论的作用，认为可以提高理论水平的占 74.8%，改善知识结构的占 55.8%，提高思维能力的占 57.2%，坚定理论信念的占 69.5%，认为没多大作用的占 10.0%，完全没作用的占 1.5%（见图 2）。

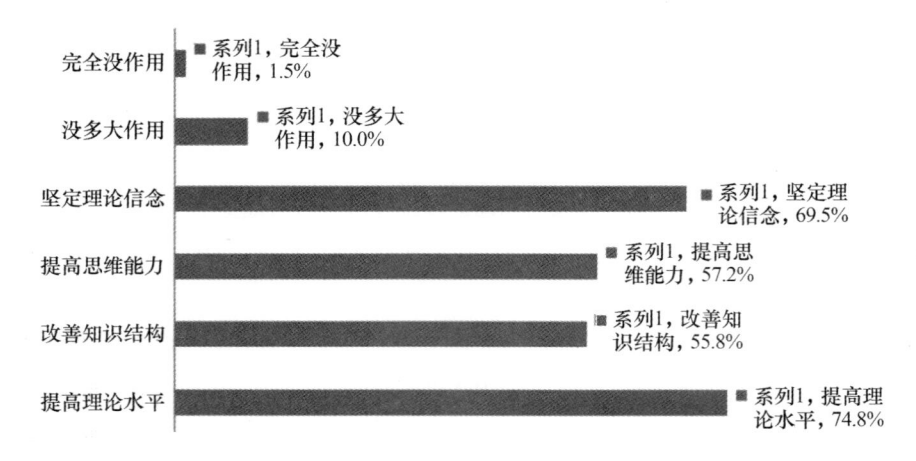

图 2　学习党的理论的作用

关于对中国特色社会主义道路自信、制度自信、理论自信宣传所持的态度，认为中国"三个自信"的宣传非常有必要的占 35.3%；有必要，但仅靠宣传不够的占 51.7%；没必要，宣传得好不如做得好的占 9.5%；说不清楚的占 3.5%（见图 3）。

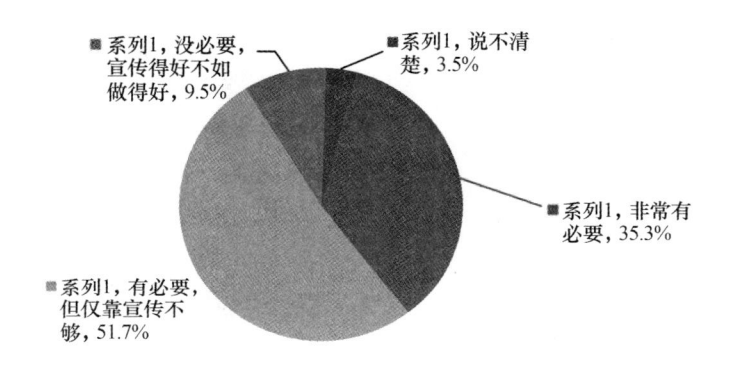

图 3　对中国"三个自信"的宣传所持的态度

从调查问题答案选择的比例上可以看出，高校师生对学习党的理论的重要性、学习党的理论的作用以及对"三个自信"宣传持积极肯定的态度，普遍认为党的理论具有至关重要性。

（二）关于马克思主义的地位

马克思主义是党的指导思想，也是党的理论的立论基础。今天马克思主义理论在高校老师和学生心目中占有多大地位？教师和学生的信仰究竟如何？教师和学生对社会主义和共产主义理想信念持何种态度？这些也是此次调查特别关注的问题。调查结果显示，马克思主义仍是我国社会的主导意识形态。

在关于马克思主义理论在今天的地位的调查中，认为马克思主义理论在今天仍是我们长期坚持的指导思想的占 76.4%，已经过时了的占 2.7%，只是一个理论派别的占 11.2%，不好说的占 9.7%（见图 4）。

本调查涉及了调查对象的信仰问题，回答信仰宗教的占 4.0%，信仰西方的价值观念的占 6.9%，信仰实用主义的占 40.1%，信仰马克思主义的占 53.7%，信仰其他的占 5.9%，无任何信仰的占 7.6%（见图 5）。

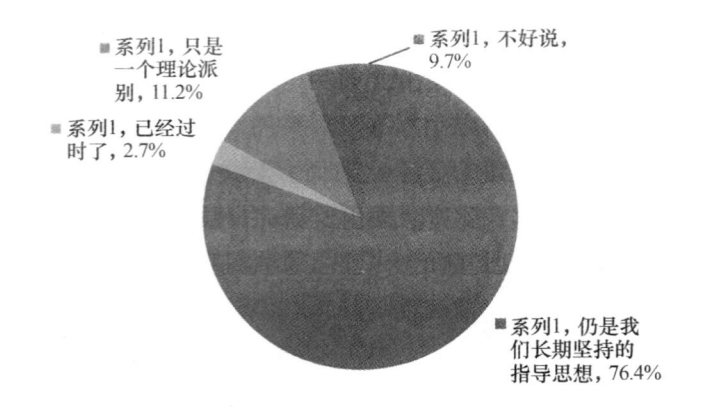

图4 马克思主义理论在今天的地位

- 系列1,不好说,9.7%
- 系列1,只是一个理论派别,11.2%
- 系列1,已经过时了,2.7%
- 系列1,仍是我们长期坚持的指导思想,76.4%

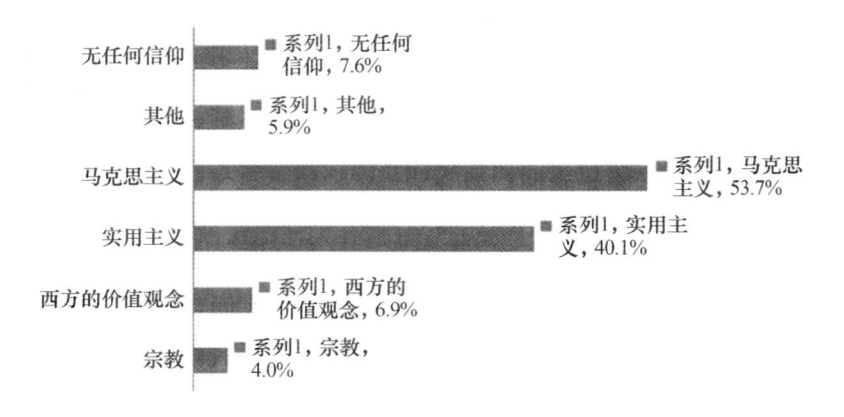

图5 个人信仰

- 无任何信仰:系列1,无任何信仰,7.6%
- 其他:系列1,其他,5.9%
- 马克思主义:系列1,马克思主义,53.7%
- 实用主义:系列1,实用主义,40.1%
- 西方的价值观念:系列1,西方的价值观念,6.9%
- 宗教:系列1,宗教,4.0%

关于对社会主义和共产主义理想信念所持态度的调查，回答对社会主义和共产主义信念绝对信仰的占32.7%，基本信仰的占51.1%，存在疑虑的占12.5%，不信仰的占3.7%。这些数据说明马克思主义、社会主义共产主义理想信念在大多数教师和学生中占有重要地位，大多数师生对社会主义和共产主义持信仰态度。同时，实用主义等西方社会思潮以及宗教对马克思主义的地位形成了一定程度的冲击。

(三) 党理论工作的开展与评价

此次调查是想着手解决群众路线教育实践活动中群众反映的理论联系实际不紧的问题，调查中教师和学生对学校宣传理论工作开展的评价对于深刻认识问题、解决问题具有重要意义。师生对党宣传理论工作开展的评价包括几个方面。

一是对高校教师从事理论工作的评价。结果显示，认为高校教师从事思想政治课教育的积极性很高，热爱此工作的占 31.2%；认为有一定积极性，但没有充分发挥的占 59.8%；认为只是照本宣科，积极性不高的占 29.4%；认为没有积极性，存在消极应付心理的占 9.3%（见图 6）。

评价	比例
没有积极性，存在消极应付心理	9.3%
只是照本宣科，积极性不高	29.4%
有一定积极性，但没有充分发挥	59.8%
积极性很高，热爱此工作	31.2%

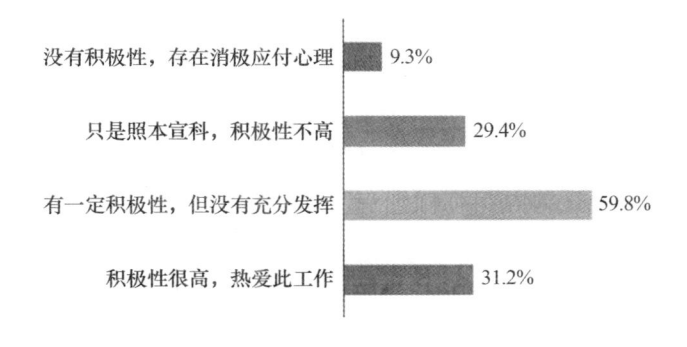

图 6　高校教师从事理论工作的评价

二是对当前学校马克思主义理论教育的评价。认为形式多样、充分发挥作用，对学生影响大的占 27.2%；认为内容重要，但形式与风格陈旧，作用小的占 42.3%；认为内容与学生需要存在偏差，大道理太多，一般不太接受的占 48.5%；认为理论课程枯燥乏味，引不起兴趣，只为修学分的占 40.8%（见图 7）。

三是对当前鄂西高校党的理论教育工作的认识。认为鄂西高校紧跟形势，理论教育取得很大成效的占 27.3%；认为鄂西高校比较重视理论工作，理论教育有一定成效的占 56.5%；认为鄂西高校对理论教育不太重视，成效不大的占 18.7%；认为鄂西高校对理论教育不重视，没有成效的占 5.2%，另外还有 20.5% 被调查者不太了解（见图 8）。

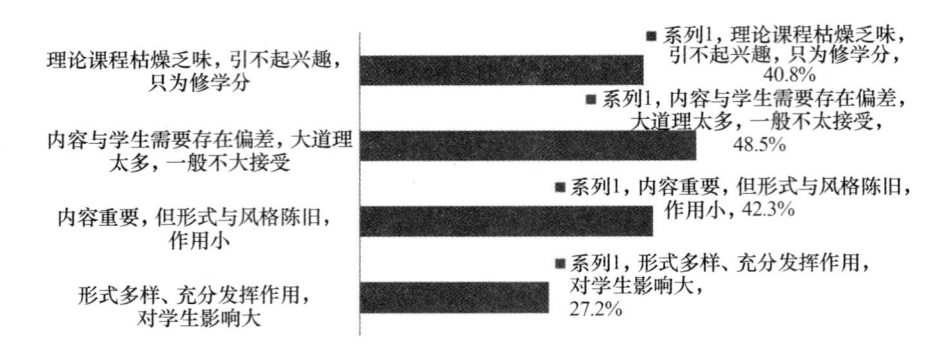

图7 对当前学校马克思主义理论教育的评价

- 理论课程枯燥乏味，引不起兴趣，只为修学分：40.8%
- 内容与学生需要存在偏差，大道理太多，一般不太接受：48.5%
- 内容重要，但形式与风格陈旧，作用小：42.3%
- 形式多样、充分发挥作用，对学生影响大：27.2%

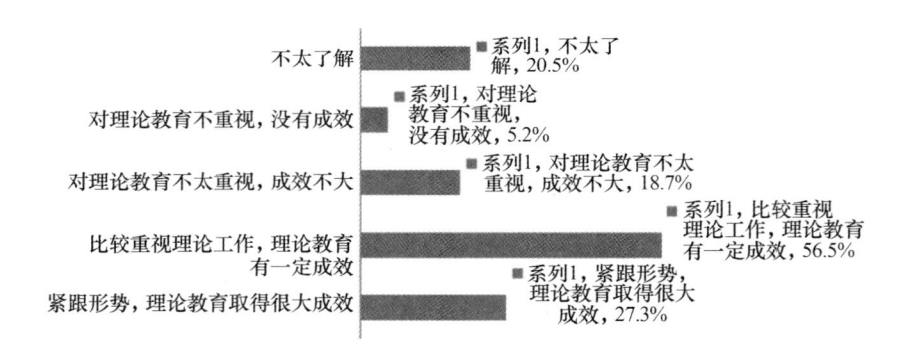

图8 对当前鄂西高校党的理论教育工作的认识

- 不太了解：20.5%
- 对理论教育不重视，没有成效：5.2%
- 对理论教育不太重视，成效不大：18.7%
- 比较重视理论工作，理论教育有一定成效：56.5%
- 紧跟形势，理论教育取得很大成效：27.3%

（四）学校理论工作存在问题

学校宣传理论工作存在的问题是影响理论宣传教育效果的重要因素。当前鄂西高校宣传理论工作究竟存在哪些问题？产生这些问题的根源是什么？在对高校党的理论教育存在的问题的调查中，认为对党的理论工作不太重视的占17.7%；教育方法手段比较单一老套的占62.2%；学习内容比较枯燥，学习方式单一的占63.0%；理论学习时间不能保证的占21.2%；装潢门面、应付检查的占17.3%；没有或很少开展此类工作的占6.8%（见图9）。

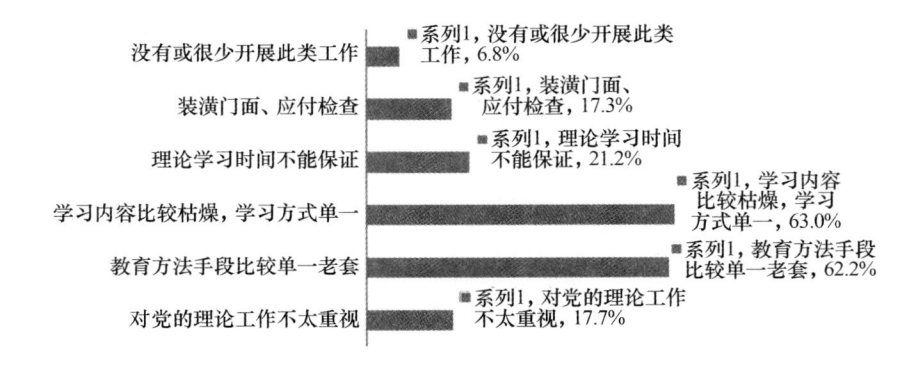

图9 高校党的理论教育存在的问题

在对当前高校思想政治课教学存在的问题的调查中，认为教材过于偏理论，与现实结合不足的占61.4%；灌输型的教学模式，学生参与度低的占64.6%；教师照本宣科，缺乏创造性的占42.4%；学生与任课老师沟通交流不够的占43.8%；学生对课程不感兴趣，只是为考试的占47.8%；其他的占3.5%（见图10）。

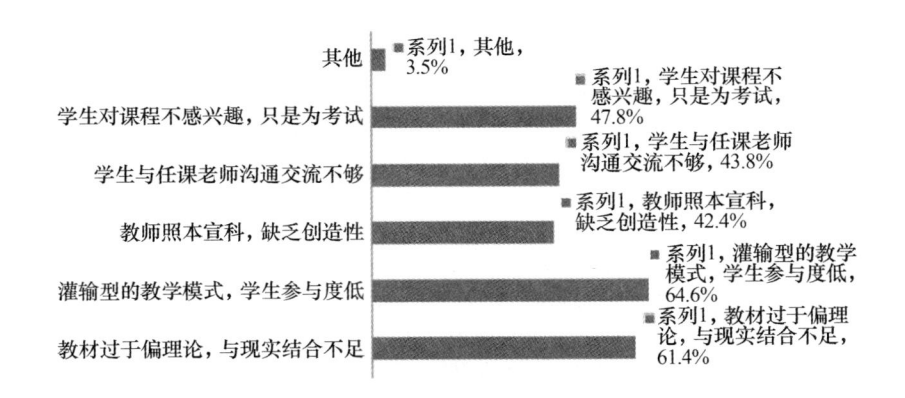

图10 当前高校思想政治课教学存在的问题

在党的理论培训存在问题的调查中，认为针对性差、实用性不强的占49.6%；课程陈旧、传统的多、创新的少的占47.1%；内容空洞、理论联系实际不够的，占47.1%；形式单一、教学方法简单的占50.8%；培训管理机制不完善，考核不严的，占20.0%；老师讲的多，学员参与交流少的，占 39.2%，其他的占 3.0%。这些数据表明高校师生期望党的理论培训工作应该注重理论联系实际，与现实密切结合，采用多种形式的教学方法（见图 11）。

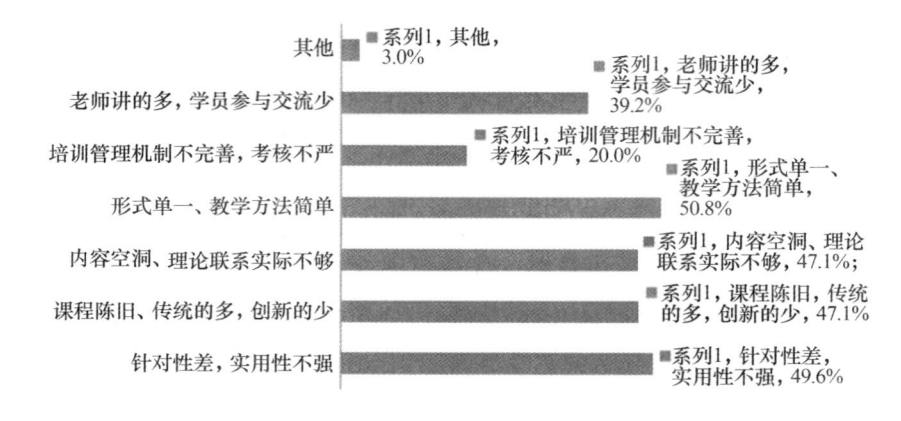

图 11 党的理论培训存在问题

- 其他：3.0%
- 老师讲的多，学员参与交流少：39.2%
- 培训管理机制不完善，考核不严：20.0%
- 形式单一、教学方法简单：50.8%
- 内容空洞、理论联系实际不够：47.1%
- 课程陈旧、传统的多，创新的少：47.1%
- 针对性差，实用性不强：49.6%

另外关于党的理论不能很好地贯彻落实的原因，认为理论本身还有待于进一步完善的占 30.8%；部分领导对理论不够重视，凭经验办事的，占 47.2%；作为理论与实践的中间环节的政策、法规等不完善的，占 59.7%；理论教育的手段、方式和措施有待改进的占 49.8%；其他的占 2.0%。调查表明，鄂西高校宣传理论工作在取得成绩的同时，也存在一些亟待改进的方面（见图 12）。

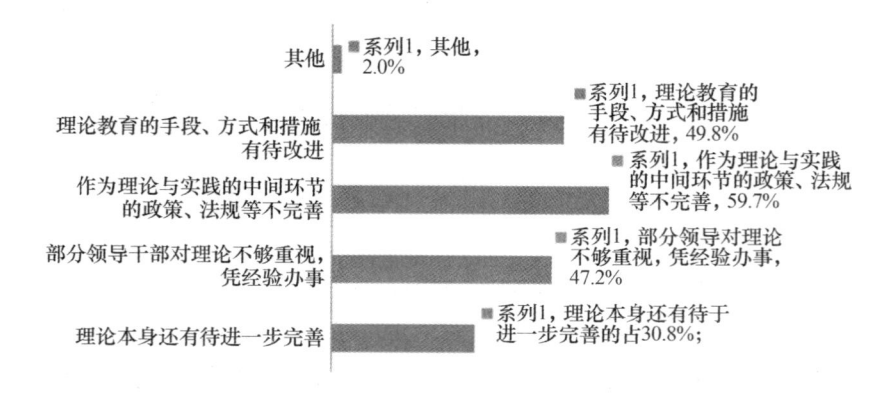

图 12 党的理论不能很好地贯彻落实的原因

- 其他：2.0%
- 理论教育的手段、方式和措施有待改进：49.8%
- 作为理论与实践的中间环节的政策、法规等不完善：59.7%
- 部分领导干部对理论不够重视，凭经验办事：47.2%
- 理论本身还有待进一步完善：30.8%

(五) 对党的理论教育的期待

此次调查的目的还在于总结推广各地各部门开展党的理论工作的经验，听取广大教师和学生对党的理论工作的意见和建议。对此也设置了相关问题。关于师生最想了解和掌握的理论知识，认为是党的基本理论的占 36.3%，形势与政策占 61.9%，法律法规占 57.2%，历史与文化占 42.6%，社会管理占 37.3%，岗位必备业务知识占 43.4%，其他的占 2.8%（见图 13）。

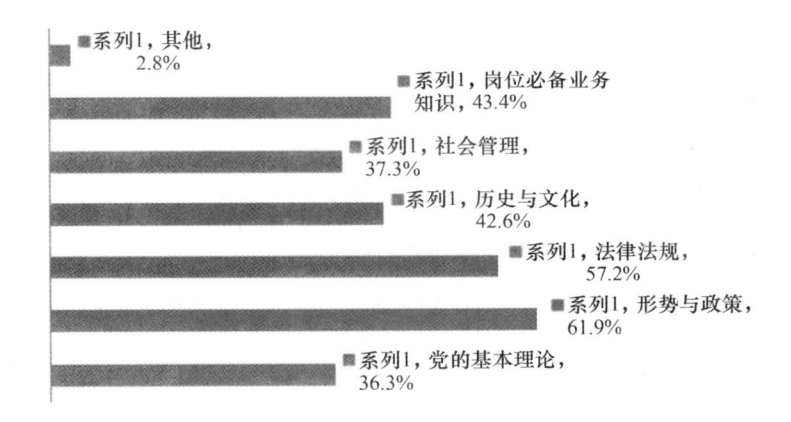

图 13　师生最想了解和掌握的理论知识

对于党的理论教育比较容易接受的形式，选择在职学习的占 20.9%，集中培训占 33.8%，专题报告占 37.0%，知识竞赛占 27.6%，参观考察占 43.0%，观看电教片占 43.5%，学习交流会占 48.3%，其他占 0.5%。可见，在党的理论教育中，相互之间的学习交流是非常重要的，也是师生比较容易接受的方式，另外，观看电教片、参观考察也是师生比较容易接受的方式，这说明在党的理论教育中多种多样的学习方式更能被师生接受（见图 14）。

认为理论教育工作者需要具备的素质中强调学术造诣的占 50.9%，责任感和思想修养均占 77.4%，教学能力的占 59.0%，个人魅力的占 60.0%。在师生眼中，责任感和思想修养是师生十分看重的（见图 15）。

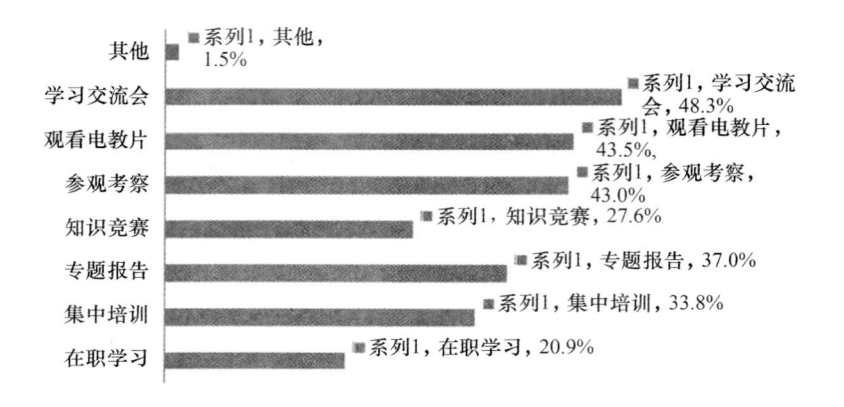

图14 党的理论教育比较容易接受的形式

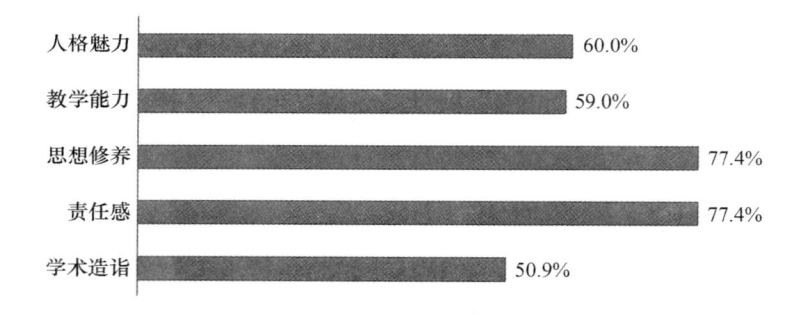

- 其他：1.5%
- 学习交流会：48.3%
- 观看电教片：43.5%
- 参观考察：43.0%
- 知识竞赛：27.6%
- 专题报告：37.0%
- 集中培训：33.8%
- 在职学习：20.9%

图15 教育工作者需具备的素质

- 人格魅力：60.0%
- 教学能力：59.0%
- 思想修养：77.4%
- 责任感：77.4%
- 学术造诣：50.9%

关于开展党的理论教育的途径，师生的选择中占比最高的两项相同，都是选择通过广播、电视、网络媒体的宣传和参加相关的实践活动，其中教师选择这两项的比例分别为58.0%和52.8%，学生选择这两项的比例分别为61.8%和51.8%。另外教师选择单位组织学习的比例也较高，占50.8%；而学生选择通过党校、团校学习的比例也较高，占51.8%。以上数据说明在开展理论教育的途径中大众传媒对师生的影响是最大的，而且也是大多数高校采用的方法。

对开展党的理论工作的建议，认为领导要高度重视理论工作的占53.9%；办好党校、行政学院及其他培训机构的占53.4%；加强对党的理论工作的研究的占 50.6%；给理论教育和研究足够的经费支持的占 44.9%；培养高素质的理论教育和研究队伍的占 58.6%；改进工作形式，增强理论教育效果的占 62.9%；其他的占 6.8%（见图 16）。群众对党的理论教育的期待是今后党的宣传思想工作改进的方向。

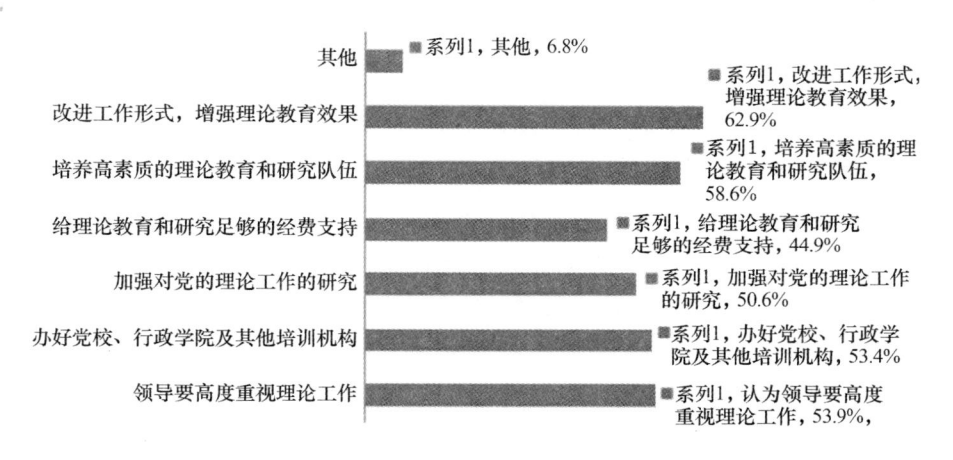

图 16　开展党的理论工作的建议

三　基本结论与分析

（一）宣传思想理论工作总体良好

调查结果表明，鄂西高校宣传思想工作总体效果良好。表现在：（1）高校师生对学习党的理论的重要性有较高认识；（2）充分肯定学习党的理论对个体发展的作用；（3）大多数人认为马克思主义仍是我们必须长期坚持的指导思想；（4）高校师生对当前中国"三个自信"的宣传持积极态度；（5）高校师生对社会主义和共产主义信仰比较坚定。在"您认为学习党的理论是否重要"的回答中，有 86.5% 师生选择重要或非常重要；关于学习党的理论的作用，认为提高理论水平、坚定理想信念、提高思维能力、改善知识结构的分别占 74.8%、69.5%、57.2%、55.8%。有 76.4% 的师生认为在今天马克思主义仍然是我们必须长期坚持的指导思想；在"您对中国特色社会主义道路自信、制度自信、理论自信持何种态度"的回答中，有87%师生选择"有必要"或"非常有必要"；有83.8%的师生对社会主义和共产主义理想信念持基本信仰和绝对信仰态度。同时，调查中有56.5%的师生认为当前鄂西高校重视理论教育工作，而且理论教育取得了一定成效。这说明鄂西高等学校在宣传思想工作中高扬主旋律，马克思列宁主义、毛泽东思想、邓小平理论、"三个代表"重要思想和科学发展观深入人心，确立了马列主义意识形态在中国特色社会主义实践中的指导地位。

（二）群众对解决实际问题有较高期盼

在党的理论宣传教育中，群众更关心的是实际问题的解决。这里主要指群众关心党政部门对现实问题的解决，群众关注理论学习的实际效用及理论与现实问题的结合程度。在有关部分人理想信念淡薄的原因调查中，有54.5%的师生选择"理想信念太虚，不能解决现实中的实际问题"，有69%的师生选择"腐败问题、社会不公等影响人们对政治信念的坚守"。关于学校马克思主义理论教育，有48.5%的师生认为内容与学生需要存在偏差，大道理多，一般不大接受；有61.4%的师生选择教材过于偏重理论，与现实结合不足；认为培训中针对性差、实用性不强的占49.6%；内容空洞、理论联系实际不够占47.1%。在对部分人对党的理论不够重视的原因的调查中，有53.7%的师生认为主要是党的理论空洞抽象，不具实际意义。另外，师生中有82.8%的师生对社会热点及贴近生活实际的教育内容有较高期待；有59.7%的师生认为理论与实践的中间环节的政策、法规等不完善是党的理论不能很好贯彻的重要原因。同时调查中有61.9%的学生认为他们最需要了解形势与政策知识。历史唯物主义告诉我们，存在决定意识；社会意识是对社会存在的反映。思想理论教育要注重解决群众实际问题。因为人们的思想问题是从实际问题中引发并因实际问题的存在而存在的，只有解决了实际问题，思想问题才会得到解决。

（三）媒体、政治理论课及其他文化课程是主渠道

在对当前高校师生学习和了解党的理论的渠道的调查中，师生们普遍认为主流媒体宣传、高校思想政治理论课是师生了解和学习党的理论

课程的主渠道。同时调查中师生们对高校其他人文社会课程及其他形式多样的学习活动对他们学习和深入理解党的理论有较高的评价和期待。在关于"您了解党的理论的途径与渠道"的调查中,有69.5%的被调查者认为他们主要通过各种形式的理论学习,65.5%主要通过主流媒体宣传,而自己阅读相关著作的只占30.8%。调查中选择政治理论课程、经济管理类课程以及其他专业类课程应作为学校理论知识教育培训的主体的分别占59.8%、53.3%、62.2%。在被调查的教师中认为单位组织学习,到党校、行政学院及培训机构学习,通过广播、电视、网络等大众媒体是理论学习的主要途径的分别占50.8%、47.7%、58.0%。在学生的调查中,选择通过院系班级组织学习,上党校团校学习及广播、电视、网络等媒体宣传学习的分别占45.1%、51.8%、61.8%。同时在对"您认为党的理论教育比较容易接受的形式"的调查中,选择在职学习、集中培训、专题报告、知识竞赛的分别占20.9%、33.8%、37.0%、27.6%;而选择参观考察、观看电教片、学习交流的分别占43.0%、43.5%、48.3%。调查表明,在新环境下,新媒体、政治理论课及其他文化课程是思想理论宣传的主渠道。因此在高校学生思想理论教育中,要积极主动运用多种渠道创新高校思想理论宣传教育。

(四)学生对高校思想理论及党校课评价不高

调查表明虽然高校思想政治理论课和党校是师生学习、了解党的理论的主渠道,但是师生们对思想政治理论课及党校课程评价不高。在对"高校教师从事思想政治理论教育的状态"的回答中,有59.8%的认为教师有一定积极性,但没有充分发挥;29.4%的回答教师只是照本宣科;积极性不高。在对学校马克思主义理论课的评价中,认为内容重要、形式与风格陈旧的占42.3%;认为内容与学生需要存在偏差、大道理太多、一般不大接受的占48.5%;认为课程枯燥无味、引不起兴趣、只为修学分的占40.8%。同时,认为思想政治理论课教学存在"教材偏重理论,与现实结合不足""灌输型的教学模式,学生参与度低""教师照本宣科,缺乏创造性""任课教师和学生沟通交流不够""学生对课程不感兴趣,只为了应试"等问题的分别占61.4%、64.6%、42.4%、43.8%、47.8%。在党校理论培训中,学生认为党的理论教育存在教育方法手段比较单一老套、学习内容比较枯燥学习方式单一的分别占 62.2% 和 63.0%。同时，认为党校培训中针对性及实用性不强，课程陈旧、传统的多创新的少，内容空洞、理论联系实际不够，形式单一、教学方法简单，老师讲得多、学员参与少等问题的分别占 49.6%、47.1%、47.1%、50.8%、39.2%。造成这种情况有两个方面的原因，一是学生的功利主义思想，认为思想政治理论课与所学专业无关，与就业不直接挂钩，学不学用处不大，而不认真学习；二是部分教师执教水平相对较低，教学感染力不强，不能吸引学生，其教学没有针对性，学生所想的、所关注的社会热点问题得不到解惑，进而形成学习障碍。

（五）师生思想观念呈现多元化态势

调查表明，除了马克思主义以外，其他思想观念在师生中有较大影响，高校师生思想观念呈现多元化态势。在对师生信仰的调查中，信仰马克思主义的占多数，为 53.7%，但信仰实用主义的比例也较高，占被调查对象的 40.1%，另外信仰宗教、西方价值、其他及无信仰的分别占 4.0%、6.9%、5.9%、7.6%，这里可以看出实用主义思潮对高校师生的思想冲击较大。在师生对当前中国社会意识形态领域状况的估计与评价中，认为社会主义核心价值观在价值观领域占主导地位的占 43.5%；认为虽然马克思主义占主导，但受宗教、西方思潮冲击很大的占 45.5%；认为思想观念多元化，没有主导思想观念的占 35.5%；认为没有信仰，出现信仰真空的占 20.1%。在影响人们对党的理论的重视和认可程度因素的调查中，认为当前人们更多追求物质利益，忽视精神家园的占 70.2%；认为多元化思想、文化、信息的冲击占 56.7%；认为社会环境变化，理论指导意义不重要的占 20.2%。上述调查数据表明，市场经济中人们追求利益的观念以及当前我国经济社会大变革对人们思想观念产生深刻影响，并在一定程度上动摇着人们对党的理论的重视程度和认可程度，社会经济的快速发展致使环境因素日益复杂化，人的思想呈多元化态势。

（六）师生对党的理论的认识呈现专业差异

调查表明，不同专业背景的师生，对党的理论显示出不同认可程度。总体来说，文科类专业对党的理论的认可度较高，理科、工科类师生对党的理论的认可程度偏低。在关于个人信仰的回答中，师生选择信仰马克思主义的文科占64.0%，理科占40.7%，工科占45.8%；选择信仰实用主义的文科占30.5%，理科占44.1%，工科占49.4%。认为对党的"三个自信"的宣传非常有必要的文科占39.0%，理科占33.9%，工科占31.3%。在关于共产主义和社会主义信念的态度的调查中，选择对社会主义和共产主义绝对信仰的文科占37.7%，理科占23.7%，工科占27.9%。在对党的理论的学习产生认识上变化的回答中，选择"还是老样子，没有什么变化"的比例文科占13.7%，理科占18.6%，工科占18.3%。在关于大部分人学习党的理论的原因的调查中，选择"武装头脑，指导工作"的比例分别是文科占32.7%，理科占27.1%，工科占25.5%；选择"随大流，别人学我也学"的文科占32.0%，理科占52.5%，工科占41.4%。在其他问题的交叉分析中，理工科师生对党的理论的认识和把握程度相对文科也稍低。这种因学科专业差异而导致对党的理论认识呈现差异的状况与理科、工科学生对党的理论接触不多、了解不够有密切关系（见表1）。

表1　　　　不同专业背景的师生对党的理论的认识　　　（单位:%）

项目		文科	理科	工科
信仰	宗教	5.1	3.4	3.2
	西方的价值观念	6.5	8.5	6.4
	实用主义	30.5	44.1	49.4
	马克思主义	64.0	40.7	45.8
	其他	6.2	6.8	5.2
	无任何信仰	5.8	10.2	8.8
"三个自信"的态度	非常有必要	39.0	33.9	31.3
	有必要，但仅靠宣传不够	48.7	50.8	55.4
	没必要，宣传得好不如做得好	9.4	13.6	8.8
	说不清楚	2.9	1.7	4.4

续表

项目		文科	理科	工科
认识的变化	理论素养有了很大提高	47.5	40.7	46.2
	加深了对党的理论的指导思想地位的认识	72.3	78.0	72.5
	还是老样子，没什么变化	13.7	18.6	18.3
	思想更糊涂，看法更矛盾	3.6	6.8	3.6
	不知道，说不清楚	5.4	10.2	3.6
学习党的理论的原因	武装头脑，指导工作	32.7	27.1	25.5
	组织上的要求，必须要学习	69.8	67.8	64.5
	随大流，别人学，我也学	32.0	52.5	41.4
	投机心理，为升迁、提拔	35.3	27.1	42.2
	其他	3.2	6.8	2.4

（七）师生对党的理论认识呈现年龄差异

调查表明，青年师生对党的理论的认可度普遍低于中老年教师，而且总体上青、中、老年教工随年龄的增长对党的理论的认可度越高。在对学习党的理论是否重要的调查中，回答"很重要"的25岁以下的占34.6%，26—35岁的占44.9%，36—55岁占45%，56岁以上占87.5%。认为马克思主义仍然是中国必须长期坚持的指导思想的25岁以下、26—35岁、36—55岁及56岁以上的比例分别为74.2%、82.0%、77.8%、100%。在对信仰的调查中，选择"信仰马克思主义"的25岁以下、26—35岁、36—55岁及56岁以上的比例分别占43.5%、72.4%、72.9%、87.5%；而选择信仰"实用主义"的25岁以下、26—35岁、36—55岁及56岁以上的比例分别占49.4%、29.9%、25.9%、25.0%；对社会主义和共产主义信念的态度选择"绝对信仰"的25岁以下、26—35岁、36—55岁及56岁以上的比例分别占24.9%、47.7%、46.3%、62.5%。对党"三个自信"宣传的态度，认为非常有必要的25岁以下、26—35岁、36—55岁及56岁以上的比例分别占31.1%、43.8%、38.0%、100%；认为"没有必要，宣传得好不如做得好"的25岁以下、26—35岁、36—55岁及56岁以上的比例分别占10.5%、9.0%、7.4%、

0%。上述高校师生对党的理论的认识出现随年龄的增长对党的理论的认可度变高的现象，这主要是由于年长教师对党有着更多的亲身经历体验，对党的思想理论表现出更多的坚信与认同；而那些多数改革开放后成长起来的青年师生对党的认识缺乏深刻体验，呈现出对党理论的认识不深入的现象（见表2）。

表2　　　　　不同年龄段的师生对党的理论的认识　　　　（单位:%）

项目		25岁及以下	26—35岁	36—55岁	56岁以上
重要性	很重要	34.6	44.9	45.0	87.5
	重要	48.6	46.1	48.6	12.5
	不太重要	14.8	5.6	3.7	0
	不重要	2.0	3.4	2.8	0
地位	仍是我们长期坚持的指导思想	74.2	82.0	77.8	100.0
	已经过时了	3.1	0	3.7	0
	只是一个理论派别	11.2	10.1	13.0	0
	不好说	11.5	7.9	5.6	0
信仰	宗教	4.1	3.4	4.7	0
	西方的价值观念	7.9	4.6	5.6	0
	实用主义	49.4	29.9	15.9	25.0
	马克思主义	43.5	72.4	72.9	87.5
	其他	5.4	5.7	8.4	0
	无任何信仰	9.0	2.3	7.5	0
对"三个自信"的态度	非常有必要	31.1	43.8	38.0	100.0
	有必要，但仅靠宣传不够	54.8	46.1	49.1	0
	没必要，宣传得好不如做得好	10.5	9.0	7.4	0
	说不清楚	3.6	1.1	5.6	0
理想信念的态度	绝对信仰	24.9	47.7	46.3	62.5
	基本信仰	57.6	37.5	39.8	37.5
	存在疑虑	13.2	11.4	12.0	0
	不信仰	4.3	3.4	1.9	0

（八）少数民族师生对党理论的认同度高于汉族师生

本调查对少数民族与汉族交叉进行了分析，调查结果表明少数民族师生对马克思主义及党的理论的认同度高于汉族师生。此次调查的对象中，汉族占78.7%，少数民族占21.3%（据2010年第六次人口普查，2010年少数民族人口比例占全国总人口比例的8.49%，湖北少数民族人口比例占全省总人口比例的4.32%）。此次调查对象涉及的少数民族主要是土家族，占16.5%，苗族、壮族、汉族比例分别是2%、0.7%、0.5%。在对学习党的理论是否重要的调查中，答案选择"很重要"或"重要"的，汉族占84.7%，少数民族（主要是土家族）占95.0%；对学习党的理论的作用的调查中回答"提高理论水平"的，少数民族占84.2%，汉族占72.7%，其他选择"改善知识结构""提高思维能力""坚定理想信念"等选项的少数民族师生比例均高于汉族师生比例。关于马克思主义在今天的地位，选择"马克思主义仍是我们长期坚持的指导思想"的少数民族师生占82.6%，汉族师生占75.1%。在关于信仰的调查中，选择"信仰马克思主义"的少数民族师生占63.6%，汉族师生占51.1%；选择"信仰实用主义"的少数民族师生占28.9%，汉族师生占42.9%。在对"三个自信"所持的态度中，认为"非常有必要"的少数民族师生占41.3%，汉族师生占33.6%；认为"没有必要，宣传得好不如做得好"的少数民族师生占5.0%，汉族师生占10.6%。在对社会主义和共产主义信念态度的调查中，回答绝对信仰和基本信仰的少数民族师生占90.1%，汉族师生占82.2%。上述数据说明，近年来鄂西高校少数民族师生（主要是土家族）的思想理论教育取得了较大成效，对党的理论及马克思主义持积极肯定的态度。同时土家族师生对马克思主义及党的理论的认同度高于汉族师生（见表3）。

表3 　　　　　不同民族的师生对党的理论的认识　　　　　（单位:%）

项目		汉族	少数民族
重要性	很重要	37.7	44.6
	重要	47.0	50.4
	不太重要	12.3	5.0
	不重要	3.0	0
作用	提高理论水平	72.7	84.2
	改善知识结构	53.7	65.8
	提高思维能力	56.0	64.2
	坚定理论信念	69.8	70.8
	没多大作用	11.2	4.2
	完全没作用	1.9	0
地位	仍是我们长期坚持的指导思想	75.1	82.6
	已经过时了	2.6	3.3
	只是一个理论派别	11.5	8.3
	不好说	10.9	5.8
信仰	宗教	4.7	1.7
	西方的价值观念	7.7	3.3
	实用主义	42.9	28.9
	马克思主义	51.1	63.6
	其他	4.9	9.9
	无任何信仰	7.7	7.4
对"三个自信"的态度	非常有必要	33.6	41.3
	有必要,但仅靠宣传不够	51.7	52.1
	没必要,宣传得好不如做得好	10.6	5.0
	说不清楚	4.0	1.7
理想信念的态度	绝对信仰	31.2	38.0
	基本信仰	51.0	52.1
	存在疑虑	13.4	9.1
	不信仰	4.5	0.8

四 对策与建议

(一) 进一步加强理论工作重要性的认识

在有关开展党的理论教育建议的调查中,多数人提出领导要高度重视理论工作。中宣部和省委宣传部也多次提出各级部门要高度重视党的理论宣传工作,因为党的理论宣传工作是党的"生命线"。因此,各高校要高度重视党的理论宣传工作,特别要加强高校各二级单位领导、思想政治理论课教师、学工队伍及专业教师对党的理论宣传工作重要性的认识。

党的理论工作的重要性在社会中体现为一种社会主流价值观对一定社会发展的重要性。当前我们党的宣传理论工作其实就是力图在社会上形成一种社会主流价值,并借助社会主流价值对社会存在的反作用力推动中国社会发展。当前,各高校在加强党的理论工作重要性的认识中,一方面要强调思想理论对党自身发展的生命线意义,另一方面要强调思想理论宣传工作的社会主流价值功能,后者更易于为教育者和教育对象所认可。另外有关党的宣传理论工作的重要性的认识要落实到高校各基层组织,因为教工和学生的宣传思想教育主要由各基层组织具体落实,只有各二级单位领导、思想政治理论课教师、学工队伍及其他教师对理论工作的重要性有了深刻认识,高校的宣传思想理论工作才能得到具体落实,并不断探索研究推进党的理论宣传工作深入发展。

(二) 充分发挥新媒体的宣传教育功能

调查中多数人认为广播、电视、网络等大众媒体是理论学习的主要途径和易于接受的方式。当前我们已进入信息化时代,信息技术的发展极大地推动人们之间的信息交流方式与效果,党的宣传思想工作需要充分发挥信息化时代新媒体的宣传教育功能。新媒体是新的技术支撑体系下出现的媒体形态,如数字杂志、数字报纸、数字广播、手机短信、网络、桌面视窗、数字电视、数字电影、触摸媒体等。新媒体的交互性与即时性、海量性与共享性、多媒体与超文本个性化与社群化特点使之成为思想理论宣传的重要渠道。当前鄂西高校新媒体宣传教育功能的发挥要注意以下两个方面：一是要充分认识新媒体在思想理论宣传教育中的重要性。新媒体迎合人们休闲娱乐时间碎片化的需求，在传播的诉求方面走向个性表达与交流阶段，它满足了随时随地地互动性表达、娱乐与信息需要，在现代人生活中产生着重大影响。二是研究如何形成有效的媒体宣传教育模式。媒体是思想理论宣传的载体和中介，新媒体宣传思想工作的发挥需要实现新媒体的特性与思想政治教育信息特性的有机结合，使之成为教育对象喜闻乐见的接受形式，以达到有效宣传教育效果，当前在这一方面还要进一步加强研究。

（三）注意理论宣传与解决实际问题并重

解决思想问题与解决实际问题相结合是思想政治工作的重要原则。此次调查表明，在思想理论宣传中人们更关心对实际问题的解决。由此建议各级各部门在思想理论宣传教育中要特别注重理论宣传与解决实际问题相结合。理论宣传与解决实际问题相结合实质上体现为社会存在与社会意识的关系，社会意识的形成源于一定的社会存在，只有社会实际问题的解决才能有效促进个体社会意识的形成。毛泽东曾经指出："一切群众的实际生活问题，都是我们应当注意的问题。假如我们对这些问题注意了，解决了，满足了群众的需要，我们就真正成了群众生活的组织者，群众就会真正围绕在我们的周围，热烈地拥护我们。"当前的思想理论宣传工作的一个倾向就是偏重于理论宣传而实际问题解决不够，使得人民大众对解决实际问题有更大的期盼。在具体工作中要做到：一是解决大学生思想问题与解决实际问题相结合，即注重坚持讲道理与办实事的统一。二要深入实际，真实地了解大学生存在的实际问题，要通过问卷调查、走访、座谈等多种形式开展深入细致的调查研究，如实地了解大学生的真实思想状况与现实问题，特别是对大学生思想反映出的热点、难点和疑点问题，并有针对性地解决。

（四）充分发挥高校非政治理论课的教育作用

思想政治理论课是我国高校思想理论宣传教育的主要形式。调查表明，学生们认为经济管理、文化课以及其他专业课应成为学校理论知识教育培训的重点。建议各高校在思想理论宣传教育中除了发挥思想政治理论课主渠道之外，要大力拓展非思想政治理论课的思想政治教育功能，充分发挥高校非政治理论课的思想政治理论宣传作用。高校非思想政治理论课具有学时多、分布广、内容系统、科学性强等特点，其对学生思想政治素质生成具有重要作用。包括各门学科在内的非思想政治理论课与思想政治理论课的关系类似于哲学与各门具体学科的关系，通过各门具体学科开展思想政治教育使思想政治教育回归生活与科学具体，这对于促进个体思想政治素质的生成具有重要意义。非思想政治理论课具有奠基作用，其丰富多彩的知识拓展了学生思维空间及思维结构，培养了他们科学的世界观和方法论，增强了他们认识问题和判断是非的能力。同时，强化非政治理论课的政治教育功能，把党的理论的哲学基础和世界观融入非思想政治理论课的学科理论基础，同时把思想政治理论教育内容以不同形式融入其教学目的、过程、形式、内容等方面，促进非思想政治理论课思想政治理论功能的落实。

（五）进一加强高校思想政治理论教学改革

学生对当前高校思想政治理论课的评价以及他们所期待的思想政治理论课模式表明，高校应该进一步完善学校思想政治理论课改革，不断增强思想政治理论教育的实效性。思想政治教育内容决定后，方法就是决定性因素，科学的方法使思想政治教育遵循人的思想活动规律，调动人们的积极性、促进人们主体意识转化，同时增强思想政治教育说服力、吸引力和感染力，以完成思想政治教育任务。思想政治理论课教学是一种显性的思想政治教育方法，这也是我国高校思想政治教育的主要模式与特点。当前马克思主义理论教育存在的主要问题是教材过于偏理论，与现实结合不足，教学中主要采取灌输型教学模式，学生参与度低，形式风格陈旧。思想政治理论课改革就是要增强思想政治理论课教学的科学性。当前思想政治理论课改革主要从两个方面展开，一是从理论层面上认识思想政治理论课课程内容的科学性，这种学习不是传统的理论讲授、理论学习与理论宣传，而是强调教师引导学生对思想政治理论展开自我研究和自我探讨，教育对象越是对学习对象展开深入探究，对其认识就越深刻。党的理论是长期历史实践经验的总结，也经得起探索与检验，教育对象在教育者引导下的探究必然使受教育者形成稳固的政治信念与政治立场。思想政治理论教学方法改革的另一方面就是在开展高校思想政治理论教学过程中要运用多样化的思想政治教育形式。由于时代变化和受教育者的思想观念及教育环境变化，传统灌输、照本宣科模式不受学生欢迎。调查显示，政治理论学习过程中参观考察、观看影片、学习交流是学生比较容易接受的方式，同时要加强通过广播、电视、网络等媒体进行思想政治理论宣传。

（六）注重结合热点与现实问题开展理论教育

调查显示，大多数学生认为思想政治理论教育存在针对性差、实用性不强，内容空洞、理论联系实际不够，与现实结合不足等问题。建议在高校思想政治理论教学及党的理论教育中紧密结合现实，注重理论联系实际，结合热点与现实问题开展思想理论宣传教育工作。

社会热点与现实问题具有挑战性、复杂性、焦点性等特征。对于大学生来说，社会问题影响着他们的世界观、人生观、价值观，影响他们的政治认同感。高校应通过专门机构和人员加强对博客、微博、论坛的关注并系统收集和梳理学生比较关注的社会热点问题，同时通过课堂反馈、问卷调查、座谈等多种方式了解学生思想动态，有准备、有针对性地回应学生思想上的困惑，消除其思想疑惑。同时建议高校在宣传教育中构建基于社会热点问题的新媒体思想政治教育平台。通过校园媒体开展社会热点问题讨论，帮助大学生解疑释惑。把社会热点问题渗透在课堂教学中，多角度、多层次分析。课堂教学也是社会热点教学的主要方式，教师要根据教学内容和实际需要，把国内外发生的各种社会热点有机地融进课堂教学之中，以培养学生分析和解决现实问题的能力，提高学生的思想政治觉悟。在教学中，一要做到深刻透彻、有理有据；二要坚持原则、分析客观，把学生关注的难点和疑点问题作为教学重点。同时，进行社会热点问题教育必须立场坚定、旗帜鲜明，不能偏离教育主题，而是要强化教育主题。另外，进行社会热点问题教育应坚持疏通与引导相结合的原则，一方面要让学生将各自的思想、观点和意见都讲出来，另一方面要在充分掌握其思想的情况下加以引导。

(七) 加强青年师生的马克思主义理论教育

调查结果显示,高校师生对马克思主义理论的认识呈现年龄差异,青年师生对党的理论的认可度低于中老年师生。建议在党的理论宣传教育中有针对性地重视青年师生的思想理论教育。青年师生是在改革开放时代成长起来的,他们思想开放、思维活跃,广泛接触外来信息,在众多信息环境下成长起来的师生对党的理论的认识深度和体验不够。当前在高校青年师生的思想理论宣传教育中需要注重两个方面的问题:一是加强对青年师生的历史教育,特别是近现代以来的中国历史的教育,使其认识到党与各族人民共同浴血奋战的历史,让学生认识到党的思想及理论观点曾得到广大人民群众拥护,在带领中华民族走出贫穷落后状态中的作用,使其加深对党的理论的认可与接纳。二是加强青年教师的社会主义核心价值观教育,当今时代海量信息鱼龙混杂,要让青年学生在众多信息中感受社会主义核心价值体系的魅力。

(八) 加强理工科师生的马克思主义理论教育

调查结果显示,理工科师生对党的理论的认可度低于文科师生。建议在党的理论宣传教育中有针对性地重视理工科师生的思想理论教育。由于学科专业差异,要特别重视理工科师生的思想理论教育。爱因斯坦说过,"用专业知识教育人是不够的,通过专业知识教育,他可能成为一种有用的机器,但不能成为和谐发展的人"。理工科师生主要从事自然科学的基础与运用研究,其接触的领域科学性较强。思想政治理论教育与理工科师生专业教育的有机结合是对理工科师生开展党的理论教育的重要方式,在教育实践中要避免自然科学与思想理论的简单结合,要把思想理论教育的核心思想、哲学基础与自然科学探讨有机结合,把自然科学研究的目的性与思想理论教育的核心思想有机结合,使理工科学生的思想理论教育与其自身专业知识学习有机结合,融为一体、共同促进。

(九) 加强各民族师生的马克思主义理论教育

调查显示,少数民族师生对党的理论的认同度高于汉族学生,表明近年来鄂西高校少数民族学生的思想理论教育取得了较大成效。建议在今后马克思主义理论教育中，在继续加强和巩固少数民族学生马克思主义理论教育的同时，要不断反思并改进汉族学生的马克思主义理论教育，以增强和巩固马克思主义意识形态在我国社会中的主导地位，因为汉族学生对马克思主义理论的认同度对马克思主义意识形态在中国社会占主导地位起决定作用。在加强汉族学生的马克思主义理论教育中，还要进一步加强和巩固少数民族学生马克思主义理论教育，因为少数民族学生对中国社会主流意识形态的认同对中国社会发展具有至关重要的意义。少数民族是教育中的特殊群体，其传统文化和风俗习惯与主体民族有较大差异，需要在思想理论宣传教育中予以特殊关注。在对少数民族学生开展思想理论教育中需要注意马克思主义理论教育与少数民族传统文化的有机结合，同时在对少数民族大学生开展马克思主义理论教育中要采取少数民族文化易于接受的教育方式。同时还要注意把马克思主义理论教育与少数民族的历史遭遇相结合，把马克思主义理论教育与民族地区经济社会新发展相结合。

（执笔人：邱世兵　项目组：谭德宇　黄晓波　李萌萌　邱世兵）

近年来党的民族政策在恩施州落实现状调查

一 恩施州概况

恩施土家族苗族自治州（以下简称恩施州）成立于1983年8月19日，是全国最年轻和湖北省唯一的少数民族自治州，是全国14个集中连片特困区之一武陵山片区的重要板块，承载着民族团结进步、山区脱贫攻坚的重大责任。全州面积2.4万平方公里，辖2市6县，总人口402万人，城镇人口133万人，农村人口269万人，土家族、苗族等28个少数民族人口占总人口数的54.68%。

恩施州是巴文化的发祥地，巴楚文化、民族文化、红色文化、抗战文化交相辉映。恩施州是世界优秀民歌《龙船调》的故乡，有"东方情人节"之称的"恩施女儿会"，有"东方迪斯科"之称的"土家摆手舞"，有世界文化遗产项目——唐崖土司城遗址。恩施州所辖区域是鄂西生态文化旅游圈的核心板块，恩施大峡谷、腾龙洞、坪坝营、神农溪等自然景观鬼斧神工，雄伟俊秀，形成了由2家5A级景区和14家4A级景区组成的精品景区集群，与张家界、长江三峡构成了中国中部黄金旅游线上的"金三角"。神秘的北纬30°穿越腹地，大自然的神奇造化和恩赐，形成了资源的多样性，森林植被覆盖率达到70%。恩施素有"世界硒都""华中药库""烟草王国""鄂西林海""动植物基因库"等美誉。境内已探明金属或非金属矿75种，硒矿储量居世界第一位。页岩气资源量接近

5万亿立方米，占全省的一半以上，全国排名第5位。随着渝利铁路建成投入运营，宜万铁路开通动车，恩施迈入高铁时代。

近年来（主要指近10年），党中央、国务院和湖北省委、省政府对恩施给予高度重视和特别倾情关怀。恩施州享有国家民族区域自治、西部大开发、促进中部崛起、长江经济带、武陵山片区区域发展与扶贫攻坚的政策支持。中央和省委一系列含金量高、含情量重的民族政策支持惠及恩施，为推动恩施协调发展、转型发展、加快发展提供了不竭动力。

二 中央和省民族政策在恩施州的实施情况

（一）中央和省投放在恩施州的主要民族政策

民族政策是一个复杂的综合体系，根据不同的标准可以将民族政策划分为不同类型。本研究主要按照民族政策的内容和调整对象，梳理中央和省对恩施州的政策支持情况。主要分为政治类民族政策、经济类民族政策、文教类民族政策和社会发展类民族政策。

1. 政治类民族政策

政治类民族政策包括民族平等民族团结政策、民族区域自治政策、民族干部政策等。这些政策体现在《宪法》、《民族区域自治法》（以下简称《自治法》）及其相关的子法之中。具体如下：（1）民族平等、民族团结政策。关于民族平等。《宪法》规定："中华人民共和国各民族一律平等。国家保障各少数民族的合法的权利和利益，维护和发展各民族的平等、团结、互助关系。"关于民族团结。《自治法》规定："教育各民族的干部和群众互相信任，互相学习，互相帮助，互相尊重语言文字、风俗习惯和宗教信仰，共同维护国家的统一和各民族的团结。"（2）民族区域自治政策。民族区域自治是民族自治和区域自治的结合。民族区域自治政策在政治上的体现就是保障少数民族自治权的实现。自治权主要包括以下方面：一是立法权；二是行政权；三是司法权；四是财政权。（3）民族干部政策。《自治法》规定："民族自治地方的自治机关根据社会主义建设的需要，采取各种措施从当地民族中大量培养各级干部、各种科学技术、经营管理等专业人才和技术工人。"

为落实党的政治类民族政策，近年来湖北省印发了《关于加强和改进新形势下全省民族工作的意见》,强调坚持党的领导、坚持中国特色社会主义道路、坚持各民族一律平等、坚持和完善民族区域自治制度、坚持各民族共同团结奋斗。同时下发了《中共湖北省委、湖北省人民政府关于支持恩施州建设全国先进自治州的决定》,强调"大力开展民族团结进步创建活动。加强民族知识、民族法律法规和民族政策、民族团结的宣传教育,推进各民族共同团结进步",强调"加大对恩施州人才资源开发的援助和支持力度,采取多种途径,帮助恩施州培养急需人才"。

2. 经济类民族政策

经济类民族政策主要包括以下几个方面:(1)财政优惠政策。《自治法》规定:"民族自治地方在全国统一的财政体制下,通过国家实行的规范的财政转移支付制度,享受上级财政的照顾。"(2)税收优惠政策。《自治法》规定:"民族自治地方的自治机关在执行国家税法的时候,除应由国家统一审批的减免税收项目以外,对属于地方财政收入的某些需要从税收上加以照顾和鼓励的,可以实行减税或者免税。"(3)金融优惠政策。《自治法》规定:"民族自治地方根据本地方经济和社会发展的需要,可以依照法律规定设立地方商业银行和城乡信用合作组织。"(4)民贸民品政策。国务院颁布实施的《若干规定》规定:"国家完善扶持民族贸易、少数民族特需商品和传统手工业品生产发展的优惠政策,在税收、金融和财政政策上,对民族贸易、少数民族特需商品和传统手工业品生产予以照顾。"近年来,为贯彻落实党的经济类民族政策,湖北省制定了《湖北省民族贸易和民族特需商品生产贷款贴息资金管理实施细则》,下发了《湖北省民族贸易企业网点建设和民族特需商品定点生产企业技术改造专项资金管理实施细则》及《湖北检验检疫局 湖北省民宗委关于支持民族地区扩大农产品出口的意见》等。

3. 文教类民族政策

主要包括民族教育政策和民族文化政策:(1)民族教育政策。国务院《关于进一步贯彻实施中华人民共和国民族区域自治法若干问题的通知》《关于大力培养少数民族高层次骨干人才的意见》及《国务院关于深化改革加快发展民族教育的决定》提出,要采取有力措施,帮助民族自治地方办好各级各类学校,并进一步加强对民族教育的支援工作。同时规定:"少数民族高层次骨干人才培养计划纳入年度中央级高校研究生招生计划，单独下达管理。"为贯彻上述政策和第六次国务院民族教育工作会议精神，湖北省出台了《省人民政府关于加快发展民族教育的实施意见》。（2）民族文化政策。为贯彻落实《国务院关于进一步繁荣发展少数民族文化事业的若干意见》和《中共湖北省委、湖北省人民政府关于推动文化大发展大繁荣的若干意见》精神，进一步繁荣发展湖北省少数民族文化事业，湖北省下发了《关于加强和改进新形势下全省民族工作的意见》和《湖北省人民政府关于进一步繁荣发展少数民族文化事业的意见》，强调"要繁荣发展少数民族文化事业，加快少数民族和民族地区公共文化基础设施建设，加强少数民族文化遗产挖掘和保护，加强少数民族文艺院团建设，发展民族地区新闻出版和广播影视事业，深化文化体制改革，促进少数民族文化产业发展。"

4. 社会发展类民族政策

主要包括：（1）社会扶持政策。《自治法》规定："上级国家机关应当组织、支持和鼓励经济发达地区与民族自治地方开展经济、技术协作和多层次、多方面的对口支援，帮助和促进民族自治地方经济、教育、科学技术、文化、卫生、体育事业的发展。""上级国家机关在投资、金融、税收等方面扶持民族自治地方改善农业、牧业、林业等生产条件和水利、交通、能源、通信等基础设施；扶持民族自治地方合理利用本地资源发展地方工业、乡镇企业、中小企业以及少数民族特需商品和传统手工业品的生产。"为贯彻落实自治法精神，湖北省下发了《中共湖北省委、湖北省人民政府关于支持恩施州建设全国先进自治州的决定》和《省委办公厅 省政府办公厅中共湖北省委办公厅湖北省人民政府办公厅关于建立省内部分市对口支援民族县市工作机制的通知》。提出建立省内部分市对口支援民族县市的工作机制，举全省之力加快推进民族地区经济社会发展。（2）扶贫开发政策。《国务院实施〈中华人民共和国民族区域自治法〉若干规定》第十六条规定："国家加强民族自治地方的扶贫开发，重点支持民族自治地方贫困乡村以通水、通电、通路、通广播电视和茅草房危房改造、生态移民等为重点的基础设施建设和农田基本建设，动员和组织社会力量参与民族自治地方的扶贫开发。"2011年国务院启动了"武陵山片区区域发展与扶贫攻坚规划（2011—2020年）"。为促进"武陵山片区区域发展与扶贫攻坚规划（2011—2020年）"落地生根，湖北省下发了《中共湖北省委 湖北省人民政府关于推进湖北武陵山少数民族经济社会发展试验区建设的意见》，形成了推动武陵山湖北片区少数民族经济社会发展的一系列扶贫开发政策。

（二）中央和省民族政策在恩施州的实施与成效

1. 政治类民族政策在武陵山片区实施的成效

（1）少数民族平等权进一步得到保障。各少数民族在政治上的平等主要体现在选举权上的平等。根据《宪法》规定，在各级人民代表大会中，各少数民族都应当有适当名额代表。2012年恩施州召开了第七届人大一次会议。根据会议公告，在2011年共选举产生了恩施土家族苗族自治州第七届人民代表大会代表418名。其中土家族代表240名，汉族代表127名，苗族代表37名，侗族代表7名，蒙古族代表2名，回族、朝鲜族、白族、彝族、壮族代表各1名。从表1可知，在此届州人民代表大会代表构成中，少数民族代表在全州人民代表大会代表总数中所占比例，高于同期少数民族人口在全州总人口所占比例。这充分说明，恩施州少数民族公民在政治上平等地享有参与国家事务管理的权利。管理国家的权利是各族人民最根本的权利。少数民族以平等地位和汉族人民一起参与国家事务管理，是少数民族平等权利的标志。

表1　　恩施州第七届人民代表大会代表的民族构成

民族	土家族	苗族	侗族	蒙古族	回族	朝鲜族	白族	彝族	壮族	汉族
代表数	240	37	7	2	1	1	1	1	1	127
代表比例	57.40%	8.85%	1.67%	合计占1.67%					30.38%
总人口比例	47.50%	5.10%	1.53%	合计占0.20%					45.37%

资料来源：根据"恩施土家族苗族自治州人大常委会公告"（2011年12月20日）数据，2010年11月1日第六次全国人口普查统计整理而得。

（2）各民族大团结日益巩固。根据中共中央和国务院各部门制定的民族团结工作意见，湖北省及恩施州制订了较为具体的实施意见和方案。一是大力开展民族团结宣传教育。二是积极组织开展了民族团结示范创建活动。在国务院第六次民族团结进步表彰大会上，恩施州有恩施市政府、来凤县政府2个集体和邓丽等8名个人被表彰为全国民族团结进步模范集体和模范个人。其中邓丽还作为800万土家族的代表，由习近平总书记为其颁奖。省第四次民族团结进步表彰活动中，恩施州有7个模范集体、12个模范个人受到省政府表彰。通过州、县市、乡、村四级联创活动，全州目前已经建成恩施市、来凤县2个全国民族团结进步示范县市，恩施市芭蕉侗族乡为全国民族团结进步模范示范乡镇；先后创建命名了省级示范机关8个、示范乡镇3个、示范村9个、示范社区3个、示范学校8个、示范经营户2个、示范企业3个。通过对他们的宣传和表彰，在全社会形成了自觉维护民族团结的良好氛围，不断巩固了全州民族团结进步的大好局面。2016年8月恩施州被国家民委授予"全国民族团结进步创建活动示范州"称号。

（3）少数民族干部队伍不断壮大。近年来恩施州十分注重对少数民族干部的培养选拔，明确提出"吸引留住汉族兄弟，大力培养民族精英"，促进民族团结与进步。为落实少数民族干部政策，专门出台了《关于加强少数民族干部队伍建设的意见》，不断强化民族干部队伍的建设。一是坚持"逢进必考"的原则，公开择优录用少数民族人才；二是拓宽就业的渠道，引导和鼓励少数民族毕业生到基层就业；三是坚持用好的作风选人，选好作风的少数民族干部；四是加大培训力度，提高少数民族干部素质；五是不断完善工作机制，加大经费投入。截至2017年初，湖北恩施州少数民族干部占全州干部总数的比例达69.7%，州县级领导班子中少数民族干部占比达73.4%，远高于全州少数民族人口56%的占比。部分县市比例更高，以咸丰县为例，该县后备人才库中，少数民族干部比例达85%以上。目前该县少数民族人才7841人，占全县总人才的90.78%。

2. 经济类民族政策在武陵山片区实施的成效

（1）金融优惠政策得到落实。近年来，湖北加大片区各县市与省开行合作的协调力度，发展了以"农户小额集合贷"为核心内容的扶贫开发模式，达成了一批重大产业投融资项目的协议，2014年新增湖北省片区授信59.84亿元，发放贷款40.26亿元。同时湖北下发《湖北省财政厅省民宗委人民银行武汉分行关于印发〈湖北省民族贸易和民族特需商品生产贷款贴息资金管理实施细则〉的通知》，实施贴息优惠。以建始县为例，2015年全县民贸民品优惠利息返还达1690.2万元，受益企业75家，贷款总额达 11.65 亿元，同时争取网点建设和技改资金 65 万元，从而有力地促进了该县民贸民品企业的健康持续发展。

（2）民贸民品优惠政策实施效果明显。一是为落实民贸民品优惠政策，湖北省制定了较为详细的方案与细则。如《湖北省民贸民品企业流动资金贷款贴息管理办法实施细则》等。二是民贸民品优惠政策见实效。以恩施市为例，截至 2015 年底，恩施市民贸企业达 273 家，其中规模以上企业 34 家，出口贸易企业 34 家；民品企业 4 家。为国家提供税金 20406 万元，解决就业人员 14824 人，其中解决少数民族人员就业 10126 人。2011 年至 2015 年民贸民品企业流动资金贷款累计办理贴息 1.2545 亿元，年均增长 36.7%，享受优惠利率政策的企业达 183 家；连续 5 年贴息金额位居全州第一，对恩施市民族经济发展起到了积极推动作用。

（3）财力投入不断加大。为推动湖北武陵山少数民族经济社会发展试验区深入发展，2012 年，湖北省省直部门共为试验区落实各类扶持项目资金 50 多亿元，省财政用于扶持试验区产业发展资金 15 亿元。根据鄂发〔2011〕25 号文件精神，按上年度地方财政一般预算收入 0.1% 并按不低于 8% 的增幅递增的要求，各对口支援市认真落实对口支援资金，2012 年，各对口支援市落实援助资金 1 亿元。2014 年，湖北省武陵山试验区建设成员单位支持试验区项目 861 个，落实资金 92.63 亿元；省内部分市对口支援民族县市项目 124 个，落实资金达到 1.58 亿元；"616"对口支援工程单位支持民族地区项目 327 个，落实资金 32.42 亿元。在整个"十二五"期间支援恩施州各市和部门，共计落实资金 286.43 亿元，为推动武陵山示范区建设注入了强大的资金支持，成为恩施州加快经济社会发展和全面建成小康社会的政策支撑。中央民族工作会议召开后，湖北省委、湖北省人民政府《关于加强和改进新形势下全省民族工作的意见》再为恩施州明确了 12 条差别化支持政策，同时明确鄂发〔2011〕25 号文件 20 条支持政策执行到 2020 年。

3. 文教类民族政策在武陵山片区实施的成效

民族教育稳步提升。为贯彻落实《国务院关于加快发展民族教育的决定》，湖北省下发了《省人民政府关于加快发展民族教育的实施意见》。近年来恩施州始终坚持教育优先发展战略，实施了学前教育三年行动计划、义务教育薄弱学校改造、边远地区农村学校教师周转宿舍建设、民族地区教育基础薄弱县普通高中建设和中等职业教育基础能力建设等建设工程，教育教学条件逐年改善，教师队伍建设得到加强，教育资源总量不断扩大，城乡教育资源配置不断优化，教育保障水平进一步提高，教育质量不断提升，全州适龄儿童入学率100%，初中适龄少年入学率99.7%，高中阶段毛入学率83.3%。

民族文化事业不断发展。近年来，恩施州委、州政府先后出台了《民族文化遗产保护条例》《关于加强民族文化大州建设的意见》，制订了《民族民间文化保护工程实施方案》《民族文化研究工作十年纲要》，编纂出版了《恩施州民族研究丛书》《民族文化丛书》。唐崖土司城遗址成功列入《世界文化遗产名录》，为提升中华文化软实力做出了重要贡献。"摆手舞""肉连响""吊脚楼建造技艺""丝弦锣鼓""傩戏""灯戏"等项目先后被命名为国家级、省级非物质文化遗产项目。积极推进民族文化与旅游产业深度融合，相继打造了《武陵绝响》《毕兹卡》《夷水丽川》《龙船调》《黄四姐》等大型民族歌舞剧，全方位、多层面展示了民族风情。大力传承民族文化，对各族群众产生了潜移默化的影响，提升了其对民族团结的认识，增强了他们主动参与创建工作的行动自觉性。

特色村寨建设初显成效。"少数民族特色村寨"指少数民族人口相对聚居、比例较高、生产生活功能较为完备、少数民族文化特征及其聚落特征明显的自然村或行政村。2014年，国家民委命名首批"中国少数民族特色村寨"，恩施州共有15个村上榜。2017年国家民委命名第二批"中国少数民族特色村寨"，恩施州有23个村上榜。至此，恩施州共有"中国少数民族特色村寨"38个。

4. 社会类民族政策在武陵山片区实施的成效

为促进该片区社会民生发展，湖北省出台了包括《关于进一步加强民族工作加快少数民族和民族地区经济社会发展的若干意见》《湖北省少数民族地区医疗减免费使用管理办法》《省人民政府办公厅印发省民族宗教事务委员会关于开展对民族乡（镇）实施"1+1"对口帮扶行动方案的通知》《省委办公厅、省政府办公厅关于在民族县（市）实施"616"工程的通知》的系列政策性文件。一系列政策的落地，推进了恩施州民生问题的解决。

民生状况不断改善。2015年全州城镇常住居民人均可支配收入达

22198元，较上一年增长9.7%，高于全省8.8%的增长速度0.9个百分点，增速居全省17个市州第三位。全州农村常住居民人均可支配收入达到7969元，增长10.8%，高于全省9.2%的增速1.6个百分点，增速居全省17个市州第1位。全年减少贫困人口25.6万人，绝对数居全省17个市州第1位。十二五期间，坚持财力向民生领域倾斜，民生支出每年占财政预算支出的比例都在80%以上。以新农村建设为载体，全面改善农村基础设施条件。累计完成整村推进村595个、老区重点村195个，扶贫搬迁2万户、8万人，累计减少贫困人口76.2万人。

社会保障体系不断健全，城乡居民基本养老保险参保率达98.9%。城乡居民最低生活保障标准大幅提升，困难群众基本生活得到有效保障。新建保障性住房9.1万套，改造农村危房7.4万户。新增城镇就业人员20.4万人，实现就业困难人员再就业5.7万人。

医疗服务能力和水平连年提升。近年来实施了以恩施州中心医院、湖北民族学院附属民大医院、恩施市中心医院、来凤龙凤医疗中心等为代表的一批卫生基础设施项目，完成乡镇卫生院达标建设66个，建成标准化村卫生室870个，补充县乡医疗卫生人员1048名，基本药物制度全面实施，新型农村合作医疗参合率达到99.4%，公共卫生体系不断完善，公共卫生服务水平明显提高。计划生育政策全面落实，出生人口素质不断提高。

三 中央和省民族政策在恩施州实践中存在的问题与分析

（一）政治类民族政策在恩施州实践中存在的困难与问题

（1）民族平等政策落实难度大。从主观上看，我国宪法明确规定各民族一律平等，但由于受各民族自身发展程度的限制，同时民族素质高低差别而使享受民族平等权利的能力不同，从而造成各民族实际享受民族平等权利方面的差别，也就是各民族经济文化事实上的不平等。比如该地区民族教育、医疗、社会保障等整体发展水平不高，特别是基础教育投入不足，办学条件差。片区内城乡差距突出，贫困状况比较严重。

（2）民族团结创建活动存在偏差。近年来，恩施州积极落实党和政府的民族团结政策，积极开展民族团结活动创建，促进了民族地方经济发展、社会稳定，但仍面临诸多问题。调查发现，区域内民族团结创建活动偏重经济建设、社会保障和基础设施建设，但民族团结宣传教育、民族凝聚力、民族团结精神软实力被忽视。在民族团结创建活动中，更多的是材料搜集与整理，实质性的活动开展较少。所开展的活动大多是在州县一级展开，且多为展示类活动。基层民族团结创建活动多是挂牌，实质活动较少，流于形式，停留于喊口号，较少对少数民族有内心的震撼。真正民族团结的形成需要各民族人民的民族知识及民族团结知识的提升，需要各民族的交流与交融。

（3）民族干部政策落实不够。加强民族干部培养，用少数民族干部来管理民族地方社会事务是本地区社会建设的一大经验。虽然一直以来民族事务部门时常强调大力培养少数民族干部，但在具体实践中呈现出"说起来重要，干起来次要，忙起来不要"的状态。在对恩施州委组织部近些年来发布的干部招考简章的梳理中，发现从没有在干部考察和公务员招考中有对少数民族优惠的说明。在实际工作中，有些同志不理解，甚至把对自治机关干部构成的要求与党的领导对立起来。另外，本地区少数民族干部尤其是县处级干部对外交流任职较少、少数民族后备干部的选拔渠道偏窄、跟踪培养监督机制不健全、少数民族干部培训形式单一、内容针对性不强等问题依然存在。

（4）民族区域自治政策难以真正落实。民族区域自治是少数民族实行自我管理的一项政治制度。在具体实践中，少数民族自治权有流失现象。虽然民族地方的自治权法律有明确规定，但在具体实践中，民族区域自治权往往流失，在现任恩施州第七届人民代表大会常务委员会主任、副主任、秘书长等8位人大领导中，有5位为汉族，2位为土家族，1位为苗族，而且排名前4位的领导均为汉族。又如《自治法》规定：民族自治地方的企业、事业单位依照国家规定招收人员时，优先招收少数民族人员，并且可以从农村和牧区少数民族人口中招收。在访谈调查中，没有任何一家企业、事业单位在招收人员时因民族而照顾。相反，有时在招聘中对一些少数民族还设置障碍。

(二) 经济类民族政策在恩施州实践中存在的困难与问题

(1) 财政支持政策落实力度不够。一是民族地区经济基础薄弱，财政自给率低，财政刚性支出占比高，财政保人头、保运转、保稳定压力大，中央对民族地区的支持政策，一定程度上被上级刚性支持政策抵消，没有从根本上解决财力薄弱的状况。二是上级财政转移支付结构不合理，专项政策性转移支付多，财力性转移支付少。三是中央民族性扶持资金增长缓慢，没有与国家经济和财政收入增长同步，也没有与地方上缴中央收入同步，中央对民族地区的财政扶持政策呈现减弱状况。四是上级无差异化财政政策加大地方财政压力，缺乏民族地区照顾政策，财政资金配套难。五是中央对民族扶持财政资金全部通过省级财政结算，其金额以省财政下达文件为依据，中央政策是否全部落实地方不知晓，州本级对中央民族扶持资金分配政策及额度不知晓，难以判断上级财政的具体落实情况。

(2) 免除项目建设配套资金政策难以落实。国务院实施《中华人民共和国民族区域自治法》若干规定明确，国家安排的基础设施建设项目，需要民族自治地方承担配套资金的，适当降低配套资金的比例。民族自治地方的国家扶贫重点县和财政困难县确实无力负担的，免除配套资金。《武陵山片区区域发展与扶贫攻坚规划》也明确，中央安排的公益性建设项目，取消县及以下资金配套。国家在安排项目时，往往要求地方财政进行配套，而恩施州属"吃饭"财政，难以按照国家要求安排项目建设配套资金。

(3) 片区《规划》实施推进难度较大。《武陵山片区区域发展与扶贫攻坚规划》体现了党和国家对民族地区和少数民族群众的关心，《规划》启动实施五年多来，有力地推进和改善了武陵山片区少数民族群众的生产生活条件，由于没有相应的实施细则和刚性支持政策，缺乏相关责任主体单位，规划中提及的扶持政策、项目和资金难以落到实处，片区内各自为战，特别是跨区域协同发展、优势资源协调开发利用没有形成共识和共同推进的良好态势，《规划》的引领和带动作用没有得到充分发挥。

(4) 重点生态功能区转移支付资金偏低。恩施州是长江中下游的重要生态屏障，为全国的生态建设做出了重要贡献，除恩施市外，其余7个县市均为国家层面重点生态功能区，且利川市为国家重点生态功能示范区，国家没有出台与之相匹配的生态补偿政策，与现实不相协调。

（三）文教类民族政策在恩施州实践中存在的困难与问题

（1）民族教育政策实施中存在的问题。近年来湖北省出台了《省人民政府关于加快发展民族教育的实施意见》，推进民族地区教育事业发展。但由于历史、自然等原因，仍面临困难和问题。一是基础教育水平总体偏低。恩施州基础教育普及程度低于全省平均水平，教育投入对民族地区的支持力度低，各地区教师流失、超编现象严重。教育资源城乡差距大。以教师为例，稍好老师调进县城或县城附近乡镇，然后从小学抽教师弥补中学师资，再招代课老师弥补小学师资。二是职业技术教育薄弱。随着经济发展，社会对专业人才的需求不断增加，对专业技术人员提出了新要求。然而恩施民族职业技术教育在民族教育中是一个薄弱环节，重视不够、投入不足、设备简陋等问题一直困扰民族职业技术教育的发展。三是高等教育发展缓慢。在省委省政府的关心和重视下，民族高等教育有了一定发展，但存在的困难和问题较多。主要表现为民族高等教育投入不足，辖区内的湖北民族学院虽然近年来有一定发展，但其硬件设施与大学的要求有较大差距，满足不了教学发展的需要，制约了学校进一步发展。

（2）民族文化政策实施中存在的问题。一是传统文化保护与开发中的矛盾冲突。有的地方存在"建设性破坏"和"破坏性建设"现象；有的民间盲目性、自发性开发现象突出；有的片面追求文化开发的短期经济效益；有的任意曲解滥用民族传统文化，将民族传统文化庸俗化；有的民族特色文化正在加速消失，代之而起的完全是充满现代气息的市场文化。这些问题严重影响民族感情和民族团结。二是民族文化保护重要性的认识不够，民族文化保护力度欠缺。由于该地区文化事业严重滞后，抢救不力，大量民间古籍散存民间，正以惊人速度流失。随着民间艺人的年老去世，有的文本成为无人读懂的"天书"，各种形态的民间古籍不断消失。三是对民族文化的重要性和价值认识不足。有些领导注意力主要在招商引资、争取项目上，对教育文化问题不够重视。全社会未能真正认识到民族优秀传统文化是一个民族的重要特征，是一个民族重要的精神支柱；未能深刻认识传承和发展民族文化在促进民族文化多样性、建设文化强州、构建和谐社会方面的客观作用。

（四）社会类民族政策在恩施州实践中存在的困难与问题

（1）医疗卫生事业发展滞后。与经济社会发展和人民群众日益增长的医疗卫生服务需求相比，恩施州医疗资源供给不足。同时，医疗卫生资源布局不合理。基层医疗卫生机构服务能力不足，利用效率不高。城乡之间医疗资源分布不均衡，医疗卫生资源主要集中在城区。全州56%的执业医师、68%的执业护士、65%的病床、74%的业务用房、82%的万元以上医疗设备集中在县级及以上医疗卫生机构，农村卫生资源相对不足，乡镇卫生院设施设备依然落后，技术水平较低，服务设施不优，发展能力欠缺，基层卫生服务能力有待进一步提升。不少群众的基本医疗需求得不到有效保障。同时医疗服务需求多样化、多层次特征逐步显现，无法满足所有的医疗服务需求。

（2）精准脱贫任务繁重。贫困人口规模大，2014年全州建档立卡的农村人口规模有108万人，经过近几年减贫，目前贫困人口为60多万，约占全省人口的五分之一。这些人口要在2019年前脱贫，年需脱贫约20万人，平均每天脱贫500余人，工作难度大。这些贫困人口大多集中在深山区、高寒区、地方病高发区，自然条件恶劣，基础设施落后，产业结构单一，文化教育落后，交通信息不便，返贫率高。使这些贫困人口在2020年整体达到小康水平，有很大难度。农村整体收入水平和贫困人口所占比例反映出恩施州农民群体性贫困，扶贫攻坚压力大，精准扶贫、精准脱贫任务繁重。

四　中央和省民族政策在恩施州实践中存在问题的原因分析

由于政策的重复性、宏观性、不确定性和不可操作性以及政策落实的监督检查不够、民族地区争取力度不够等原因，有的政策存在难落实、落实不到位的问题，需要进一步加大政策的探讨与研究，增强政策的含金量与可操作性，明确刚性支持，减少弹性空间，按照中央民族工作会议精神要求，着力使政策支持成为推动民族地区经济社会发展及少数民族群众经济生活水平提高的有效抓手。

（一）投放在区域内的民族政策科学性和针对性不足

由于独特的历史条件和自然条件，恩施州的实际情况有着特殊性，因而投放在区域内的民族政策要具有适应性和针对性。一般情况是，中央针对全国民族地区出台民族政策，省一级往往就制定相应的实施意见，并没有考虑具体民族地区的实际情况而实施差别化的民族政策，导致民族政策针对性不足、科学性不足。这种中央普遍性的民族政策难以有效适应民族地方社会发展需要。民族政策是党和国家有意识地调节民族关系、控制民族问题发展方向的手段。因此，它要起到规范民族关系、正确解决民族问题的作用，其政策方案就必须符合民族问题发展变化客观规律，具有科学性。一项民族政策方案如果不能反映客观民族问题的实际情况，不符合大多数少数民族群众的愿望、利益和要求，那么这项民族政策就缺乏合理性。或者政策方案不是建立在充分的调查研究的基础上，而是部分符合了实际，部分则是主观臆想设计、制定出来的，那么，这项民族政策的实施就会遇到许多问题，或者难以推行。

（二）投放在区域内的民族政策缺乏具体性和明确性

民族政策要具体和明确，否则在实践中就会导致民族政策流失。民族政策的具体性主要指政策方案和目标的明确表述，政策措施和行动步骤的明确规定，也包括明确的理论前提和价值取向。如果一项民族政策目标不明确，方案含糊，给人以一种不知如何执行的感觉，那么自然就无法执行。比如说民族区域自治政策。仅有这一原则性的法律规定是很不够的，必须对这一政策启动有具体的规定，包括各自治地方制定自治条例和单行条例，国务院有关部门制定《民族区域自治法》规定实施细则或实施办法。多年来由于经济体制、政治体制上存在的种种弊端，在民族区域自治政策实践中，上级国家机关对自治机关的自治权尊重不够，对民族地区的特殊性照顾不够，政策中一般化、一刀切的规定不少，这些属于政策方案本身不完善的问题，势必会使政策执行得不顺畅。

(三) 区域内的民族政策存在不确定性现象

集中体现在民族政策缺乏延续性。民族政策的连续性指不同的政策之间、现在的政策和过去的政策之间，都应该有一定的内在联系。缺乏延续性主要表现在两个方面：一是中央和各部委出台新的有关民族政策的意见和决定，省级民族事务部门抛弃原有的民族政策，转而实施新的民族政策，使得原来实施的民族政策缺乏延续性。因而地方民族事务部门需要对本地方全面了解基础上，根据中央精神，制定相应的地方性民族政策。二是由于地方和省级民族事务部门人事调整，新上任领导推行新的做法，使原有政策不可持续，并逐渐消亡。因为民族政策反映了党和国家一个时期内在解决民族问题方面的基本倾向，因此，它必须保持相对的稳定和一致。如果民族政策变化多端、朝令夕改，那么执行起来必然困难重重。致使公众难以预期政府的行为，导致政府的公信力下降、威性受损，并容易激发矛盾，引发一系列问题，不利于社会和谐。

(四) 区域内少数民族干部综合素质存在偏差

任何一项民族政策最终都要由一定的执行人员去贯彻实施。少数民族干部是民族地区民族政策的具体执行者。民族政策执行人员的政策理论水平、行为意向、工作态度、知识结构和组织能力等构成了影响和制约民族政策执行的重要因素。一个政策理论水平高、知识面广、组织能力强的执行人员往往会全面、准确地理解民族政策并创造性地执行政策，弥补政策规划的不足，提高政策效益，使民族政策较好地规范民族关系，促进各民族协调发展，共同进步。反之，一个政策理论水平低、综合素质差、组织能力弱的执行人员往往会因为对民族政策理解不准确、贯彻不力、执行不全面等导致民族政策"失真"或"走样"，使民族政策流失或失效。因此，各级执行机关的执行人员在民族政策执行方面肩负着重要的责任。比如，恩施州内部分民族干部存在对民族文化的轻视和曲解的现象，显示出民族干部对民族文化本身认识不足。

(五) 少数民族自身对民族政策认识不深

政策方案执行能否达到预期目的并不是政策制定者一厢情愿的事情，

也不是政策执行者能够完全决定的事情，而是与广大的政策对象即政策作用影响的目标有直接的关系。政策对象的思想和行为在一定的社会环境下会形成固定的习惯和行为模式，对这些习惯和行为模式进行改变可能会遇到很大的阻力，如果政策对政策对象行为的调整与他们原来习惯的思想和行为差距较大，要达到政策目标就会比较困难。比如为扶持少数民族农民发展经济作物，国家投入了大笔资金用于购买种苗及对农民进行土地补贴。农民种上作物后很少去管理，只是套取政府补贴，补贴期满后把种植的作物毁掉。农民自身把政府的投入和扶持当作儿戏，因而发展致富困难。另外在对待本民族的发展进步和外民族的先进经验上，也存在安于现状、故步自封、不思改革、不求上进、不乐意学习和接受其他民族的先进经验的现象。凡此种种认识，对民族政策的执行而言都是较大的障碍。

（六）民族政策落实监督检查不够

中央和省为恩施州投放了一系列扶持恩施州发展的民族政策。在中央各部委出台民族政策后，省及省级相关部门往往就政策的落地制定相应的实施意见，然后由相应部门具体落实。一项民族政策从出台到具体在民族地区实施，需要经过很多环节。每一环节的懈怠都会导致民族政策在实践中走样。因而民族政策执行过程中的监督很重要。但在政策执行过程中，少有对民族政策执行过程的监督与检查，因而民族政策在实践中往往没有得到有效落实。监督检查是指党、国家和社会团体及其工作人员、人民群众等为保证政策方案的认真落实而对政策执行进行的监督和检查活动。在政策执行过程中，由于政策执行者认识上的偏差和差异等原因而有可能导致不能正确地执行政策，或由于政策制定者和政策执行者之间在利益和价值目标上的不一致等，都有可能导致政策执行活动偏离政策目标。为了保证政策方案的全面执行和落实，需要对政策执行过程进行认真的监督检查。现代政策理论认为，政策执行过程中的对政策执行进行的监督检查是当代政策活动的重要方面和重要部分。

五　中央和省民族政策在民族地方有效实施的对策建议

（一）围绕中心任务实施差别化的政策扶持

实施差别化的民族政策主要突出民族政策的科学性和针对性。一项民族政策方案不是建立在充分的调查研究的基础上，而是部分符合了实际，部分则是主观臆想设计、制定出来的，那么，这项民族政策的实施就会遇到许多问题，或者难以推行。恩施州是民族地区、革命老区和国家级贫困地区，又是全国最年轻的自治州，其地位具有特殊性。需要相关部门结合恩施州实际，在原有的普惠性扶持政策基础上，实施更有针对性的、特殊优惠性的差别化扶持政策。进一步完善投资促进机制，加大资金投入力度；实行特殊的税收政策，对国家鼓励从事的产业和项目实行税收优惠，增加中央税收地方留成部分，提高地方政府税收自主权；实行特殊的金融支持政策，全面增强恩施州自我发展和实现跨越发展的能力。

（二）出台扶持民族地方发展的具体政策

目前国家关于自治地方的法规只有《民族区域自治法》和国务院《实施〈民族区域自治法〉若干规定》，但缺少具体政策支持，特别是自治州缺乏相应自主权，制约了发展步伐。建议从国家层面研究出台支持民族自治州发展的具体政策，同时责成省级政府出台刚性政策，共同推动民族自治州的发展。同时为推动民族政策的落地生根，每项民族政策都要出台相应细则来支持。以《武陵山片区区域发展与扶贫攻坚规划》为例，其实施以来，有力地推动了武陵山片区区域经济社会发展，可是由于没有相应的实施细则和刚性支持政策，缺乏相关责任主体单位，规划中提及的扶持政策、项目和资金难以落到实处，也没有形成跨区域协同发展的合力。为此，请求国家尽快出台具体的实施细则和配套支持政策，明确相关责任主体单位，建立片区协调联动机制，协调国家有关部委和发达地区与武陵山片区建立对口帮扶机制，合力推进规划实施，进一步加大《规划》重点项目落实力度。

(三) 完善民族政策实施过程中的监督环节

在民族政策执行过程中，对政策执行进行的监督检查是不可或缺的方面，因而要加强对民族政策实施过程中的监督和检查。在实际操作中，对民族政策执行进行监督可以包括多种形式，如专门监督和一般监督、自我监督和外部监督、公众和社会舆论的监督等。另外对政策执行进行检查也是保证民族政策有效实施的一种重要手段。对民族政策执行的检查要避免流于形式，检查活动也不仅仅局限于上级对下级的检查，也可以采取下级对上级的检查，互相进行检查，形成一种良性互动，以推动政策的有效执行。监督通常是与一定的惩罚机制联系在一起，政策执行者必须认真履行政策执行职责的约束条件，在进行监督检查的过程中，不仅仅是发现问题、克服缺点、纠正错误，也要注意总结成功的经验。当前需要清理违背中央政策的配套文件，严格执行中共中央国务院《关于深入实施西部大开发战略的若干意见》、《中华人民共和国民族区域自治法》、国务院《实施〈民族区域自治法〉若干规定》、中共中央国务院《武陵山片区区域发展与扶贫攻坚规划（2011—2020）》等文件，维护国家宏观战略决策的权威性。

(四) 进一步提升少数民族干部的综合素质

民族干部在民族政策执行中有着至关重要的作用，因而加强培训提高民族干部的综合素质是促进民族政策有效实施的重要内容。一是要提高民族政策的执行者的马克思主义民族理论和民族政策水平。由于民族政策执行不是一个简单的照章办事的过程，政策执行者的主观能动作用对于政策执行的成败有十分重要的作用。政策执行人员对每一个执行事项，都要根据不同的时间、地点和事件，权衡其轻重，斟酌其缓急，然后再做出各种不同的调适。二是要提高民族干部的政治觉悟和思想水平，要求民族干部树立全心全意为少数民族服务的思想，以维护民族平等团结、各民族共同发展进步为己任。三是不断提升民族干部的知识水平和业务工作能力。一个合格的民族政策执行者必须具备多方面的知识，不仅应熟练地掌握马克思主义民族理论和党的民族政策，而且还应广泛地了解政治学、社会学、管理学、社会心理学以及法学等其他领域的相关知识，了解国内政治经济形势的发展变化和国际环境的变化趋势，只有这样，才能在民族政策执行过程中取得较大的主动权。

（五）加大民族政策在基层民众中的宣传力度

民族政策的直接对象是少数民族群众，他们对民族政策的认识程度与认识水平对民族政策有效实施有重要影响，因而需要加强民族政策在基层民众中的宣传，增强少数民族群众对民族政策的认同感，从而增强民族政策的执行效果。因此，在政策执行过程中，需要政策执行者根据不同政策对象的实际情况，充分做好宣传教育和说服工作，运用各种方式，适应政策对象的特点说明政策的内容和意义，提高政策对象对政策执行的认同感。另外，在具体实践中需要高度重视民族地区人们的思想教育，更新其观念，将其视为经济发展、民族振兴、共同繁荣的先导。因此，在民族政策执行中往往需要针对各民族群体的行为特点，采取渐进的方式，以利于广大少数民族对民族政策的接受。

（执笔人：邱世兵　项目组：洪雁　唐卫青　邱世兵）

武陵山片区精准扶贫中易地搬迁农民生存状态调查

一 前言

易地扶贫搬迁是我国新世纪扶贫工作的重要举措，旨在通过对生存环境恶劣地区的农村贫困人口实施易地搬迁安置，根本改善其生存和发展环境，实现脱贫致富。自2001年国家计委出台《关于易地扶贫搬迁试点工程的实施意见》以来，易地扶贫搬迁在我国逐步实施。党的十八大以后，随着精准扶贫战略的实施，易地扶贫搬迁工作进入新阶段。其间国家发展改革委先后印发了《易地扶贫搬迁"十一五"规划》《易地扶贫搬迁"十二五"规划》《易地扶贫搬迁"十三五"规划》。

易地搬迁后，贫困农民住上了新房，居住环境发生了新的变化。可易地搬迁农民的脱贫状况怎样？他们的生存状态如何？他们的生活面临哪些困难与问题？他们如何看待这些问题？又如何认识和看待他们的未来？这是本研究着力探讨的问题。为此，本研究主要以我国中西部交界地带的武陵山片区为研究对象区域，选择1—2个易地扶贫搬迁的集中安置点，主要运用社会学、人类学研究方法，对该类型区域的易地扶贫搬迁问题展开研究。

武陵山片区是我国集中连片特困区，是国家扶贫攻坚示范区，区域内扶贫攻坚任务重大。党的十八大以来，易地扶贫搬迁作为精准扶贫的重要举措，在该片区取得了阶段性成果。以恩施州为例，截至2019年8

月，全州共计完成240291人建房任务，累积搬迁入住232320人，累计拆出旧房53930户。本研究主要采用方便抽样和随机抽样的方式确定研究对象。研究中通过恩施州扶贫办的熟人关系介绍，选择恩施市芭蕉乡的吴家湾安置点、三岔乡集镇阳家坪安置点和利川市杨柳村安置点三个社区开展研究。本研究主要聚焦于易地搬迁农民的生存状态，通过系统的人类学考察，了解他们的生存状态及其面临的实际问题，并进一步挖掘问题的发生机制，探讨问题的应对策略。

本报告首先阐述易地搬迁农民的新区生活：集中安置的易地搬迁农民与迁入地居民生活在两个不同的世界中，他们从事不同工作，在不同层次地方消费，与当地居民较少往来。他们生活在同一个地方，但构成了两个世界，就是人类学领域所说的"二元社区"。其次，阐述新社区系统的运行，并对其功能展开分析。由于传统农耕生计方式及其生活方式的惯性影响，易地搬迁农民对城镇和集中社区生活方式不适应，主要表现为文化适应障碍和社会交往困难，在集镇市场化竞争中缺乏市场竞争经验和文化。最后，报告透过调查和研究，提出易地搬迁后农民及其居住社区的生存与发展问题。扶持新迁入农民和本地农民带头人发展农村经济产业，鼓励农民参与，并采用多种方式吸纳就业人员，促进农民市民化。多种方式丰富社区文化生活，促进迁入农民与本地居民的交流与融合。同时，注重教育和职业技能培训，减少贫困代际传递。

本研究关于易地扶贫搬迁农民生存状态的调查结论，为地方政府及部门把握易地扶贫搬迁工作中的经验、认清易地搬迁工作中存在的问题、了解问题的发生机制、更好实施新一轮易地搬迁工作提供决策参考。同时，为及时跟进探索易地扶贫搬迁农民后续问题提供借鉴。

研究主要从易地搬迁农民的日常生活、经济状况、生计方式、文化适应、社会交往五个方面搜集资料，探讨他们的生存状态及其面临的困难和问题，同时在了解他们自身对未来的看法中寻找对策，并总结易地搬迁中的有益经验。本研究短时间住进所调查社区进行人类学的实地访谈和参与观察，通过有意识的观察，包括其生活起居状态和邻里交往等。通过拟定的观察提纲记录，搜集资料，详细了解他们的生活。主要就所研究的问题，分解为四个小问题，即易地扶贫搬迁农民的生存状态如何？他们生活面临着哪些困难和问题？他们如何看待和认识这些问题？易地扶贫搬迁农民如何认识和看待他们的未来？采用半结构式访谈方式展开访谈，并尽可能录音，搜集整理资料。

带着以上四个问题，课题组三名研究人员，2018年夏开始了在易地扶贫搬迁集中安置点的一周生活。2019年夏课题组成员赴原调查点再次回访与调查。

二　生活在易迁新居

（一）易地新居的第一印象

课题组成员分三组分别住进恩施州利川市东城街道办事处杨柳村易地扶贫安置点、恩施市三岔乡集镇安置点、恩施市芭蕉乡吴家湾村安置点进行实地考察。

1. 杨柳村安置点

田园、朝气、整齐、寂静构成了我们对杨柳村安置点的初步印象。从318国道分路下，过一个极速陡坡，到达山谷，山谷是一个大平坝，汽车穿过两旁垂柳的小河堤，我们到达了杨柳村易地扶贫搬迁安置点。

小区两边背靠斜坡，一侧是修建小区挖地基形成的平地。小区出口面对着田园和溪堤而建。沿着小溪水边用水泥浇筑的河堤，河堤一侧是垂柳，附近是农田，农田水稻绿油油，车大约行驶1公里，我们来到安置点旁。杨柳村安置点就在这样一个田园景观之内，景色非常优美。

站在溪堤连接小区的桥坝上，映入眼帘的几排红色大字。"杨柳村安置点"，"易地搬迁惠民生　贫困群众谢党恩"。看着小区房屋，内心真正感悟到党对困难群众的关怀，也体会到困难群众的心声。另一边是"乡村振兴战略：产业兴旺　生态宜居　乡风文明　治理有效　生活富裕"几排宣传标语。标语预示着易地搬迁的思路与政策。红色大字，格外显眼，给人一种朝气蓬勃的景象，似乎小区热火朝天。

跨过溪堤，往小区走去，一排整齐、崭新的房屋尽现眼前。小区房屋共有16栋，每栋楼房两层楼，屋顶用土家族传统文化理念设计，盖着瓦。小区新房呈弓形一致展开，每栋楼房由两家连体居住。

房屋整齐，居住户数不少，但仔细一看只有几户人家门开着。户外没有人影，一栋房屋内部两个老人正促膝畅谈。正打量中，对面一位较年轻的男主人看到了我们。简单问候和说明来意后，从其了解得知，其姓毛，小区内住进人户不足三分之一。住进的人中年轻人都出去打工了，留下来的都是老人和小孩。或者因为在外务工出现工伤的在家休息，他就是这种情况。小区表面上充满朝气，内部却显得这么寂静。

2. 三岔乡集镇安置点

都市、现代化、萧条与空巢构成对三岔乡集镇安置点的第一印象。

翻过凉风垭，穿过三岔集镇新区，在新区拔地而起的高楼中，我们找到了三岔镇阳家坪易地扶贫安置点。阳家坪集镇安置点与该集镇新区其他高楼没有什么不同，在惊喜中我们找到了安置点小区大楼。该安置点有四栋七层高的楼房。每栋左侧用红色油漆标识着"阳光花园①栋""阳光花园②栋""阳光花园③栋""阳光花园④栋"。"阳光花园"安置点高楼上的几幅标语，更让我们有现代都市化的感觉。为集镇上拔地而起的私人民房增添了许多现代化气息。易地搬迁农民住进了堪比城市楼房的高大上小区。

小区还有很多现代化元素。一楼为恩鹤公路临街门面，2—6层为安置房。走进小区，首先映入眼帘的是"三岔镇电商服务中心"，一楼透明的玻璃，宽敞的大厅，似为城市繁华地带的临街门面，显示出都市商业化气息。入口处有显眼的斑马线，小区内部地面沥青铺就，印上黄线划定的一排排停车位，看不出这是一个贫困农民居住的小区。在小区旁边还有一个长长的文化长廊。小区铁杆上的路灯、用垃圾车运送垃圾的垃圾桶与城市大街没有两样。一位身穿黄色工作服的清洁工正在拣地上零星的纸屑。小区四周用栏杆围着。小区彰显人性化，每栋楼一楼都有外联单位和本小区业委会成员电话。

小区虽然现代化和都市化，临街崭新车位上没有停车，临街门面也大门紧锁，后来了解到这里的临街门面还没有租出去，主管部门拟寻找一位较有实力的老板，把小区一楼整体出租。我们进入小区1栋楼梯间，2—6楼住户门都紧锁。唯一听见高层楼中有一位大人正在训斥小孩。在一楼出口我们看见本小区业委会和楼栋长的联系方式，试图打了本栋楼楼栋长的电话，电话语音提示"您拨的电话号码不存在"。因为怕打扰住户我们离开了一栋。在三栋和四栋楼之间的停车位那里，我们遇到了小区的三位女主人，两位六十岁以上，一位五十多岁。从她们那里得知，小区只有不到一半的住户搬进来了。年轻人都外出务工去了，住在家的都是老弱病残，使小区显得萧条和寂静，小区出现空巢化现象。

3. 芭蕉吴家湾村安置点

田园幽静、现代化、产业化和乡村化，是芭蕉乡吴家湾村安置点给我们的第一印象。沿着209国道边走边问。在接近安置点的一片民居旁，我们看到一高耸的石头上写着"吴家湾"，预示着我们接近了目的地。"吴家湾"几个大字给乡间增添了厚重的文化感。拐一个弯，耸立在眼前的是三座高楼。该小区有现代都市化气息。高楼林立，为吴家湾增添现代气息，小区黑色沥青铺就的地面黑得发亮，小区有划定的机动车停车位和摩托车停车位，一楼还有一家装修豪华的生活超市——尚好佳超市，如果不看周围的环境，俨然是一个城市社区。

小区临公路是"甘溪茶叶交易中心"，交易中心宽敞明亮的玻璃门上"硒茶香万家　浓浓侗乡情"几个大字显示出产业化气息。宣传板上写着"鱼泉洞茶叶专业合作社"。在小区旁边工人们正凿着一块石基。后来了解到这里即将修建一个茶叶加工厂。芭蕉乡是茶叶之乡，全乡茶叶是主打产业，现有茶园面积6万亩，建成了"湖北省无性系良种茶园第一乡"。该乡生产的"恩施玉露"，历史悠久，中外驰名，1991年被评为湖北省优质产品，载入《中国名茶》名录。近年来，还研制了"龙潭翠峰""金星玉毫""炒青绿茶"等产品，这些产品多次在"鄂茶杯"评比中获金奖。自2003年开始举办"恩施茶叶文化节"，吸引了众多外地客商。吴家湾安置点借助产业优势发展产业扶贫。

小区背面和对面都是青山，景色秀美，小区不远处是茶叶园，走出小大门就是一片乡村气息，农村忙碌景象在这里尽显。芭蕉乡主要居住民族为侗族，素称侗族乡。迤逦清江沿乡而出，境内气候温和，土地肥沃，山川秀美，风光绮丽，民风淳朴，极具山区少数民族风情。2009年9月，芭蕉侗族乡被国务院表彰为"全国第五批民族团结进步模范集体"，被国家建设部等单位授予"全国环境优美乡镇"。

小区有较浓文化氛围。小区入口对面是红色油漆刷成的几个大字"搬迁架通小康桥，勤劳铺就致富路"，显示了小区人的精神理念。小区出口处，建有木格镶嵌的文化长廊，宣传忠义理智信，在楼栋之间有一个较大的休息区。长长的条椅黄得发光，还有一个崭新的乒乓球台。小区过道与休息广场之间用木栏杆拦着。这里俨然是一个功能齐全的城市小区，让周围人羡慕不已。

（二）喜悦、单调、压力与彷徨：易迁农民的生活

1. 街区式的"别墅"楼与单元楼：易迁农民的居住环境

精准扶贫中的易地搬迁政策为广大贫困农民解决了住房问题。易地搬迁后，农民们的居住环境发生了新变化，户户都住上了崭新的房屋，搬迁农民心情喜悦，内心由衷感谢党恩。

易地搬迁的一种安置方式是集中安置。集中安置是政府在集镇和公路沿线修建安置小区，各村无房或居住在边远偏僻地区的住户搬迁到集中安置点居住。在集镇居住的农民交通方便，上学、就医方便，解决了农民交通不便问题。易迁后农民们进入集镇或城市郊区，过上市民生活，脱离了以前农村生活，并带来了生活方式和生存方式的变化。安置点设置在公路沿线，解决了易迁人的交通问题和住房问题。他们仍住在乡村，乡村风景优美。部分农民仍然从事着农业生产维持生计，但主要生存方式还是务工。易迁后农民住进的新房宽敞明亮，室内布局合理、设施齐全。一般有一个客厅（兼餐厅），现代化厨房，干净的厕所，整齐的卧室。易迁人的居住环境让附近居民羡慕。

安置点房屋布局有两种。一种是单元楼房屋，每个小区4—5栋不等，每栋楼房高7层，每栋分1—2个单元。另一种房屋布局方式是别墅式小区，这类小区主要修建在乡村公路沿线的安置点。独立成栋，每栋两个住户，每栋1—2层楼不等，复式楼房，与农村传统民居差不多。

两种居住方式有所差异，单元楼住房是城镇小区式居住，别墅式住房是传统农村民居式居住。单元楼居住住户相对独立和封闭，不便于与楼栋或小区其他住户交往，只方便与邻里交往。别墅式居住相对开阔，出门便可以看见所有小区人的起居情况，方便于与整个社区所有人交往。与传统差别是，传统的分散住宿与集中安置的集中居住。相对来说，别墅式居住更有助于社区人际交往。

2. 老弱病残：留守社区的人群特征

集中安置点是按社区式安置，杨柳安置点的安置人数为102人，阳家坪安置点的安置人数为343人，吴家湾安置点的安置人数为381人。在调

查中发现各个社区人数不多，除了吴家湾社区，其他两个社区只有三分之一的住户搬进来，其他房屋虽然安置了，但主人仍在老家，处于观望之中。我们每到一处均是老人，少数家庭小孩在家，在已搬迁的农民之中，在家60岁以上老人40多位。在杨柳安置点我们到访的第一家，就是一位48岁的男主人在家，说明来意后，热情地招待我们进屋，主诉他因外出务工工伤正在家休息，右手食指不能弯曲，厂家赔付他6000多元，其儿子今年在外务工因意外——钢筋从其眼睛旁穿过，目前也在家休养，其儿子工伤赔付款项目前还未到位，因一家失去两个主要劳动力，现在一家无生活来源，主要靠赔付的6000多元过生活。在阳家坪社区，老人们说现在留在家的男子均是在外打工"失格"的人。留在家的少数青壮年劳动力都是有特殊情况，杨柳社区老胡52岁，在家附近务散工，主要是其妻子残疾，小孩10岁，无人照管。阳天坪社区李女士在家，主要是因为家里有三个小孩正在上学，无人照管。

3. 艰辛与单调：易地搬迁农民的日常生活

易地搬迁农民所集中安置的小区，与城市社区没有两样。在新的小区生活，所有开支都需要现金支付。由于易迁农民远离自己老家，一种靠传统农业生存的农民，在新的环境下不得不努力去赚取支付各种费用的开支。生活显得更加艰辛，阳家坪社区的张女士50多岁，丈夫多病，主要靠为附近农户做散工维持家庭生活，包括收割庄稼、种地、施肥，每天赚取70—80元，附近农户在需要劳力时就给她打电话。张女士说这种方式很辛苦，赚的钱不多，如果原来的老家交通稍微方便一点，她都不愿意搬到新的集中安置点来。没有文化和特长，自己在新社区安置点生活非常艰辛。张女士家每天吃两顿饭，间接表露吃饭成问题。

在我们所调查的三个安置点，社区功能并不齐全。在业余和文化活动方面的设施较少。在杨柳社区，农民们搬进社区已大半年，社区内没有娱乐休闲场所。社区地面因水泥标号低，灰尘严重，农民们无法开展活动。在调查中，我们发现小区人每天唯一的休闲方式就是沿着小区旁边的河堤往复循环地行走，单调无聊。小区网络电视时断时续。在阳天坪社区，我们在调查中发现，小区内除了行车道和停车位外，没有任何多余户外空间。由于离集镇还有一段距离，居民们每天主要坐在隔离小区停车位与绿化带的低矮砖石上聊天。这是他们唯一的户外休闲方式。

4. 外出务工和本地散工：易迁人的生计方式

易地搬迁农民大多来自偏僻地区和交通不便地区，绝大多数离安置地较远。易迁前大多是年轻人外出务工，老人妇女在家务农，务工收入不稳定，传统农业仍是易迁前保底生存的最后一道防线。易迁后，由于离老家较远，他们更是主要靠务工为生。易迁后的生计方式主要包括两类：外出务工和本地散工。

外出务工。由于本地区经济不发达，工厂企业较少，为本地人提供的相对稳定的工作较少，因此农民们多选择外出务工。调查中发现，年轻人外出务工部分进工厂企业做一线工人，部分到建筑工地做工，建筑工地收入相对较高。由于这些农民文化水平低，所以主要从事体力劳动。以杨柳安置点为例，搬来的 15 户人家中，有 11 户家人在建筑工地干活。三岔阳家坪调查的 15 户中，9 户家人在从事建筑工地和道路修建工作。外出务工的人中，也有部分人在做散工。

本地散工。在迁入安置点的农民中，有部分人由于特殊情况未能外出务工，主要在本地从事散工工作。本地散工主要有两类，一是在本地城区或集镇从事建筑小工工作（为专业师傅提供服务性工作）。阳家坪安置点老吴，主要是在恩施城区建筑工地从事小工工作。老吴夫妇每天早上 6：00 骑摩托车到恩施城区上班，晚上 6：30 从恩施城区返回住处，一天劳作可以获得 350 元工资。每天早出晚归主要是为了回家照看年迈的母亲。另一类散工主要是在农忙时节，为安置点附近农户帮忙做工，一般为在家妇女，她们为附近农民种地每天可挣到 80—100 元，除了种地之外附近的其他活也干。但她们的收入很不稳定，也没保证，主要看别人是否需要工人。

5. 一年一见的邻居与乡邻：易迁年轻人的社区交往

社区交往是建立熟人社会的重要方式。易迁人由于生计所迫常年外出务工，少了传统熟人社会的基础。务工的年轻人，包括部分中老年人，每年几乎只回家过春节，短暂春节后又融入巨大的打工人流之中。由于单元楼式居住，户与户之间串门相对较少，房间狭窄很难容纳大家在一起沟通和交流。同时受城市小区居住的影响，单元楼户与户之间门户紧闭，较少来往，且猜疑他人。因而社区人际交往相对变少。居住在同一社区，两年后彼此不认识的情况也常见。在传统村落，人们从小生活在同一地方，形成了熟人社会，生活在熟人社会中往往给人以精神安慰和寄托。现居住在相对陌生的社区里，即使回到家乡也没有之前那种家的感觉。同时，在外务工的农民，在外地的生活中，他们总觉得自己是异乡人，没有融入当地社会；回到家乡新居后，同住一个小区，彼此互不认识，而且只是短暂居住，也觉得自己是异乡人。不能融入所生活的社会，安全感和精神生活质量很差。

易迁人的社区交往主要是常年在家的老人，他们相互之间交往较多。时间和空间给了老人们更多的交流机会。因此老人间关系融洽。杨柳社区的老吴说，易地搬迁户都是贫困户，否则不会搬过来。因为贫困他们处于共同的社会地位，有共同语言。同时各户都来自不同地方，住到一个社区后，他们都有结交他人和融入集体的愿望，他们都常常主动与人交流。老人们逐渐建立起了亲密的社会网络。年轻人的社区交往，都是由老年人牵线搭桥的。

6. 进退两难的取舍：易迁生活与传统生计

易迁给农民们带来了改变，但也让他们陷入了进退维谷的两难取舍之中。易迁给农民们带来的最大好处是交通和生活的便利。部分易迁农民迁来前，其老家交通不便。在政府精准扶贫异地安置政策出台后，农民们虽有很多顾虑，但还是突破障碍，搬出祖祖辈辈生活的老家。调查中阳家坪社区的张女士说：搬到集镇上来，我们生活无着落，在老家农村至少我们还可以种地维持生活，搬来后这里没有土地可种，生活困难。她说，如果老家有公路，交通稍微方便一点，他们家都不会搬来。杨柳安置点的毛家搬来的一个重要原因是方便孙子上学，以前老家较远，交通不便，机耕公路车辆无法通行，甚至摩托车都无法通行，路边是悬崖，曾有人骑车路滑，摔死在悬崖下。为了下一代有一个较好的生活环境，他们选择搬过来。

易地搬迁后，这些长期从事传统农耕的农民，间接地失去了土地，因为新家离原来土地较远。同时新迁集镇或公路沿线没有厂房或公司供其就业，因而生计问题面临挑战。由于易迁人多为传统农民，思想比较保守，生活技能相对单一，又失去了土地，因而常常处于进退维谷之中。部分农民选择住在新安置区，又回老家重操旧业——种地，以此维持生计。因为搬迁后老家房屋已还为耕地和林地，他们往往住在亲戚或熟人家，在工作稍闲时，又回到安置点的新家中。新家对他们来说成了"旅店"。安置点与老家路程相距较远，花费了他们大量精力，种地成本大大增加，但他们仍然往返或徘徊于集中安置点与老家之间，似乎更为辛苦劳累。这是他们面对现实与困境做出的艰难选择。

7. 焦虑与彷徨的下月：后续生活持续的担忧

对易迁人来说，他们最大的困惑就是没有收入来源。唯一依靠的是家庭主心骨外出务工收入。若运气好他们生活质量相对高些。如果发生意外，他们变得更加焦虑和彷徨。杨柳社区的老胡，50多岁，早上骑摩托进城务散工，他说务散工要做一天，才有一天的工资，近三个月来共计做了20多个工，所有的做工收入用来维持家里三口人的开支——上小学的儿子和残疾妻子。他每天都生活在焦虑与彷徨之中，担心明天生活何以持续。原来在老家，也主要是在附近务工。但没有工可做时，在家务农，务农虽性价比不高，但基本能维持家庭生活。离开老家没有土地，回家种地成本太高，收益较低又不划算。在与老胡的交流中可以看出，他显得十分疲惫，又十分无奈，但他仍信心坚定，因为他是家里唯一的顶梁柱。

吴家湾的李大妈，主要靠政府低保维持生活。目前低保资助费用不高，市场上物价较高，低保没有与市场物价同比例增长。生活艰辛。同时自己没有其他任何生活来源。在吴家湾小区，我们访谈了吴大妈，67岁，有一个儿子（未婚）在恩施城内务工，每年回家一次，从来未给过吴大妈一分钱。吴大妈年老丧失劳动力，偶尔去给附近居民采茶挣点外快。因为生活一切开支都需要钱，吴大妈每天过着不超过5元生活费的生活。进一步追问时，大妈悄悄地擦着泪珠。另外在吴家湾社区，我们看到小区一楼有一个茶叶交易中心，是市政府扶持的为集中安置居民点提供劳务的试点，但大门紧闭。在其大门前的宣传栏上面写着收购贫困户产品、吸纳贫困户就业、贫困户入股分红、无偿帮扶物资等扶持措施。详细了解得知这个交易中心还没开办起来。

阳家坪的张女士，丈夫外出务工受伤，现在家里休息，没有任何经济来源，主要靠工伤补偿维持生计，特别担心补偿金用完后的生活问题。调查中她特别期望能有一个地方可以就业。

三 喜忧参半的易迁分析

（一）农民生存状态带来的新变化

（1）易迁打下了农民脱贫致富的基础。易地扶贫搬迁的根本目的是解决居住在"一方水土养不好一方人"地区贫困人口脱贫发展问题。搬迁后的农民从条件恶劣环境搬迁到生存条件较好的地方居住，从根本上改变了生存环境，为脱贫致富打下基础。同时在中国农村，拥有一套较好住房是农民一生最大的事业，易地扶贫搬迁，全面实施"交钥匙"工程，解决了农民奋斗的重大开支问题。农民可把其他经济收入作为提升自身生活质量，为易迁农民脱贫致富基础。

（2）易迁使党在群众中的威信与形象大改变。在调查中，老百姓说得最多、最由衷的是对党和国家的赞美与感激。"现在的政府真好""现在政府太好了""共产党真好"是易迁农民生存环境彻底改变后内心喜悦的言表。特别是农村年长老人对精准扶贫，特别是易迁扶贫政策充满无限赞美。因老人们长期生活在偏远农村，经过困难年代，对恶劣环境感悟深刻，他们说起对党和政府的感恩有时双眼噙着泪珠。扶贫得民心，体现党的政策的正确性，体现党的群众路线和人民群众基础。这是社会主义的优越性的现实体现。

（3）易迁实现了农村空间格局再造。易地搬迁也是一次农村大移民。在此次整个易地扶贫搬迁中，恩施州将搬迁近25万人，拆除旧房近8万户。易迁后，农民由原来的分散居住，聚居到交通便利的社区或集镇，实现了农村空间格局再造。这种空间格局具体表现为农民居住地点的位移，以及居住方式的变化——集中居住。新居住地随着安置房的建设，集镇规模不断扩大。原居住地随着宅基地复垦和生态系统修复，变成绿水青山。

（4）易迁为农村现代化发展打下基础。易地搬迁带来的是农村现代化发展。易迁集中安置地现代化的街区式建筑，齐全的配置，方便的交通，充满着现代化气息。农民在居住、出行、用水、用电、上学等方面彻底改变了旧面貌。这为农村现代化发展打下了基础。同时易迁农民入住城镇安置点，扩大了城镇规模，推动城镇化发展。城乡人口结构的变化必然会带来产业结构的变化。这也为今后农村发展指明了路向。

（二）易迁后农民生存状态存在的问题

易地扶贫搬迁改变了农村面貌，改善了农民生存状况，但也存在一系列问题：

（1）易迁给农民生计适应带来的困扰。易迁后农民居住条件和生活环境发生了重大变化，但却给易迁后的农民生计带来诸多困扰。农民们离开故土，来到一个新地方，虽然有便捷的交通和较好的住房，但没有了土地。而土地是农民最重要的生产资料——对传统农民来说尤其如此。土地是农民生活资料的来源，没有土地，农民就没有粮食。这对农民来说是致命的。调查中一些农民说到，他们有时每天白天回老家种地，晚上回到易迁新家中；有时每次专程回老家集中耕作2—3天。同时因老家房屋已被撤，在回老家耕作期间他们不得不搭棚露宿或寄宿在亲友家中。在杨柳村、吴家湾和阳天坪社区，青壮年们主要靠外出务工维持家庭生活。而那些仍然坚持回老家从事农业耕作的主要是部分老人和因家庭特殊情况不得不留守在家中的中青年农民。同时易迁人多数是传统农民，他们市场观念淡薄。留守在易迁新居的农民，除外出务工的家人寄回生活费外，没有其他生活来源。易迁农民所有吃穿住行必需品都靠购买，而诸如蔬菜价格较高等因素，使农民生活仍然拮据。在与当地人的比较中，农民们的生存状况仍然艰辛。

（2）易迁给农民文化适应带来的困扰。易迁农民的安置点多在集镇。集镇的集市生活、社区生活属于城镇文化和市民文化。而易迁农民长期生活在农村，传统农耕文化意识浓厚。易迁人还没有跨越农耕文化与集市文化的鸿沟。同时集中安置的农民多是来自不同地方，他们彼此互不认识，属于陌生人社会或半熟人社会，且彼此间的亚文化和生活习惯也不一致。居住在同一社区的易迁农民之间虽然友好，但因彼此间亚文化的差异不能融入一起。特别是集镇文化和农村文化的差异，彼此难以相互融入。集镇人市场意识强，看重利益，且因环境和人际关系熟悉处于强势和优势地位，而农民们多显得不自信。调查中，部分老人和妇女讲述到，他们一般都待在家，不愿外出聚会。一是因为他们彼此互不熟悉；二是因为他们经济条件差，自卑心较重而不愿与人交往。而这形成了社会学讲的"二元社区"。

（3）易迁后续关注不够给农民带来的担忧。时隔一年后（2019年7月），调查组再访杨柳村、吴家湾和阳天坪易迁安置点。调查组还专门再访了去年的调查对象。他们的生活和工作依旧那样，他们所期待的问题还是没解决。除少数安置点环境有些许改善外，其他社区环境仍然没变化。如杨柳村社区的道路还是没有硬化；老胡家从一楼到二楼的楼梯仍是毛坯；老胡仍早出晚归在城里做散工，也间歇地回老家打理田地。可惜毛家因被认定为骗贫困被遣回老家。芭蕉吴家湾茶叶厂建起，但茶叶市场未启动，同时茶厂中聘请的工人主要是原当地人；易迁农民主要是在采茶季节采茶挣点外快。阳天坪社区还是那么寂静；小区文化墙已脱落无人看管；一楼房子租出去了，但生意不够景气；电商除缴纳房租外，与社区居民没什么关系。除了住房外，易迁人生活质量没有什么提升。

（三）对上述问题的分析

易迁农民生存状态的上述状况可作如下分析：

（1）内生与外源。易地扶贫搬迁是政府自上而下的行为，是一种外源性生成。

在易迁中，政府出台政策和注入资金，为老百姓选址建房。这一政策行为正好适应贫困农民住房刚需。虽然易迁中强调农民自愿选择，但总体来看，这种政策导向行为是一种外源性塑造。农民们离开祖辈生活的故土，离开养育自己成长的土地，来到一个较为陌生的地方，在这里他们没有了土地，与彼此互相不了解且存在亚文化差异的人一起居住。内生型社区，是指通过自然迁徙和自然流动状态所形成的居住社区。农民居住在这种外源性社区，存在水土不服问题。如上文分析中农民存在的经济生活方式的困扰、文化生活方式的困扰，就是外源性生成的现象。而改变这种状态的出路就是从内生出发，以自身力量为主，借助外部力量，实现有效的转化和结合。

（2）断裂与弥合。易迁农民在一夜间掀掉农村原来住房，搬到集镇街区文化社区居住。而两个居住地点，是两种不同文化的差异，乃至两种不同文明的差异。农民搬进新社区，其传统农耕文化在新社区形成了断裂。这种断裂包括经济和文化两个方面。经济上直接表现为生计方式的断裂;文化上体现为文化习惯和精神生活的断裂。扎根在农民内心深处的农村文化和农耕文化被阻断,而现实眼前的是城镇街区新文化。城镇文化和农村文化的差异是传统与现代的差异。易迁农民的生计和文化生活在短期内突然断裂,造成农民对这种断裂的严重不适应,因而农民们感到困惑、迷茫,形成精神上的痛苦和无助。对这种断裂,当下最需要弥合。弥合的方式就是在农村与城镇、传统与现代之间寻找结合点。

(3) 破茧与蜕变。破茧指蚕咬破蚕茧通过痛苦挣扎化为蝴蝶的过程;蜕变指蚕破茧后化成蝴蝶。两者合在一起就是比喻事物由一种状态转变成另一种状态,经过浴火重生,经过锻造打磨历练,由平凡变得华丽辉煌。易地扶贫搬迁中农民在政府和社会帮助下走出贫瘠土地和偏远山区,融入现代化城镇或集镇。这已实现了破茧,已实现了生存环境的根本蜕变。新入社区的所有困难,所有不适应都是转型过程中的必经之路。破茧有自然破茧和外源破茧。由政府和社会帮扶下的易地扶贫搬迁是在外力作用下的转型与蜕变。这一过程有许多不适,但这是以最短时间形成的蜕变过程。度过这个蜕变期,不适状态就会发生根本变化。但由于外力作用可能有些不成熟,因而需要更长的过程。实现这一蜕变后的调适也需要内部和外部力量共同作用。在此过程中既需要政府积极推动实现这种调适,也需要个体自身努力,主动作为,尽快实现这种蜕变。这种蜕变包括生存环境的破茧与蜕变、生计方式的破茧与蜕变、文化适应的破茧与蜕变。

四 困惑中的未来发展

如前所述,农民居住位置变化导致了适应环境的困惑,远离土地导致了生计困惑,文化亚文化的差异带来了文化适应困惑,未来生活不确定性带来了无限焦虑。这种困惑源于贫困农民自身的弱势地位,源于他们与市民竞争中的弱势地位,源于与政府抗衡中的弱势地位。在整个社会中,边远山区贫困农民是社会中的最弱势群体。易地扶贫搬迁,改善了贫困农民的生存环境,但贫困问题仍然需要社会持续不断地解决。

（一）政府主导是易迁社区脱贫致富的决定力量

几年来，在党的领导下，我国扶贫事业取得了很大进展，虽然党和政府提出2020年全面脱贫的目标，但是扶贫方式和工作粗糙带来的农民可持续发展能力、生存能力的提升仍然是一个问题。农村人口真正脱贫，根本摆脱贫困，独自走上致富道路还有一段距离。随着社会发展，绝对贫困越来越少，更多体现为相对贫困。在扶贫道路上我们仍有很长的路要走。就易地扶贫搬迁来说，易地扶贫搬迁中新社区产业结构的转型、新社区社会事业的发展等都需要政府持续注入力量。一是因扶贫济困是一项社会性事业。扶贫济困关乎民生、关乎社会稳定，今后包括易迁社区在内的脱贫致富之路仍然需要政府主导。二是就全国来说扶贫搬迁基数大。赋权增能的脱贫致富是一项巨大的事业。在中国，农村人口仍占中国人口的绝大多数，脱贫致富人口基数大，政府以外的其他组织无法胜任。三是市场不会关心弱者，只有通过政府的力量来实现资源再分配，同时体现社会主义的优越性。四是不断推进脱贫致富事业本身就是社会主义制度优越性的体现。

（二）贫困农民主体作用的发挥是脱贫致富的核心力量

发挥农民主体作用才能从本质上使农民走上脱贫致富道路。扶贫不是持续输入，最终落脚点是要达到依靠农民自身力量实现脱贫致富。易迁社会的发展及其脱贫致富之路主要还是依靠农民自身。如前所述，外来助力虽然重要，但所有助力都是外源性的。贫困社区要想真正脱贫致富，需要自身内力激发，需要自身可持续能力培养。把外源性力量转为内生性力量是脱贫致富的必由之路，否则会出现等、靠、要，以及永无休止帮扶的恶性循环。也就是在新时代扶贫致富工作中我们要通过教育提升、技术培训、政策宣传的方式，实现输血救济式扶贫到开发造血式扶贫，从而实现可持续造血式扶贫。另外，也只有发挥农民在脱贫致富中的主体作用才能形成内涵式脱贫。上文所述易迁农民生计方面的困惑、文化适应上的障碍，都是外援式扶贫导致的。只有农民作为主体力量自身参与扶贫所形成的适合自身的模式才是最优的。如果一切都靠外来的设计与打造，会造成扭曲人格和社会病态。

（三）产业结构转型升级是易迁社区今后产业发展路向

农民生活环境与生存方式的改变必然会导致产业结构的改变。易迁人从农村迁移到城镇或集中居住区域所形成的生存环境的改变，是从农村到城市的蜕变，是传统到现代的蜕变。

这种蜕变在经济上必然是产业结构的蜕变。同时产业结构的转型与升级，也是今后农村、农业发展的方向。今后我国要实现乡村振兴，其重要内容之一就是产业振兴。具体说就是实地农民实现经济的转型，由传统农业转为现代农业，转为服务业、加工业。这需要在政府的引导和扶持下，通过有实力的农户发展与农业相关的新产业，结合本地实际发展特色经济，实施农业合作社建设，推进乡村振兴与农村发展。一是在农村土地流转改革基础上，发展农村合作化产业。当前农业附加值低，农民大批外出务工，大批土地闲置，政府可出台优惠政策吸纳有一定实力的本地农户发展规模化农业，或开展农业加工，发展特色产业。二是根据山区生态优势，根据各地特色资源发展乡村旅游，大力发展第三产业。

（四）教育发展是易迁农民动力激发和可持续能力发展的根本路径

从未来发展来看，扶贫关键是扶能，也就是要致力促进贫困农民脱贫致富内在动力激发、自身能力提升、可持续能力打造，促进其生存能力、发展能力和可持续发展能力打造。而这一系列的提升都需要教育来实现。调查发现，在现代化的今天，易迁农民生计的不适应、文化的不适应，市场意识缺乏、竞争力弱势、思想保守、现代化意识缺乏，其重要原因就是所受的教育水平层次低。新生代农民的教育层次提升可从根本上解决脱贫致富问题。当前武陵民族地区的扶贫行动中教育扶贫相对弱化。诸如农村地区教学条件差、师资力量薄弱等许多问题短时期内无法解决。调查显示，在师资方面，由于城乡中小学教师缺口较大，区域内的基层乡村学校优秀教师绝大多数被选调到县城。乡镇学校每年注入的新生力量基本都是刚毕业的新教师，然后稍有经验他们又被调到县城。在访谈中，一位教师直言该校基本每隔二至三年教师多数被轮换。不少班级初中三年因教师调动需要换三位班主任老师。教育扶贫弱化的背后，其主要原因在于教育扶贫周期长、见效慢，难以体现短时见效的政绩提升。同时，乡镇及农村基础教育师资的匮乏，需要政府给予更多的重视。

（执笔人：邱世兵　项目组：黄晓波　谭俊峰　邱世兵）

第Ⅱ部分

理 论 探 索

少数民族传统文化的德育价值

价值是一事物表现出来的对另一事物的有用属性。探讨少数民族传统文化的德育价值就是研究少数民族传统文化对于少数民族道德教育的有用属性。本文对少数民族传统文化道德教育价值的探讨，就是力图深刻认识少数民族文化对少数民族道德教育的影响，以在少数民族道德教育过程中自觉利用和充分挖掘少数民族传统文化，增强少数民族道德教育实效性。少数民族传统文化的道德教育价值主要包括以下几个方面。

（一）民族传统文化的德育资源价值

资源是指人类可资利用的一切要素和价值。[①] 人类的一切活动都是依托于一定的资源来实现的，道德教育也如此。道德教育只有拥有了优质的资源，才能取得较好的道德教育效果。德育资源对于道德教育的重要性体现在以下几个方面：一是道德教育资源为道德教育活动过程提供加工对象。道德教育总是把一定的道德教育内容和承载道德教育信息的介体加工后传递给受教育者，而道德教育资源为道德教育这一过程提供加工对象。二是一定道德教育资源构造一定的道德教育环境。道德教育的实现总是依赖一定的条件，并在一定的道德教育环境中实现，在道德教育中道德教育资源形成一定的德育条件，并构成道德教育环境，促进道德素质的生成。三是道德教育资源为道德教育实践提供动力。道德教育

---

① 覃明兴：《大资源：现代社会发展的支撑系统》，《社会科学》1999 年第 5 期。

实践是一个复杂的过程，道德教育活动的有效推进需要物质和精神上的动力支撑，德育资源不断为德育活动提供动力，推动教育活动有效开展。

少数民族传统文化就是一种道德教育资源。"文化是指那些继承下来的、确立共同社会活动基础的观点、信仰、价值观和对世界认知的总和，是一群拥有同样传统的人所从事的活动和所拥有的思想观念的全部范围。"[①] 我国各民族在长期的历史发展中创造了灿烂的历史传统文化，这种文化是各民族道德教育的天然资源。这些文化既包括物质文化又包括精神文化，相应地，其所供的德育资源既包括物质形态的德育资源又包括精神形态的德育资源。少数民族在改造世界的过程中创造了丰富多彩的物质文化，这些物质文化就成为物质形态的道德教育资源，比如今天各民族开展道德教育的有形场所以及相关文物古迹就是物质形态的德育资源。物质形态的资源不单是物质形态本身，更重要的是这种物质所蕴含和传递的人文精神内涵，它们是优良的道德教育资源。同时，由于历史遭遇及自然生境等差异，各少数民族还创造了独特而灿烂的精神文化形态，形成了今天的精神形态德育资源，主要包括价值观、信仰、道德观念等。在道德教育实践中，德育工作者需要通过对物质形态和精神形态的德育资源进行加工，挖掘其所蕴涵的精神内核，并加工成受教育者易于接受的形式，以此转化为受教育者思想品德素质的一部分。

我国少数民族传统文化中蕴含着丰富的德育资源。这些德育资源的具体形式有如下体现。一是节日文化德育资源。我国各少数民族节日繁多，既有自古传承而来的传统节日，又有现代形成的各种节日，而且每一个节日又有其丰富的内容、多样的形式及浓厚的文化气息，是一种重要的道德教育资源。从道德教育角度上看，这些节日易于激起道德需要和激发道德情感，使少数民族形成一定的道德认知，从而产生道德情感和形成道德认同。比如，我国各少数民族大多都有祭拜祖先的节日，这种祭祀行为具有极强的人伦色彩，常常促使祭祀者回想起被祭者的音容笑貌和共度的美好时光，激起后人对长辈的感恩之心，而且这种节日活动所激发的感恩之情是其他方式的感恩教育所不可比拟的。我国少数民

---

① 吴建强：《大学学校文化及其对教师的影响——中英比较对我们的启示》，《教育学报》2005年第4期。

族文化中类似节日较多，节日文化的独特形式和丰富的内涵使少数民族在潜移默化中得到洗礼和教育，以此维系着少数民族地区和谐的社会关系。二是宗教文化德育资源。我国各少数民族大多有宗教信仰的传统，各种宗教经典蕴含着丰富的伦理思想，是一种较好的道德教育资源。比如《古兰经》中记述，穆斯林是兄弟，教胞；商业经营中公平交易，禁止食利剥削；战争中宽待俘虏，合理分配战利品，施舍济贫，善待孤儿；家庭生活中，孝敬父母，敦睦邻人等等。另外宗教活动也具有较强道德教育资源价值，有计划、有组织的宗教活动往往对其信徒在道德方面的影响有特殊的效果。三是禁忌文化德育资源。由于生活实践、社会环境的差异，我国各民族形成了具有不同内容和不同民族特点的原始禁忌。这些禁忌告诉人们应当做什么、不应当做什么，并通过无数代人的传递，形成了相对固定的行为规范。如彝族禁忌习俗中忌不尊重长者、忌揭人之短、忌取笑别人生理缺陷、忌在别人喜庆之日说不吉利的话。这些禁忌规范族内人普遍遵守、辈辈相传，在减少人们之间的冲突、调整人们之间的关系方面起到重要作用，是少数民族道德教育的重要资源。四是民族文学德育资源。少数民族文学是少数民族人民社会生活的真实反映，其形式包括神话、诗歌、小说、散文、戏剧等。这些文学形式通过生动的描述使少数民族朴素的内心世界得以形象展示，聆听、阅读、赏析民族民间文学会使人的内心得到道德的洗礼。比如神话，在少数民族地区大多数民族青少年都是在聆听上一辈人的神话故事中长大的，而他们又把这些神话故事传递给下一代，青少年们在聆听这些故事中得到许多道德方面的教诲，是一种重要的道德教育资源。

（二）民族传统文化的德育环境价值

环境是指环绕在人们生活周围并对人们产生某种影响的客观现实，是人们赖以生存和发展的自然条件和社会条件的总和。[①] 任何个体的成长都离不开环境的影响，道德教育也如此。一般来说，一定社会条件下产生的法律、道德等社会意识形态及其社会风俗习惯，为人们设计出道德行为规范，形成道德环境，制约和影响着人们的言行。个体的道德品质

---

① 沈国权：《思想政治教育环境论》，复旦大学出版社 2002 年版，第 27 页。

就是在这样的环境中形成的。正因为如此，马克思指出："人们的观念、观点和概念，一句话，人们的意识，随着人们的生活条件、人们的社会关系、人们的社会存在的改变而改变。"① 一个民族、一个地区甚至一个组织或更小的群体也如此，由于各自有着自己独特的传统风俗、风土人情和语言文化，其独特的文化环境影响着个体道德品质的生成。恩格斯指出："善恶观念从一个民族到另一个民族、从一个时代到另一个时代变更得这样厉害，以致它们常常是相互直接矛盾的。"② 这告诉我们，个体道德品质的形成深受其所处社会环境的影响。马克思进一步指出，"人的本质不是单个人所固有的抽象物，在其现实性上，它是一切社会关系的总和"③。个体道德素质的形成总是受着社会环境的制约，道德教育环境是人们的道德赖以形成和发展的条件，道德教育环境的优劣直接关系到道德教育的成败。

少数民族文化形成了少数民族道德教育环境。我国各少数民族都创造了各自灿烂的民族文化，这些文化对少数民族产生着深刻影响，它深深地积淀在本民族主体的心理结构之中，构成少数民族思想和行为形成的外部条件，对本民族产生着深刻影响，形成了少数民族道德教育环境。如上文所述，文化包括物质文化和精神文化，相应少数民族道德教育环境可分为物质文化环境和精神文化环境，包括文化古迹、传统建筑等在内的物质文化形态形成少数民族道德教育的物态文化环境。物态文化环境是少数民族的独特的创造，渗透着其人文精神，影响着少数民族道德素质的形成。在精神形态方面，我国各少数民族也创造了灿烂的精神文化，包括各民族在历史中形成的风俗习惯、制度规范、文学艺术、科学技术、宗教信仰、规约制度等，这些精神形态文化形成了少数民族道德教育的精神形态文化环境。物质形态的文化和精神形态的文化影响着少数民族个体道德素质的生成，共同构成少数民族道德教育的大环境。

少数民族文化是一种德育环境的具体体现。少数民族文化作为道德教育的外在环境主要是指少数民族文化的各种具体形态，诸如少数民族

---

① 《马克思恩格斯选集》第1卷，人民出版社1995年版，第291页。
② 《马克思恩格斯选集》第3卷，人民出版社1995年版，第433页。
③ 《马克思恩格斯选集》第1卷，人民出版社1995年版，第60页。

的价值观、行为规范、风俗习惯、物质文化和符号所构成的诸要素，构成少数民族道德教育的外部条件。首先，少数民族传统文化所体现的价值观是构成少数民族德育环境的核心内容。价值观是内在于人的行为准则。它把握着事物的整体倾向和方向，决定着人的一切具体外在的行为。当人们在与具体的文化规定发生冲突时，价值观帮助人们做出正确的行为选择。少数民族在长期的社会实践中，形成了一套一套的一般观念体系，即价值观。这些价值观使本民族人民在各种活动中有着相同的行为判断标准，并推动着本民族社会协调运转不断发展，从而组成少数民族德育文化环境的核心组成部分，促进少数民族个体的道德的生成。其次，少数民族的风俗习惯也是少数民族德育环境的重要内容。我国各少数民族在漫长的历史发展中创造了一系列约定俗成的风俗习惯和基本规范，这些风俗习惯和基本规范也是少数民族德育文化环境的重要组成部分。如土家族"赶过年"等节俗从不同角度反映了本族人的伦理道德和价值观念。我国少数民族社会中还存在着一些为大多数本民族人所接受的基本规范，这些规范是少数民族内部自身确立的，具有强制性和习惯性。除此之外，少数民族内部本身也形成了一定的道德准则，这些道德准则直接构成少数民族道德教育的基本内容，也是少数民族道德教育文化环境的组成部分。再次，少数民族文化中有形的物质文化也是少数民族道德教育文化环境的重要组成部分。物质文化是精神文化的载体，我国各少数民族在漫长的发展过程中创造了无数辉煌灿烂的物质产品，包括文物古迹、建筑设施以及现实生境，而这一切物质性的东西都留下了精神痕迹，使其获得了文化意义。特别是那些文物古迹和建筑设施一方面可使本民族穿越时空、再现自身，另一方面这些原先形成的物质性的有形文化对于后来者来说是一个既定的环境，影响着人们价值观的形成与变化、影响人们的行为，成为教化人的环境。另外，少数民族的语言文字也是少数民族德育文化环境的重要组成部分。语言文字是人类表达意义的工具，人们主要通过文字、数字以及图形等符号把个体复杂的信息传递给他人，并使人们理解所传递符号的意义。道德教育在某种意义上说就是一种符号解释过程，少数民族通过其语言使其文化中的规范、价值观等得到最完整的表述和理解，因而少数民族文字也是构成少数民族德育文化环境的重要内容。

(三) 民族传统文化的德育载体价值

载体本意是指能传递或运载其他物质的物质。被引入社会科学领域后主要被理解为承载知识和信息的物质形体。在道德教育中道德教育载体是指承载、传导道德教育要素，能为道德教育主体所运用并且主客体可以借此相互作用的物质和非物质介体。一方面，德育载体可使道德教育具体化，使道德教育形成具体的可实现形式。道德教育实际是指教育者根据一定社会的道德要求，对受教育者施加有组织、有计划的影响，使受教育者形成一定社会所期望的道德素质的过程。这是对道德教育过程的抽象概括，事实上思想道德过程总是具体的，比如学校通过参观历史文物开展道德教育或家庭通过宗教仪式和神话故事开展道德教育，这些都是一个一个具体的道德教育过程。这里历史文物、宗教仪式、神话故事就是道德教育的载体，这些载体使得道德教育过程具体化。另一方面，德育载体使道德教育诸要素相互连接起来，促成道德教育活动得以展开。一个道德教育事件主要包括道德教育的主体、道德教育客体以及道德教育介体，道德教育过程就是这几个因素相互连接、相互依赖、共同促进的过程，其中这几个因素就是通过载体这一形式连接起来，而使其相互发生作用。如果在道德教育中没有一种载体、没有一种媒介，道德教育就没有依托或依靠，不能成为一个现实运行的过程。

民族文化是一种道德教育载体。上述关于道德教育载体的界定包含着两个核心内容，一是德育载体必须承载一定的道德教育要素和道德教育精神，二是这一载体必须能够被教育主体所利用，使主客体可以借此产生互动。我们说民族文化是一种道德教育载体，主要是指民族文化具有承载道德教育要素并能为道德教育主体所利用的特征。不管是狭义文化还是广义文化，其内在的精神特质和外在表现都为其作为道德教育载体提供了根据和条件。比如语言符号，它是文化积淀储存的手段，任何文化的存在和发展都依赖于一套具有特定含义的符号和语言，文化各方面只有通过语言和符号才能反映和传承，本身是道德教育的载体，同时一个群体的语言符号本身也是这个群体的文化模式。道德教育的目的是向教育对象传递一定社会的道德规范，包括科学知识、文学艺术、制度文化在内的文化要素本身承载着一定的价值观和丰富道德教育信息，构成道德教育的载体，并在道德教育过程中为道德教育活动提供具体的加工对象，同时连接道德教育各个要素，促使道德教育活动得以运行。

民族文化是一种道德教育载体的主要体现。民族文化作为道德教育载体主要通过民族文化的具体形式体现出来。我国少数民族文化中具体形式的语言符号、传统仪式、风俗习惯、节日活动、文学艺术以及宗教活动等都承载着丰富的道德教育要素，形成少数民族道德教育的有效载体，这里主要对仪式、节日和宗教展开分析。一是传统仪式。我国各少数民族传统文化中有着各种各样的传统仪式，这些传统仪式不是简单的行为和过程，而是带有丰富的文化内涵，让人得到精神洗礼。比如少数民族的丧葬仪式，虽然各民族的丧葬习俗不一样，但这些习俗都体现了对年青一代的孝的教育，而且这种仪式的教育是其他任何形式的孝的教育不可比拟的。在操办丧事期间，孝男孝女、孝子孝媳要披麻戴孝，每天多次跪哭于灵前，还要大宴宾客，广发孝帕，这种礼仪不仅寄托了哀思，而且还是"孝"教育的有效形式。复杂纷繁的人生礼仪文化是少数民族传统文化的重要内容，少数民族青少年在这些仪式活动中接受着潜移默化的影响，使其成为道德教育的有效载体。二是节日活动。我国各少数民族都有本民族自己的节日，这些节日是少数民族文化的复合体。比如拉祜族有祖先崇拜的习俗，每年阴历七月十三到七月十五拉祜族向他们的祖先祭献物品，表示不忘祖先的恩德。在祭祀过程中通过叫魂、颂扬祖先恩德，重温祖先遗训，并告诫后人遵循祖先遗训。拉祜族的这一节日对于唤起青年人道德意识具有重要意义。少数民族的传统节日多种多样，这些节日所蕴含的优秀伦理道德教育传统，是对少数民族人民进行伦理道德教化的宝贵资源，这些节日的开展也是少数民族伦理道德教育的有效平台，从而使其形成少数民族道德教育的载体。三是宗教活动。我国少数民族中有为数不少的人信仰宗教。宗教虽然是非科学行为，但它从多种渠道塑造着人们的精神世界，并对人们的精神产生着深远影响。同时宗教本身也承载着很多的道德因素，特别是宗教本身的宗教道德对教徒的约束也是一般社会道德教育内容，它通过融入风俗习惯来熏陶、感染人的内心来内化行为规范形成意识品格，从而使得宗教活动成为少数民族道德教育的重要载体。比如《古兰经》中说，"你们应当崇拜真主，并当孝敬父母，和睦亲戚，怜恤孤儿，赈济贫民，对人说善言，谨守拜功，完细无课"；《圣经》中也说，"你要尽心尽性尽意爱主，这是诫命中的第一，且是最大的；其次也相仿，就是要爱人如己。这两条诫命是律法和先知一切道理的总纲"。可以看出宗教承载着丰富的道德教育内容。

（四）民族传统文化的德育方法价值

道德教育方法就是教育者在对受教育者开展道德教育过程中，为实现道德教育目标、传授道德教育内容所采用的与其相适应的方式和手段。道德教育目标的实现需要一定的方法去达成，如果只是制定了道德教育的目标，甚至有了科学的教育理论，但是如果方法不正确，就会导致预设目标难以达成。黑格尔曾经说过："方法是任何事物所不可抗拒的一种绝对的、唯一的、最高的、无限的力量；这是理性企图在每一个事物中发现和认识自己的意向。"① 道德教育实践也反复证明道德教育方法直接影响到道德教育的效果，在其他条件大致相同的情况下，由于教育者各自采取不同的方法，最终形成的道德教育效果完全不同。只有在具体道德教育实践中采用适合教育者、适合教育内容的方法才能使道德教育取得良好效果。总体来说，在道德教育中道德教育方法对于消化教育内容、提高教育效果、促成教育目标的实现具有重要意义，正如毛泽东同志所说，"我们不但要提出任务，而且要解决完成任务的方法问题。我们的任务是过河，但是没有桥或没有船就不能过。不解决桥和船的问题，过河就是一句空话。不解决方法问题，任务也只是瞎说一顿"②。

民族文化也具有德育方法价值。文化是人的生存和发展方式。马克思主义把文化与人作统一理解，认为文化在本质上就是人化，人通过自身自觉的劳动使自然变成人的作品，给世界的一切打上人的烙印，这一过程就是人化过程，也是文化过程。而道德是调节人与人在社会生活中各种关系的基本行为规范，这种行为规范就是在人自觉的劳动过程中产生，就是在人化或文化的过程中产生，相应个体道德教育的方式就蕴含在人化或文化的过程之中。文化方式就是一种道德形成和道德教育方式。

---

① 《马克思恩格斯选集》第1卷，人民出版社1995年版，第139页。
② 《毛泽东选集》第一卷，人民出版社1991年版，第139页。

人化的过程、文化的过程也是人类道德产生的过程，这是个体道德形成的自然过程。少数民族亦如此。少数民族文化方式本身也是一种道德教育方式，因此在少数民族道德教育过程中要充分利用文化促进个体道德的生成。充分利用民族文化形成民族道德品质是一种道德教育的方式和方法，即在少数民族道德教育中充分利用少数民族文化，让少数民族在学习、理解、感悟、体验自身文化的过程中，自觉或自主地对自身施加道德影响。也就是说在道德教育中不能就德育谈德育，而是在充分理解道德与文化关系的基础上，通过文化的方式传递道德教育内容，或通过文化载体传递道德教育内容，并通过采取少数民族易于接受的方式开展道德教育，这更能促成个体道德品质的形成。我国各少数民族都形成了自身独特的文化，在少数民族开展道德教育过程中，要采取少数民族易于接受的文化方式。文化性是德育的本质属性，道德教育只有转向为文化性德育、道德教育只有采用教育者易于接受的文化方式才能取得较好效果。

民族文化具有道德教育方法价值的具体表现形式。民族文化本身作为一种道德教育的方式和方法也主要体现在民族文化自身表现形态之中。少数民族传统文化的具体表现形态有民族文学、民族风俗、民族宗教、民族规约等，民族文化作为一种道德教育方式也具体体现在这些形态之中，也即具体形态的民族文化也体现出一种道德教育的方式与方法，而且这种方式与方法与民族文化密切联系，并对增强少数民族道德教育实效性具有重要意义。一是民族宗教所体现的道德教育方式与方法。宗教信仰是指人对其所信仰的对象由衷的崇拜而产生的一种坚信和仰慕的心理状态。宗教组织依据个体对其信仰神灵的由衷信仰，而敦促其信徒信奉神灵所"订下"的道德律令，同时信徒由于对信仰对象的虔诚信仰，进而会信仰相应的道德原则。在宗教活动中宗教组织通过各种形式告诫其信徒遵守相关原则，进而使其道德规范得以维持和坚守。民族宗教所体现的道德教育方式实质是一种信仰教育的道德教育方式。二是民族习俗的道德教育方式与方法。民族习俗是具有特定文化的群体在长期历史中形成的由本族人民共同遵守的模式和规范。这种风俗习惯和行为模式承载着一定的价值观念和道德要求，本民族在遵守和奉行本民族习俗的过程中，其中的价值和道德观念得到传承。民族风俗的德育方法意义更在于作为一种日常行为把道德教育融入个体的生活，同时通过形式多样的活动过程把道德观念注入个体的内心，个体亲身实践的行为过程在他们一生中将留下深刻的记忆。三是民族文学所体现的道德教育方式与方法。我国各少数民族创造了本民族丰富的文学资源，包括神话、诗歌、小说等，这些文学形式对个体道德教育的感染有着独特形式。比如少数民族神话，它是以文学艺术的方式表达出少数民族人民对人与世界的关系的认识，并展现出少数民族人民的生活世界。这些神话故事在一代一代的少数民族人民中流传，对少数民族的道德和生命教育起到了重要作用。四是民族仪式文化所体现的道德教育方式与方法。我国各少数民族有着种类繁多的礼仪仪式，这些礼仪仪式承载着丰富的德育内容，开展这些礼仪仪式的过程其实就是对参与者实行道德教育的过程。比如有些民族有举行成年礼的习俗，这些成年礼都有一个隆重、庄严的仪式，宗教首脑、家族长老率领亲族友人、社区头人率领民众都来参加仪式，仪式由家族长老主持，气氛庄重肃穆。在正式的仪式过程中，主持人讲述本民族历史、伦理道德、宗教信仰、社会行为规范及生产生活知识，在此过程中在场所有的人都会受到深刻的道德教育和教诲。总之，民族文化的各种形态都包含着丰富的道德教育方式与方法，而且这些民族文化形态所体现的德育方式不止如此，更为重要的是民族文化所体现的道德教育方式与方法促成少数民族的道德教育具体化，促成少数民族道德教育与少数民族文化的结合，并强调在实践中采取少数民族易于接受的文化方式，这对于增强少数民族道德教育实效性具有重要意义。

（本文修改后发表于《学校党建与思想教育》2014 年第 10 期）

以文育德：一种少数民族道德教育的新路径[①]

少数民族德育是整个中华民族德育的重要组成部分。近年来，我国德育研究对少数民族德育对象的特殊性关注不够，尤其是对民族德育对象的文化性关注不够。民族在本质上是一个文化共同体。从文化人类学视角看，少数民族德育需要以少数民族文化为中心，把民族德育根植于民族文化之中，建立起一种以文化来培育个体德育的模式，即以文育德模式。这一模式强调把社会对少数民族的道德要求转换为适合少数民族传统文化的道德教育内容与形式，并采用少数民族文化易于接受的方式建构充满文化意蕴的道德教育环境，以实施少数民族道德教育。本文试对少数民族的"以文育德"模式展开探讨。

（一）现实困境：划一模式与特殊对象

在以往的少数民族德育中，我国形成了一种以汉文化为背景的道德教育模式。这一模式较少考虑各少数民族对象的特殊性，进而形成了我国少数民族道德教育的整齐划一模式与教育对象特殊性的矛盾。

我国少数民族道德教育形成了一种以汉文化为背景的"大一统"模式。由于政治与道德之间的密切关系，我国学校常把思想教育、政治教

---

① 本文中的"德育"概念坚持"守一而望多"的观点。所谓"守一"，意即德育就是道德教育，强调道德教育作为德育范畴的最基本的内涵；"望多"是指德育还应包括思想、政治教育等项基本的内涵。

育和道德教育融为一体。学校较少开设具有本土特色的校本道德教育课程，而把道德教育融于整个社会的大德育范畴之中。同时，教育主管部门按照整个社会德育目标要求也给各级各类学校设置了统一规范的课程体系和课程标准，如2004年教育部印发的《全日制普通高级中学思想政治课程标准》，2011年教育部印发的《义务教育思想品德课程标准（2011年版）》。高等学校也设置了统一规范的思想政治课程体系和大纲。这些各个层级的课程标准强调统一大纲、统一教材、统一课时，而且相关部门在思想道德教育的内容、方法、原则及实施等各方面都做了统一规定。这形成了我国思想道德教育的"大一统"模式。"大一统"的思想道德教育模式使全国各地、各类学生接受统一规范的思想道德教育。这有利于统一思想，有利于形成一致的思想道德观点和立场。但这种"大一统"的思想道德教育模式，在其内容、原则、方法上主要是以汉民族为背景建立起来的，主要适应于我国以汉民族为主的广大范围，而忽视了对我国少数民族的关照，也即忽视了以汉民族背景建立起来的思想道德体系对少数民族德育是否具有适切性问题。

由于自身文化传统和独特的现实生境，我国各少数民族也形成了以自身文化为基础的独特性。表现在以下方面：一是差异较大的生活习俗。少数民族都生活在各自不同的生活区域。由于彼此生活环境、经济状况和历史境遇不一样，各少数民族在衣、食、住、行以及生产、婚姻、节日等文化生活方面具有较大差异，而且在传统喜好、生活禁忌、习俗风尚方面也具有较大差别。二是各自有别的宗教信仰。各少数民族青少年由于受自身的文化传统影响，加之长期生活在边远落后地区，其科学知识相对缺乏，大多对宗教形成了一种特有的依赖和信仰。而且各民族的宗教信仰彼此不同，各种宗教在宗教教规、宗教仪式上也有着较大差异。三是彼此不同的心理特征。由于各自经济条件、文化传统和风俗惯例的差异，各民族形成了各具特色的心理特质、性格和行为模式。同时由于我国各少数民族大多生活在偏远高寒山区，交通不便、信息闭塞、居住分散，在心理特征上也形成了一种较为封闭保守、孤僻清高的民族心理和民族性格。四是各具特色的思维方式。我国各少数民族由于长期生活在贫困山区，环境封闭、经济落后。这种生态环境和经济环境使他们形成了独特的民族性格和思维方式。这种思维方式是他们认识客观世界、思考现实问题的思维模型和范式，而且这种模型和范式相对稳定，不会轻易改变。五是相互不同的价值坚守。我国境内的各少数民族，因各自文化传统、自然生境和生产生活方式的差异，也形成了各自独具特色的价值观念。且各民族间的价值观念彼此差异很大，甚至有的是截然相反。民族间的这种价值观念的差异也形成了各民族道德教育的独特性。

德育的"大一统"模式与少数民族德育对象的特殊性形成了我国少数民族德育领域的一对矛盾。教育理论认为适合教育对象的教育才是最好的教育。"大一统"的德育模式形成了德育要素的标准化，而标准化的德育要素不适应多样性的德育对象。这种在思想道德教育领域所采取的全国统一大纲、统一教材、统一课时的标准模式在一定程度上影响了不同群体思想道德教育的实际效果。因此，在少数民族思想道德教育中，需要实现全国一般性的道德教育内容规定、方式方法等德育要素与少数民族道德教育对象实际的有机结合。也即在具体思想道德教育实践中，教育者需要根据教育对象实际，把具有"普遍性"的思想道德内容转化为具体的、针对不同教育对象和教育群体实际的内容，把具有"普遍性"的思想道德教育方式方法转换为适应教育对象的德育方式与方法，以增强少数民族道德教育的针对性和实效性。

（二）以文育德：民族德育的出路选择

1. 以文育德的内涵

以往我国少数民族德育的汉文化模式针对性不强、实效性差。因而在少数民族道德教育实践中，我们需要根据少数民族文化实际，建立一种以少数民族传统文化为基础的文化德育新模式，即以文育德模式。以文育德，即以文化（特别是民族传统文化）来培育个体德性，这里主要是指在少数民族道德教育中，充分利用其民族文化要素，发挥文化的道德教育功能，实现以文化培育德育、文化润化德育和文化传承德育的目的。以文育德展现出道德教育全新范式。这一范式呈现了道德教育与文化的全新关系，强调道德教育的一切活动都要与文化有机结合。具体来说，以文育德的内涵理解包括以下几个方面：

第一，以文育德源于文化与道德教育的内在联系。道德是人在社会生活中处理人与人、人与社会、人与自然之间关系的最基本行为规范。①文化实质是不同人类群体的生活方式和共同遵守的行为模式，是一定社会人们之间的一种人文与人事关系的反映。②可以说道德和道德教育本身就是一种文化。一定的道德价值内涵总是蕴含于一定的文化之中。文化决定着道德的价值内涵，并构成道德教育的基础和核心。同时文化构成德育的资源与载体，文化构成道德生成的土壤、文化影响着德育对象的思维方式，文化决定着德育的内容和方法。道德与文化的这种密切关系要求道德教育必须植根于民族文化。这也是以文育德的内源性要求。

第二，以文育德强调德育的核心是对道德规范之价值内涵的教育。道德在具体实践中表现为一系列的道德规范。道德规范是人们在处理各种道德关系时所必须遵守的规则和规范，而道德规范的价值内涵是指道德规范背后所反映的人们之间的社会关系和文化关系。道德规范的价值内涵是产生和形成道德规范的基础。一切道德规范都要以道德规范的价值内涵为根据。在本质上，道德规范的价值内涵是人类的有效社会文化关系在道德领域的深层体现，是人类的有效社会文化关系在道德领域的抽象和理性表达。以文育德就是深入挖掘道德规范所体现的人文关系及其价值内涵，通过对人们之间社会人文关系和价值内涵的把握，来促成个体道德素质的生成。以文育德就是强调道德规范价值内涵之教育，以使教育对象认识到所开展的"道德教育"不是传统意义的规范教育，而是一种文化教育。

第三，以文育德强调德育实质是对道德规范背后的人文人事关系的教育。文化不是抽象的。它实质是主体间人文人事关系的反映。道德规范就是调节一定社会人们之间人文人事关系的规则与规范。道德教育需要把道德规范还原为现实社会中的人文人事关系，使德育对象在现实生活中、在自身的生存方式中体验或感受德育，以达成对社会共同行为模式的遵守，保持社会协调运转，不断向前发展。道德教育不能止于道德规范和道德内容的传递，更要注重阐释隐藏在道德规范和道德内容背后之人文人事关系，以使之得到沿袭与传承。这种基于文化的德育才是更

---

① 罗国杰：《马克思主义伦理学》，人民出版社1982年版，第4页。
② 殷海光：《中国文化的展望》，中国和平出版社1988年版，第34页。

为持久的。只有融入文化并体现为文化的德育才是真正的德育，也才会在道德教育实践中取得良好效果。

第四，以文育德强调把"文化"融贯于道德教育的各个要素和环节。道德教育活动既包含着一系列的环节和过程，也包含着一定的结构和要素。以文育德强调充分利用民族文化和社会文化要素，对德育对象实施全方位的思想道德教育，即要使文化融入道德教育的各个要素和环节，使之隐形地、无声地贯穿于德育对象学习、生活全过程，以对德育对象实现深度浸润。同时在道德教育实践中，我们也需要把文化贯穿于道德教育的各个要素和结构之中。我们只有深入挖掘文化与德育的内在联系，把民族文化置于道德教育的各个要素和结构之中，才能共同促进个体道德素质的有效生成。

第五，以文育德强调充分发挥文化的"润化"功能，以文化浸润德育。道德及道德教育蕴含于文化之中。文化构成个体道德生成的土壤与环境。以文育德就是充分利用文化来浸润德育，发挥文化引领、认同、固化、传承的作用，使德育走进人的心灵，走进人的精神，走进人的生命，从而达成"文化润德""文化化人"的根本目的。[①] 在道德教育实践中，我们要努力促进文化与道德教育全面融合、彻底融合，形成一种水乳交融之势，让道德融合、化解于文化之中，以促进德育对象道德素养的生成。

第六，以文育德强调充分发挥文化传承功能，以文化传承形成道德传承。道德具有传承性，道德的传承性源于道德的文化属性。文化是道德的基础，是德育的本源，道德教育要通过文化传承形成道德传承。文化的传承性缘于人类社会的世代相袭，特别是人类社会生存方式的世代沿袭。以文育德的要义之一就是通过文化传承形成道德传承。离开文化这一基础要素，德育就会失去根基，变成枯燥的教条、空泛的说教，毫无生气。通过文化传承形成道德传承，既是文化传承的应有之义，也有利于个体良好社会道德素质的生成。因而以文化传承生成道德传承也是以文育德的应有之义。

---

① 李培明：《春晖中学文化德育的理论与实践》，《中国德育》2006 年第 10 期。

第七，以文育德强调道德教育要与民族文化的具体形式有机结合。①文化包括知识、信仰、艺术、道德、法律、风俗以及作为社会成员的人所掌握或者接受的其他相关的才能与习惯。② 在实践领域，以文育德强调道德与文化的具体形式相结合。因为文化存在于文化的具体形式之中，道德教育只有在与文化的具体形式相结合中才能产生良好效果。同时文化总是一定主体的文化，因而也可以说基于文化的思想道德教育就是基于教育对象的全部知识、信仰、艺术、道德、法律、风俗以及任何其他才能和习惯的思想道德教育。教育者只有把道德教育与文化的具体形式相结合，才能把道德与文化的关系理论贯彻于德育实践。

2. 以文育德的必要性

以文育德之所以必要，是由德育与文化的关系决定的。一方面民族德育本身就是一种民族文化，另一方面民族文化深刻地影响着民族德育。另外以文育德可以提高民族德育实效。

首先，民族德育本身就是一种民族文化。如前所述，德育主要包括思想教育、政治教育和道德教育。思想教育就是有关人的世界观、人生观、价值观的教育；政治教育就是有关社会政治制度、政治关系、政治生活以及政策和策略的教育；道德教育就是培养个体辨别善恶、美丑、是非、正义与非正义、光荣与耻辱素质的教育。这里的思想关系、政治关系、道德关系反映着人类社会内部的人文人事关系，是人类文化的重要组成部分。对少数民族来说，其社会系统内部的思想关系、政治关系、道德关系是少数民族现实生活的反映，是该民族共同的生活模式，属于少数民族的文化范畴。因为文化在内涵上就是指各民族基于自身历史与生境所形成的共同生活模式。同时作为培育个体思想、政治、道德素质的教育活动也体现为一种文化。这里有两层意思，一是作为培育个体思想、政治、道德素质的德育活动体现的是民族社会内部人与人之间的关系，属于文化范畴；二是从方法和途径上看，作为培育个体思想、政治、道德素质的德育活动必须以该社会的文化为依循，以采取适应该社会文化习惯的道德教育方式。总体来说，民族德育本身就是一种文化。

---

① 邱世兵：《论少数民族传统文化的德育价值》，《学校党建与思想教育》2014 年第 10 期。
② ［英］爱德华·泰勒：《原始文化》，连树声译，上海文艺出版社 1992 年版，第 1 页。

其次，民族文化深刻地影响着民族德育。美国教育人类学家斯宾格勒指出，特定的文化传统会形成特定的教育子女的方式，有什么样的民族文化传统就有什么样的教育。这里，他强调文化传统制约着教育的方方面面，有什么样的民族文化传统就有什么样的教育。民族文化对民族德育的深刻影响体现在以下方面：一是民族文化形成民族德育的重要资源。"文化是指那些继承下来的、确立共同社会活动基础的观点、信仰、价值观和对世界认知的总和，是一群拥有同样传统的人所从事的活动和所拥有的思想观念的全部范围。"① 我国各民族在长期的历史发展中创造了灿烂的历史传统文化，这种文化是各民族道德教育的天然资源。二是民族文化构成民族德育的载体。我们说民族文化是一种道德教育载体，主要是指民族文化具有承载道德教育要素，并能为道德教育主体所利用的特征。不管是狭义文化或广义文化，其内在的精神特质和外在表现都为其作为道德教育载体提供了根据和条件。三是民族传统文化决定民族德育内容与方法。一方面，一定的道德总是包含在一定的文化之中。文化构成道德及道德教育的大环境，道德只是文化系统中体现人们之间基本行为关系的那部分。因而在此方面，文化的性质决定道德的性质，文化的内容也决定道德的内容。另一方面，道德是个体在人化或文化的过程中产生的，相应地，个体道德教育的方式就蕴含在人化或文化的过程之中。文化方式就是一种道德形成和道德教育方式。也即人化的过程、文化的过程也是人类道德产生的过程，这是个体道德形成的自然过程。总体来说，文化决定教育，文化给教育以社会价值和存在意义。教育与文化的这种关系，决定了要把道德教育深深植根于文化之中，要以传统文化为基础来培育个体德性。

再次，以文育德可以提高少数民族德育实效。少数民族传统文化为少数民族道德教育提供了深厚的内源性发展动力，以文育德有助于少数民族德育素养的有效生成。具体体现在以下方面：一是以文育德形成了个体德育生成的内生机制。德育与文化间有着密切的内生关系，一方面文化对个体道德素质的生成具有潜隐性功能，使个体道德素质在不知不

---

① 吴建强：《大学学校文化及其对教师的影响——中英比较对我们的启示》，《教育学报》2005年第4期。

觉中生成；另一方面作为社会的深层要素，个体或群体在文化作用下生成的道德素质稳固而持久。因而基于民族文化生成的个体德育品质具有较高的实践效率。二是以文育德所形成的隐性德育方法更易于为当前中国青少年所接受。新中国成立以来，我国德育领域显性德育方法运用有余，而隐性德育方法运用不足。这使得德育对象对显性德育方式表现迟钝而反感。而以文育德强调德育对象在文化环境中潜移默化地生成德性品质，在参与文化活动中生成德育性质。这更能为教育对象所接受。三是以文育德会使德育活动更富有生命活力。文化表现为一系列具体的物质形态，包括民俗物件、制度规范、文学艺术、宗教信仰、规约、制度的文本，也包括一系列的仪式活动。在道德教育实践中引入这些承载精神文化的介体，会使道德教育活动更加生动、更有活力。以文育德强调个体道德素质在体验、感受中生成，这无疑会增强民族德育的实效性和持久生命力。四是以文育德是一种新的范式。这种德育范式必定会推动道德教育的深入发展。一种新范式的提出，作为对原有范式的突破本身就是一个巨大的进步与发展。基于文化融入所形成的以文育德范式突破原有的知性德育范式和规范德育范式，是道德教育探索的一个重要进步。从这一意义上说以文育德范式本身就是一大突破。托马斯·库恩指出，一种范式的形成与运用必将会带来科学领域的革命。以文育德范式的提出与形成，除了在理论领域有所创见之外，在道德教育实践领域也会带来革命性的进展，从而推动道德教育的新发展。

（三）五位一体：以文育德的实现路径

以文育德强调道德教育要以文化为根基和依托，强调要注重对道德规范背后所蕴含的文化价值内涵的教育。它要求道德教育在方法、载体、环境、资源、内容等方面有着丰富的文化内涵和文化意蕴，建立起基于文化的德育方法、载体、环境、资源和内容，并使这五个方面与文化建立密切联系，并统一于文化之中，形成"以文育德"的"五位一体"。即形成适合民族文化的道德教育方式与方法、承载丰富道德教育信息的文化载体、建构内涵丰富的文化道德教育环境、利用开发蕴含丰富道德教育信息的文化资源、阐发具有丰富文化的道德教育内容等，以形成"以文育德"的实践路径。具体体现以下几个方面：

1. 探索适合民族文化的道德教育方式与方法

文化是人的生存和发展方式。文化方式也是一种道德形成和道德教育的方式。也即人化的过程、文化的过程也是人类道德形成的过程。这是个体道德形成的自然过程，少数民族亦如此。少数民族文化方式本身也是一种道德教育方式。因此，在少数民族道德教育过程中要充分利用文化促进个体道德的生成。即在以文育德中要注重探索如何发挥民族文化的潜移默化作用，让少数民族在学习、理解、感悟、体验自身文化的过程中，自觉或自主地生成对自身的道德影响。这需要道德教育主体在充分理解道德与文化关系的基础上，探索如何通过文化的方式传递道德教育内容，或如何通过文化载体传递道德教育内容，并通过采取少数民族易于接受的方式开展道德教育，以促成个体道德品质的形成。文化决定着德育，道德教育只有转向为文化型德育、道德教育只有采用教育者易于接受的文化方式与方法才能取得较好效果。

2. 有效利用承载德育信息的文化载体

道德教育的目的是向教育对象传递一定社会的道德规范。而包括科学知识、文学艺术、制度文化在内的文化要素承载着一定的价值观和丰富道德教育信息，构成道德教育的载体。道德教育载体在道德教育过程中为道德教育活动提供具体的加工对象，同时也连接道德教育各个要素，以促使道德教育活动得以运行。[①] 可以说文化载体在道德教育活动中发挥着举足轻重的作用。基于文化的思想道德教育就是要在道德教育中充分利用文化载体，以积极发挥文化要素在道德教育中的载体作用。因而如何发挥文化要素在道德教育中的载体作用，如何促使道德教育与少数民族文化的具体形式（包括语言符号、传统仪式、风俗习惯、节日活动、文学艺术以及宗教活动等）的结合，也是以文育德理念应用于实践的具体环节。

3. 创设具有文化内涵的道德教育环境

任何个体的成长都离不开环境，道德教育也如此。良好的道德教育环境促进个体道德的生成，相反不良的道德教育环境对个体良好道德的形成起反作用。因此，在道德教育实践活动中，教育者需要创造良好的

---

① 陈万柏：《思想政治教育载体论》，湖北人民出版社 2003 年版，第 7 页。

道德教育环境促进个体良好道德的有效生成。一定社会条件下产生的法律、道德等社会意识形态及其社会风俗习惯，为人们设计出道德行为规范，形成道德教育环境，制约和影响着人们的言行。我国各少数民族都创造了各自灿烂的民族文化。这些文化深深地积淀在本民族主体的心理结构之中，构成少数民族思想和行为形成的外部条件，对本民族产生着深刻影响，形成了少数民族道德教育环境。如何利用文化要素创设、优化道德教育环境也是以文育德运用于实践的内在要求。

4. 利用与开发民族文化中道德教育资源

人类的一切活动都是依托于一定的资源来实现。[1] 我国少数民族传统文化中蕴含着丰富的德育资源。各民族的道德教育就依赖于民族文化中的德育资源来实现。传统文化的具体形态就是德育资源的具体形态。民族传统文化的形式主要有节日文化、宗教文化、禁忌文化、民族文学等，相应民族文化的德育资源体现为节日以文育德资源、宗教以文育德资源、禁忌以文育德资源、民族文学德育资源等。道德教育总是把一定的道德教育内容和承载道德教育信息的媒介加工后传递给受教育者，而民族文化中的德育资源为道德教育活动过程提供加工对象。在以文育德中，德育工作者需要对物质形态和精神形态的德育资源进行加工，挖掘其所蕴含的精神内核，并加工成受教育者易于接受的形式，以此转化为受教育者思想品德素质的一部分。

5. 发掘和阐释德育内容的文化价值内涵

以文育德还内在包括在道德教育实践中，根据民族传统文化实际对道德教育的具体内容作出符合民族文化传统的阐释。道德在具体实践中表现为一系列的规则与规范。纯粹的道德规范教育是令人生厌的。道德教育的核心是对道德规范所蕴含的文化价值内涵的教育，因为规范的价值内涵是道德规范的基础和精髓，是道德规范的依据。而道德规范的价值内涵蕴含于一定社会的文化之中，蕴含于现实的人文人事之中。道德教育者的重要责任就是阐发和揭示隐藏在道德规范背后的人文价值内涵，即民族德育内容的文化阐释。民族德育内容的文化阐释主要是丰富道德教育内容的民族文化内涵，使道德教育内容充满文化意蕴，而不是仅局

---

[1] 陈华洲：《思想政治教育资源论》，中国社会科学出版社2007年版，第2页。

限于道德规范的说教。也即在民族道德教育中，如何实现对公民道德教育的具体内容进行符合具体民族文化的文化阐释与转换也是以文育德探索的内在要求。

（本文修改后发表于《湖北民族学院学报》2016年第6期）

同一与超越：社会主义核心价值观与少数民族传统价值观的比较

价值观是人们建立在世界观基础上所形成的关于世界应该是什么或不应该是什么的取向和判断标准。人类的一切行为都是在一定价值观支配下开展的，人类社会各类群体都有自身的价值观。作为一个多民族国家，我国境内汉族和少数民族也都有自身独特的价值观。在我国正大力倡导和弘扬社会主义核心价值观的今天，探讨和发掘少数民族传统价值观与社会主义核心价值观的关系，对于培育和践行少数民族社会主义核心价值观无疑具有重大意义。本文认为社会主义核心价值观与少数民族传统价值观具有一致性，同时前者是后者的超越。两者的一致性体现在国家、社会和个人三个层面；两者的超越性体现在：理性认识对朴素观念的超越，社会主义对剥削社会的超越，系统规范对零星分散的超越，现实具体对主观空想的超越。

（一）社会主义核心价值观与少数民族传统价值观的同一性

1. 少数民族传统价值观与社会主义核心价值观在国家层面的同一性

"富强、民主、文明、和谐"是社会主义核心价值体系在国家层面的价值理想。"富强"主要指国家经济上的富裕强大，即人民生活殷实而富足，国家整体经济实力显著增强；"民主"主要指我国政治体制趋于完善，人民群众各项当家作主权利得到真正落实；"文明"主要强调我国整体国民素质的大大提升，以及科学技术水平和精神文明水平达到较高水准。"和谐"指我国社会中的个人之间及群体之间友好相处,各类社会矛盾趋于缓和,呈现出一种和睦、协调的状态。这四个方面是社会主义核心价值体系在国家层面的体现,是中国共产党在全社会倡导的国家层面的核心价值观,体现了当代中国社会在国家层面的价值理想和价值追求。

历史上我国各少数民族在改造世界、在与剥削阶级斗争与共处过程中,也形成了自身对理想国家和理想社会的向往与追求。这种向往与追求体现在少数民族的伦理文化之中,也体现在少数民族英雄思想、宗教向往和文学艺术之中。其对国家和社会的渴求及描述与社会主义核心价值观在国家层面的价值追求有着惊人的一致性。

一是少数民族对富强国家的追求。我国各少数民族长期生活在边疆和自然条件恶劣的边远地区,过着艰苦生活。他们热切地渴望着自己民族和国家富足强盛,并用各种方式描绘和勾画着美好生活蓝图,同时为之而努力奋斗。维吾尔族思想家阿合买提在《真理入门》中提出了一个未来社会的范型。在他看来,这个社会应安定有序、富足强大、充满着正义,每个人有较高文化水平,彼此之间友好相处。阿合买提构想的理想社会无不展示了一种富足、殷实和谐的社会局面,其价值理想与当前我国社会主义核心价值观具有显著的一致性。在伊斯兰世界,《古兰经》劝诫人们,只要人们归顺真主,他就会带来福音,即真主会为庄稼降下充足的雨水,让人们变得更加富裕殷实。[1] 同时指出,只要你相信真主之道,真主就会让你生活在乐园之中,夏不炎热,冬不严寒,有果实可以随意采摘,有醴泉可供饮用,在那里你会感受到国家的富裕与强大。[2] 我国部分少数民族信仰伊斯兰教,《古兰经》中所劝的"道"是伊斯兰信仰的核心,是穆斯林的价值追求。这些描述虽是劝道话语,但其背后体现了少数民族对富强国家和社会的追求。

二是少数民族对民主国家的向往。民主主要是指政治民主权利,强调社会成员按照平等和少数服从多数的原则共同管理国家事务。我国各少数民族在原始社会中就形成了选贤任能的传统,族内成员之间在权利和义务方面都彼此平等,即便氏族首领也没有任何特权,相传神农氏就

---

[1] 马坚译:《古兰经》,中国社会科学出版社1981年版,第169页。
[2] 马坚译:《古兰经》,中国社会科学出版社1981年版,第458—459页。

亲身耕作农田，其妻亲身织布，因而他在民众中享有极高威望。我国各少数民族长期生活在专制极权主义国度里，他们渴望着当家作主的权利，并为获得民主与统治阶级进行了不屈不挠的斗争。维吾尔族思想家阿不都·哈立克·维古尔在《我的维吾尔族》中痛斥当时的封建统治阶级，他指出封建统治阶级是"大肚皮的、非常专制的、残酷的毛拉和各式各样的衣禅"①。他痛斥封建社会对人权的践踏和腐朽黑暗的专制统治。在晚年他把争取民主、反对封建专制的斗争指向帝国主义。他向人们昭示形成当时黑暗社会的根本原因是国外帝国主义的支持与盘剥，并指出帝国主义是我们民族的敌人，要想结束那时的黑暗处境，必须与帝国主义进行殊死斗争，把他们赶出国境。② 这里阿不都对专制集权的痛斥和对殖民主义者的反抗，是对民主国家的追求与向往。

三是少数民族对文明社会的憧憬。文明与野蛮相对，指社会发展到较高阶段所表现出来的一种人类能较好处理人与人、人与自然、人与社会关系的人类文化状态。在漫长的历史发展中我国各少数民族创造了灿烂文明，同时各少数民族对文明社会也充满着许多憧憬与向往。维吾尔族思想家法拉比在其重要著作《论文明城居民的观点》中就提出了建设一个文明城帮或道德国度的思想。他说一个为了实现幸福而建立起来的相互依存、互助的社会是文明道德的社会。同时他认为道德国家的领导者应是一个从居民中选出来的有才能的哲学家。他强调这个国家应该有公正和社会之爱，全体居民之间都是相互平等的，可以自由挑选职业。③ 法拉比的社会理想展示了少数民族对理想社会在精神维度的追求。另外，如藏族思想家萨班·贡嘎坚赞在《萨迦格言》中也强调文明社会是仁政和德治的社会，社会文明要依靠贤者、知识、智慧和道德。这些少数民族思想家们对理想社会在精神文明层面的强调及其所提出的文明社会的标准，凸显了他们对文明社会的憧憬与向往。他们的社会价值理想与今

---

① 参见熊坤新、李建军《新疆诸民族伦理思想研究》，中央民族大学出版社2008年版，第30页。
② 参见熊坤新、李建军《新疆诸民族伦理思想研究》，中央民族大学出版社2008年版，第30页。
③ 转引自熊坤新、李建军《新疆诸民族伦理思想研究》，中央民族大学出版社2008年版，第18页。

天我国社会主义核心价值观具有一致性。

　　四是少数民族对和谐社会的期盼。和谐强调的是一种有条不紊、井然有序和相互协调的社会,是一种对人类美好社会状态的描绘,是一种社会理想。我国境内各少数民族因长期深受封建社会剥削与压迫,长期战乱,对和谐稳定的美好生活充满着无限向往。蒙古长篇史诗《江格尔》描述了一个蒙古人向往的"北方的天堂"。在这个北方天堂社会里风土民情淳朴,人们之间亲如兄弟、彼此团结,同时草原美丽富饶,牛羊成群,骏马奔腾,宫殿雄伟壮丽,展现出一片片和谐局面。《江格尔》中的美好图景反映了蒙古族人民对建立一个合理社会制度和过上幸福美好生活的追求与向往。① 《格萨尔王传》是一部著名的藏族史诗,史诗里也描绘了一个令人向往的"领国"社会。在自然环境方面,领国异常美丽,土地肥沃;在社会方面,领国没有剥削、没有压迫,人们平等地参与国家事务,社会十分和谐,国内没有法律和监狱,人民过着和平安宁的日子。这里藏族先人所描述的令人神往的领国是藏族人所期盼的理想社会,体现了藏族人民对建立一个和谐美好社会的期盼与追求。少数民族诗歌是对少数民族社会现实和社会理想的描绘,两首史诗所展现的社会理想,犹如陶渊明构想的桃花源社会中的和谐景象。这是少数民族人民期盼建立一个和睦、协调社会的写照。

　　2. 少数民族传统价值观与社会主义核心价值观在社会层面的同一性

　　"自由、平等、公正、法治"是社会主义核心价值体系在社会层面的价值追求。自由是指人在社会生活中自主、自觉、自在的活动,这是人的本质的内在体现,也是促进人全面发展的重要条件。平等是指在社会生活中,人与人之间在政治、经济、文化等各方面享有同等权利和均等的机会,没有特权存在。公正是指人们在处理各种社会关系中坚持公平、正义,强调每个人都享有同等权利、机会,不因人们经济社会地位的差异而有不同。法治主要强调的是一种制度治理,即在社会管理中不因管理者个人好恶来实现社会管理,而是基于民主形成一套法律制度,管理者依靠法律制度治理社会。自由、平等、公正、法治四者彼此联系,互相协调,共同体现了社会主义核心价值体系在社会层面的基本

---

① 李资源:《文明的呼唤》,广西人民出版社 2004 年版,第 61 页。

立场。

　　社会是人类赖以存在的基础,我国各少数民族在长期生产生活中形成了各自处理和协调社会关系的价值体系和价值标准。这些价值体系和价值标准维系着少数民族社会的稳定。少数民族社会价值体系中蕴含着丰富的自由、平等、公正、法治思想,这些思想和价值立场与社会主义核心价值取向具有同一性。

　　一是少数民族对自由社会的追求。自由是相对于束缚而言的,我国各少数民族生活的旧社会经济不发达、政治不民主、文化较落后,身受种种束缚和限制,他们渴望着自由。而在现实中,这种渴求往往难以实现,只能把这种希望流露和寄托在其文学、艺术作品及宗教信仰之中。比如少数民族民间歌谣就反映着少数民族的心声与追求,反映着少数民族对社会的看法和对人生的态度,并蕴含着丰富的价值理想。在《自由歌》中,朝鲜族人民发出了撕心裂肺的呐喊:人啊,无论是谁只要他是人,生来就应享有平等自由。人若被剥夺了自由,同死人没有两样,如果这样我们宁可不要这种生活,我们需要自由。被压迫的孩子呀,期望你们快快长大,你们要为我们的自由去勇敢地斗争。凶残的敌人啊,不管你多疯狂,武装后的我们要和你殊死斗争,为了自由我们即使死在战场,也要变成自由魂。[①] 歌谣描述了朝鲜族人民没有自由的悲惨处境,以及为争取自由的呐喊与抗争,也反映了朝鲜族人民渴望自由、追求自由,以及为了获得自由宁可牺牲自身生命的精神气质。

　　二是少数民族对平等社会的追求。社会平等主要指社会成员彼此处于平等地位,特别是人与人之间在权利与机会面前彼此处于同等地位。在旧社会,我国各少数民族长期遭受剥削阶级压迫,他们没有平等权利,渴望着人与人之间自由平等。各少数民族为了获得平等权利与专制统治阶级开展了不屈不挠的斗争。在此过程中少数民族同胞对建立理想的平等社会也进行了积极的探索。比如回族民间流传的《杜文秀的传说》中,杜文秀等一批贫苦农民不堪忍受剥削阶级的残酷压迫,而揭竿起义,奋起反抗,并在成功之后努力建立一个平等社会。传说中杜文秀建立的平

[①] 《中国少数民族文学作品选》编辑委员会:《中国少数民族文学作品选》(第一分册),上海文艺出版社1982年版,第144—145页。

等社会就是他建立的大理政权。在大理政权中,杜文秀提出各少数民族因来源不同,各自有着自身的传统和信仰,相应各民族有权利信奉自身的传统和信仰,而且这些宗教信仰一律平等;在处理与其他民族的关系中,他强调不分汉族回族,各民族彼此平等,不得相互欺凌;在用人任职方面,坚持一视同仁。① 虽然有关杜文秀传说的真实性还有待考证,但杜文秀传说中所体现的有关少数民族人民对不平等社会的抗争以及对平等社会追求的精神,体现着回族人民对社会平等的向往与追求。这也是我国少数民族人民对理想国家与社会的追求与向往的体现。这种价值追求与当前我国社会主义核心价值观具有一致性。

三是少数民族对公正社会的追求。公正一般来说是指人们在对人或处事时坚持的一种公平正直、公平平等、公正无私、没有偏向的立场和态度。在剥削阶级社会里,统治阶级和社会权力拥有者在办事和处理问题时缺乏公平正义之心,徇私枉法,偏袒权贵与财富。人民大众对于社会的公平正义也成为一种期盼,少数民族亦如此。在长期生活中我国各少数民族对社会公平正义也开展了不懈追求。其有关公平正义的价值追求,一方面体现在其信仰之中,另一方面在实践中把它列为行为处事的准则。伊斯兰世界的《古兰经》劝诫人们无论何时都要公平正直、维护公道。且进一步劝诫到无论你的作证是否有利于你自己和你家人,无论被证的人是富裕还是贫穷,在作证中不要有私心和偏袒,如果你明知事件真相而拒绝作证或作证中歪曲事实,那么你将受到真主的惩罚。②《古兰经》是伊斯兰世界的《圣经》,它对人们维护公道的劝诫实质体现的是伊斯兰人关于社会公平正义的价值取向和价值追求。又如《藏族礼仪答写卷》中把公正列为十大价值之首,并认为国家法令必须奉行"公正""均等"原则,若统治者在实施统治中能坚持不偏不倚、公正行事,会获得老百姓的无限钦佩,这对于其自身统治也是有利的。为官一方,官者对百姓要虚怀若谷,同时要像称秤一样公平,这样才会得到百姓的爱

---

① 熊坤新、李建军:《新疆诸民族伦理思想研究》,中央民族大学出版社2008年版,第80页。
② 马坚译:《古兰经》,中国社会科学出版社1981年版,第72页。

戴。① 这里，伊斯兰人对社会公正的期盼和藏族人对公正行事的倡导，凸显了社会公平正义价值取向在伊斯兰和藏族世界的重要地位。这些对社会公平正义的信奉与追求与社会主义价值取向具有一致性。

四是少数民族对法治社会的追求。法治包含两层含义，一是用法律制度治理国家，强调制定和完善国家法律制度；二是指依照法律和制度治理国家的法治精神，强调在民主基础上制定法律制度，并按制度治理国家，在处理社会和国家事务中不因管理者改变而改变，管理者只是合法制度的执行者。在其实质上，法治是一种民主精神，体现的是一种社会进步。我国传统社会强调君主至上，实行人治。在国家和社会管理中，统治者依据自己的好恶确定事务的是非曲直。这使得包括少数民族在内的人民的许多合法权利遭到侵害。少数民族期盼统治者能依法治国、秉公行事，形成了他们对法治国家和法治社会的期盼。同时各少数民族为实现法治理想，在其自身民族内部也积极开展了依"法"治理本民族内部事务的法治实践。比如在传统社会中，我国部分少数民族形成了用习惯法处理民族内部事务的传统。如凉山彝族在新中国成立前没有受理各种案件的司法机关和成文法律，他们主要通过不成文的习惯法来处理各种民事纠纷，以维系彝族社会的有序发展。苗族社会的"议榔"制度也是少数民族追求法治的探索。他们主要通过"榔头"择定吉日召集族人讨论榔规条款，通过后的"榔规"向全寨人宣读，提醒大家注意执行，任何人不得违反。所有村寨的重要事项均由"榔规"确定下来，并要求所有村民遵守和维护。这种"议榔"的形式具有政治民主的性质，其"议榔"内容和对"榔规"的执行就是法治精神的体现。又如，藏族《礼仪问答写卷》中主张，人们做什么事情都要"合规矩"，认为"合规矩"，就不会出现伤风败俗之事，严格执行规矩，大家都会高兴。并认为只要规矩一以贯之地严格执行，就会形成一种"公正之法"。这种公正之法一定会得到各类各级民众的广泛称赞。这里"合规矩""行公正之法"实质体现的是一种法制和法治精神，也体现了少数民族对法治社会的向往。少数民族的对于法治社会的殷切期盼与朴素探索，得到了少数民族社会的支持与拥护，体现着少数民族社会的整体价值取向与追求。

---

① 李资源：《文明的呼唤》，广西人民出版社2004年版，第36—37页。

3. 少数民族传统价值观与社会主义核心价值观在个人层面的同一性

"爱国、敬业、诚信、友善"是社会主义核心价值体系在个人层面的价值要求。这四个方面是党倡导的个人处理个人与国家、个人与职业、个人与社会、个人与他人关系时所坚持的价值标准。爱国，即热爱自己的祖国，就是对自己的祖国要有深厚的情感，并注意呵护和保护祖国，只有这样国家才能更好地保护我们的个体与家园。敬业，强调个人对自身所从事的职业要有高度责任感和敬畏感，只有敬业才能获得个人生存的物质之需，同时也才能更好地为他人和社会服务，实现自身的价值。诚信，即在社会交往中要诚实守信，只有诚实守信才能赢得他人的信任，也才能在社会中与他人建立起良好人际关系。友善，强调在处理与人关系中，以善心对待他人，人与人之间相互关心、相互帮助，这是社会良性运转的必要条件，也是社会主义社会的核心价值追求。爱国、敬业、诚信、友善层层深入，层层具体化，体现了社会主义社会中建立个人与国家、职业、社会、他人良好关系的价值要求。

个人与国家、职业、社会及他人的关系是现实社会中每个人都逃脱不了的社会关系。我国各少数民族在长期社会生产与生活中也形成了自身如何处理与国家、职业、社会和个人的价值准则和价值标准。这些价值准则是少数民族人民在个人层面的价值观，这些价值观较好地处理了少数民族社会内部的各种社会关系，维系了少数民族社会的稳定和发展。少数民族个人层面的价值观与社会主义核心价值观有着趋同性。

第一，少数民族的爱国精神。爱国主要是指对自己祖国的热爱，它主要是指长期生活在这片土地所形成的情感，也指国家政权对个体自身利益的维护，还包括与共同生活在这片土地上的人们所形成的情感。我国少数民族都有强烈的爱国主义情感，这种情感体现在他们对这片土地的热爱、对生活在这片土地上人民的情感，以及当国家受到威胁或遭受灾难时所进行的不屈不挠的斗争。俄罗斯族有一首歌叫《我爱祖国》，其歌词唱道，无论严寒多么刺骨，也不能让我对祖国的热爱有所冷却；无论狂风多么肆掠，也不能让我对祖国的忠贞有所动摇。这种对故土祖国的热情依恋，这种坚定与深沉，深深地表达了他们的爱国情怀。在《勇敢去战斗》的歌曲中他们又唱到保卫国家，保卫疆土，即使战死在战场我们也不回头，我们要大胆地去战斗，要让群魔在我们面前不停地发抖。① 其誓死保卫祖国的决心展现了俄罗斯族执着的爱国情怀和高尚的爱国情操。又如 16 世纪至 18 世纪，傣族聚居区的少数民族与内地王朝军队一起先后抵抗了有帝国主义支持的东吁王朝、木梳王朝的入侵和日本帝国主义对傣族聚居地区的入侵，守住了祖国西南大门。② 俄罗斯族和傣族民歌中的述说，体现了少数民族同胞在保卫疆土中的大无畏爱国精神。这种爱国精神与爱国情怀也是今天我国社会主义所倡导的。

第二，少数民族的敬业精神。敬业，主要是指个体对所从事的职业的敬畏，因为职业为个人提供生存之需。职业价值观一方面体现为个人如何处理与外界环境的关系，另一方面体现为如何处理个体与职业环境中的人们之间的关系。我国少数民族长期生活在边疆和偏远山区，他们过着农耕与游牧生活，长期与自然打交道，以获取生存之需，在此过程中形成了质朴的爱岗敬业的职业价值观。少数民族的职业价值观主要体现在其对待劳动的态度上。彝族有谚说，"穷则非天命，勤劳能致富；富非命注定，懒惰会变穷"，"吃饭为生活，生活须劳动"，"吃好须辛劳，穿好须勤奋"③。这些言语体现了彝族社会处理个人与职业、劳动与财富的价值标准。布依族民间谚语说，"选媳妇看秋收勤劳手巧，挑丈夫看春耕吃苦耐劳。"又说"选婿看犁田，择妻观纺纱。""勤快的人有吃有穿，懒惰的人挨饿受冻"。"要得富，田坎走成路；要得穷，田坎成草蓬"④。关于布依族，另《普安县志》载："（仲家）民多质朴，尚勤俭，士之勤于文学者，素称礼教之邦"。这里，布依族把一个人是否勤劳节俭作为评价其德性好坏和能力强弱的标准。我国少数民族对待劳动的这些朴素观点反映的是少数民族对待职业的态度和敬业精神。今天少数民族社会生产力水平有了较大提高，具体劳动形式与以往有了较大差异，但少数民族对待劳动的态度所体现的价值取向仍需在今天发扬光大。

第三，少数民族的诚信品质。诚信即诚实守信。诚实，强调主体在

---

① 熊坤新、李建军：《新疆诸民族伦理思想研究》，中央民族大学出版社 2008 年版，第 214 页。
② 张哲敏：《民族伦理研究》，云南民族出版社 1990 年版，第 165 页。
③ 张哲敏：《民族伦理研究》，云南民族出版社 1990 年版，第 143 页。
④ 李资源：《文明的呼唤》，广西人民出版社 2004 年版，第 119 页。

处理社会关系中真诚、实在、不欺；守信，强调主体间彼此相信、信赖，恪守信义。在我国，自古以来诚信被认为是做人的基本品质，《礼记》中就有"诚者，天之道也""诚者，人之道也"之说。我国少数民族在处理本民族内部人际关系以及与他民族的关系中也形成了内涵丰富的诚信文化。少数民族诚信文化所体现的核心价值与社会主义所倡导的诚信价值观具有一致性。比如彝族《劝善经》就强调做人要诚实不欺，不应"以为杂真，孚取奸利"[1]。藏族《萨迦格言》劝告人们要形成良好的品德，认为"信用是最好的朋友"，并告诫人们，对于那些不讲信用的人，没人会与他们交朋友；做人主要看内在品德，比如彩虹虽然美丽，想摘彩虹来做首饰是自欺欺人。同时劝诫人们一定要对那些贴心老朋友倍加珍惜，不要因为结识新朋友而舍弃贴心老朋友；犹如猫头鹰信任乌鸦，到时会败坏自己的名声。[2] 其格言体诗歌以通俗语言强调了人与人之间交往中诚信的重要性。另外，我国各少数民族在商业领域也形成浓郁的诚信文化。比如回族在商品交易中主张买卖公平，分量要足；禁止抬高市价，以次充好；禁止出售未成熟果实。这些朴素的商业原则体现了我国少数民族可贵的诚信品质。

第四，少数民族的友善品质。友善，即友好、善良，表示人与人之间体现出的一种亲近和睦状态。在其内涵上"友善"即"善友"之意，即强调一种基于内在善心的友好，这种基于内在善心的友好能使人与人之间形成一种真正的和谐关系。中华民族历来是一个友善的民族，《孟子》中就有"君子莫大乎与人为善"。我国各少数民族一方面继承了中华民族的友善文化，同时由于其独特的生活环境和生存方式，各民族形成了各自的处理人与人之间关系的伦理标准，也形成了各具特色的友善传统。上文提到的彝族《劝善经》就直接以"善"命名，强调劝人为善。其核心价值取向是"善"是做人之本，因而不但要与人为善，还要劝人为善。《劝善经》劝诫我们要与人为善，对于孤儿我们要投去爱心，对于寡母我们要给予资助，对于老人我们要敬爱，对于儿童我们要关怀。并强调我们要把善心铭刻于思想的深处，我们要经常想到孝敬父母，常想

---

[1] 张哲敏：《民族伦理研究》，云南民族出版社1990年版，第140页。
[2] 李资源：《文明的呼唤》，广西人民出版社2004年版，第89页。

着为村邻友好，常想着如何施惠于人；同时要把善心转化为实际行为，要常做孝顺父母的事，做对人有益的事，做怜惜牲畜粮食野兽飞禽昆虫等有生命的善事。① 这些都反映了彝族尊老敬贤的传统美德，体现了少数民族的友善价值取向。我国其他少数民族都有着与人为善的优秀道德传统，其友善的价值取向与我国社会主义核心价值体系具有一致性，发掘少数民族传统文化中的友善传统是培育我国社会主义核心价值观的宝贵资源。

（二）社会主义核心价值观对少数民族传统价值观的超越

社会主义核心价值观与少数民族传统价值观有着同一性与一致性。但社会主义核心价值观与少数民族传统价值观又有较大区别。这种区别是一种超越。

1. 理性认识对朴素认知的超越

社会主义核心价值观是我国进入现代社会以后，立足于马克思主义世界观、人生观所提出的在价值层面的追求。这是一种理性行为。主要体现在三个方面：第一，它基于对中国和人类社会发展规律的认识而提出。当前我国倡导的社会主义核心价值观立足于中国传统与现代，是在对本民族传统文化、世界其他民族优秀文化的提炼中形成的。第二，它本质上是一套系统的理论体系。社会主义核心价值观是社会主义核心价值体系的精炼表达。它内含着"马克思主义指导思想，中国特色社会主义共同理想，以爱国主义为核心的民族精神和以改革创新为核心的时代精神以及社会主义荣辱观"的价值体系。第三，社会主义核心价值观具有自觉和理性的特点。它不是自发的，也不是情感式的表达，而是基于中国社会、世界历史趋势所提出的一种理性表达。

由于少数民族生活在艰苦地区，生产生活方式落后，其传统价值观表现出朴素性的特点。其价值观念尚属一种朴素的观念。这里说少数民族传统价值观是一种朴素观念，主要包含两层含义。一是少数民族传统价值观具有具体性和形象性的特点。比如，穆斯林民族在表达对富强国家的追求与向往时，他们劝诫道：只要你相信真主之道，真主就会让你

---

① 张哲敏：《民族伦理研究》，云南民族出版社1990年版，第138—140页。

生活在乐园之中,夏不炎热,冬不严寒,有果实可以随意采摘,有醴泉可供饮用,在那里你会感受到国家的富裕与强大。① 这里他们主要用具体的物来表达他们的价值观。二是少数民族对其传统价值观的概括与描述具有自发性。少数民族对其传统价值观没有自觉形成系统表述,主要都是思想家零星提及,体现为一种自发行为。这一点在后面详述。作为一种理性认识的社会主义核心价值观是对朴素少数民族传统价值观的超越与创新。

2. 社会主义对剥削社会的超越

社会主义核心价值观与少数民族传统价值观有着本质上的差异。首先,社会主义核心价值观的社会主义性质。社会主义社会是迄今为止人类社会发展的最高形态。在社会主义社会里,生产资料公有制,人民是国家的主人,强调建立民族的科学的大众的文化;社会主义注重解放、发展生产力,并创造更高的生产力;社会主义强调消灭剥削消除两极分化,达到共同富裕。② 特定社会的价值观念是特定社会现实的反映。中国共产党在十八大上倡导的社会主义核心价值观是社会主义社会在观念层面的反映,具有典型的社会主义性质。

其次,少数民族传统价值观具有阶级性、封建性与专制性,具有剥削阶级性质。一是少数民族传统价值观的阶级性。民族传统社会都是阶级社会。马克思指出,一个社会占统治地位的意识形态总是统治阶级的意识形态。这里的少数民族传统价值观,其实本质上指的是少数民族社会统治阶级和上层阶级的价值观,因为只有那些处于社会上层阶级的价值观才能被记录和流传,而少数民族普通民众的价值观往往被淹没。二是少数民族传统价值观有封建性、专制性的特点。由于少数民族所处的传统社会基本上是奴隶社会和封建社会,其价值观念的内涵具有明显的封建性和专制性特点。虽然少数民族传统价值体系中也包含"自由""平等""民主"观念,但这些观念都是建立在剥削社会等级制、家长制等专制社会基础之上的。社会主义核心价值观在阶级性质和核心特点上与少数民族传统价值观有着本质区别,是对

---

① 马坚译:《古兰经》,中国社会科学出版社1981年版,第458—459页。
② 《邓小平文选》第二卷,人民出版社1993年版,第373页。

少数民族传统价值观的超越。

3. 系统规范对零星分散的超越

少数民族传统价值观与社会主义核心价值观还存在形式上的差异。首先，社会主义核心价值观是一个系统的思想体系。社会主义核心价值观是我国在深入推进社会主义现代化建设中，在深刻把握马克思主义规律、深刻把握中国共产党执政规律、深刻认识人类社会发展规律基础上，从价值层面提出的价值追求与原则，具有较强的系统性。党的十八大报告提出的"三个倡导"是一个系统体系，分别从国家层面、社会层面、个人层面，较为系统地概括了社会主义核心价值。"三个倡导"既体现价值理想，又体现价值规范；既体现时代特征，又体现传统特性；既体现民族认同，又体现社会认同，是一个有机的体系。

各少数民族没有提出过系统的、属于本民族的价值体系和价值观。体现在以下方面：首先，少数民族民众对其自身价值观究竟是什么比较模糊，尚属一种自发行为。各少数民族的传统价值观体现在他们的生产生活之中。民族群众践行其价值观念是一种自发行为，还没形成自觉。他们虽然有自身处世之道和价值标准，但对其自身的价值观、价值标准较模糊，并不能清楚知晓。其次，少数民族中的杰出人物和思想家也没有提出系统的价值体系。少数民族思想家们在探讨本民族文学、艺术、哲学等问题时，对本民族传统价值观做出过系列的描述和论述。但这些叙述与描述基本都是零星叙述与描述，没有系统性和体系性。这种描述与叙述或者强调某个方面，或者强调某几个方面。因而，从零星与系统、自发与自觉、清楚与明白角度看，社会主义核心价值观是对少数民族传统价值观的超越与创造。

4. 现实具体对主观空想的超越

社会主义核心价值观是一种价值理想和价值追求，但它具有现实性和具体性。社会主义核心价值观的现实性与具体性主要从两个方面体现出来：首先，社会主义核心价值观着力解决社会主义建设实践中的现实问题。当前我国社会建设中尚存在许多问题，比如我国经济实力显著增强而与之相对应的文化软实力不足的影响等。社会主义核心价值观的提出就是力图从价值观层面来引领社会，摆脱当前社会面临的困境和解决难题。其次，社会主义核心价值观本身是我国社会传统和现实社会价值的凝结和提炼。社会主义核心价值观是立足于我国社会各民族传统和现代价值基础上的提炼，有着扎实深厚的基础和根基，主要目的是对民族优秀传统文化的传承与弘扬。

少数民族传统价值理想具有空想性。首先，少数民族传统价值观的适用范围有限。价值观既是一种现实的价值践履，也是一种价值理想。作为一种现实践履的价值观，主要体现并运行于本民族生产生活之中。少数民族社会的价值标准和价值原则主要为民族社会大多数民众所接受和践行。但当把这些价值原则运用于统治阶级时，这种价值原则的实现就变成一种奢求和渴望。其次，少数民族传统价值理想具有空想性。我们说少数民族的价值理想具有空想性，主要是基于两个方面，一是在剥削社会里少数民族的价值追求，是基于对现实社会愤恨与不公的一种情感表达、一种价值渴求；二是这种价值追求体现为一种想象与向往，并没有提出切实可行的实现措施，以运用于实践，甚至没有应用于实践的可能性。社会主义核心价值观具有现实性和实践性，少数民族传统价值观具有空虚性和空想性。体现为现实践行的社会主义核心价值观是对少数民族主观空想性价值观的超越。

（本文修改后发表于《学校党建与思想教育》2016年第22期）

影响少数民族大学生政治认同的主要因素

政治认同是政治主体对现存政治体系及其价值系统表示认可、接纳的一种情感倾向和心理归属。[①] 个体或群体对现行政治体系的认同对于增强现行政治体系的合法性、维护现行政治体系稳定具有重要意义。少数民族大学生是当代青年中的特殊群体，他们对我国政治体系的认同具有特别重要意义。本文主要就影响少数民族大学生政治认同的主要因素展开探讨。概括起来影响少数民族大学生政治认同的主要因素包括以下几个方面：

（一）政治因素

影响少数民族大学生政治认同的政治因素主要包括以下几个方面。一是政治体系内的腐败现象使少数民族失信于现存体系。一般来说，民众对某一政治体系的认同是建立在对该政治体系的充分信任的基础上的，只有对该政治体系产生了充分信任，才会对其产生强烈的情感倾向和心理归属。目前在我国政治体系内一定程度上还存在着官场腐败和政治腐败现象，以权谋私、假公济私、贪污腐化、行贿受贿、官官相卫、滥用职权的现象还存在，政府官员和政党成员的这种表现极大地影响了政府

[①] 商存慧：《加强思想政治理论课对大学生政治认同的引导》，《人民日报》（理论版）2011年3月29日。

和政党的公信力，并在一定程度上导致了民众对政治体系的信任危机，相应地也影响了民众对现存政治体系的政治认同生成。① 我国少数民族地区的政治腐败现象也在一定程度上存在，这种腐败现象的存在，使得少数民族在一定程度上失信于现存政治体系，影响着对现存政治体系政治认同的生成。而对于少数民族青年大学生的政治认同来说更是如此。二是国际反共、反华势力对少数民族的思想渗透牵制着少数民族对现存政治体系的认同。当前世界是一个非常复杂的世界，各国之间、各种社会制度之间的意识形态斗争非常激烈。世界各地的反共反华势力总是想尽千方百计对我国进行意识形态渗透。例如，在政治领域，他们攻击、贬低、诽谤我国政治体系和政治制度，甚至直接干涉我国内政，像美国等国家每年都以人权为借口丑化贬低我国社会主义制度，直接干涉我国内政；在经济社会领域，他们极力宣传资本主义生活方式、极力宣传资本主义价值观，批评、贬斥社会主义价值观；在文化领域，他们利用各种媒体和媒介宣传资本主义文化。在一个开放、多元的社会里，面对国际反共、反华势力的思想渗透，部分民众思想混乱，在是非问题上缺乏明确的判断能力，并在一定程度上认可西方文化价值观，从而降低对中国国家制度和中国共产党的认同。而中国的少数民族更是西方反共反华势力宣传和渗透的重点对象，他们利用少数民族的淳朴心理和相对落后的经济状态向他们大肆宣传现行政治制度的不是或直接扶持少数民族中的分裂主义分子，挑拨少数民族与我国政党和国家的关系。而对少数民族大学生来说，他们的心智和社会经验不够成熟，反共反华势力的负面宣传极大影响着他们对现行政治体系的认同。② 三是国内分裂势力的负面宣传使少数民族对现存政治体系产生认识偏差。西方国家干涉中国政治的一个重要方式是扶持中国国内的分裂势力。国内分裂势力往往成为国外反华势力的有力推手，他们在国外反华势力的支持下，对中国国家制度和政党大肆进行负面宣传，贬低我国国家和政党形象。国内分裂势力的这种负面宣传广泛影响着国内民众对现行政治体系的认同。而边疆少数

---

① 丁忠甫：《论影响我国政治认同的因素及对策》，《重庆科技学院学报》2006年第3期。
② 赵铸：《新时期民族院校大学生思想政治教育研究》，硕士学位论文，大连海事大学研究生院，2012年。

民族地区是我国国内分裂势力的主要盘踞地，且这些地区少数民族众多、宗教信仰多、人员结构复杂、经济结构也相对不发达，他们充分利用这些矛盾，大肆对少数民族进行负面宣传，挑拨少数民族与党和国家的关系。国内分裂势力的负面宣传，特别是对边疆少数民族的负面宣传，极大地影响着少数民族对现行政治体系及其价值系统的认同。

（二）经济因素

影响少数民族大学生政治认同的经济因素体现在以下几个方面：一是民族地区经济社会落后影响少数民族对现存政治体系的认同。物质决定意识，物质生活状况决定了人们的思想政治状况，这是马克思主义的基本观点。一般来说在人类社会生活中，在现行政治体系下人们的物质生活水平在较大程度上得到改善，人们就会支持和拥护这一政治体系；反之亦然。我国是一个多民族国家，少数民族大多生活或居住在老、少、边、穷地区，虽然新中国成立以来特别是改革开放以来，少数民族地区的经济社会状况及少数民族的生活状况得到了极大改善，但少数民族地区经济社会发展依然落后。在我国少数民族地区看不起病、上不起学、住不起房的状况在一定程度上仍然存在。在改革开放和市场经济体制中少数民族并没有得到更多的实惠，特别是贫富差距的心理落差，使他们并不能感受到现行政治体系给他们带来的温暖，从而影响他们对现存政治体系认同的生成。二是民族地区内部及民族地区与非民族地区贫富差距影响着少数民族对现存政治体系的认同。"丘也闻有国有家者，不患寡而患不均，不患贫而患不安"，区域差距和贫富差距往往会引起人们的不满从而导致矛盾的产生。目前中国贫富悬殊的现象依然存在，贫富差距的存在必然引起普通民众对现存政治体系的质疑。对少数民族来说，少数民族内部及民族地区与非民族地区之间的贫富差距，使得少数民族认为他们并不是改革开放和市场经济体制的真正获益者，甚至认为内地的飞速发展是开发挖掘少数民族地区资源的结果，他们成为推动内地和发达地区经济社会发展的真正埋单者，进而对国家政策、政府和领导者产生怀疑。这在很大程度上影响着少数民族对现行政治体系的认同。而作为少数民族高级知识分子的少数民族大学生，他们的视野更为广阔、对社会的认识也更为深刻，这影响着他们对现行政治体系的认同。三是市场经济体制下少数民族思想观念的变化影响着少数民族对现存政治体系的认同。① 中国市场经济体制的建立是一场重大的"革命",它改变了人们传统的思想观念。在市场经济体制下,人们思想观念中的一个核心词汇就是"经济利益",人们的一切大体上都以此来衡量,少数民族及少数民族地区也不例外。当少数民族发现少数民族地区经济社会发展仍然比较落后、与内地经济社会发展的差距越来越大时,他们会觉得自己不是改革开放和市场经济体制"经济利益"的真正获得者,他们对现行政治体系的认同难以有效形成。另外在市场经济体制下,人们的思想观念更为开放,视野也更为广阔,认识也更为多样,人们有更多的"比较"空间,这种比较也会形成更为开放和多元的观点,在这种比较认识中,少数民族大学生会淡化对现存政治体系的认同。

(三) 文化因素

影响少数民族大学生政治认同的文化因素体现在以下几个方面:一是少数民族传统文化对少数民族对现存政治体系的认同有着重要影响。每一个少数民族都有自身独特的民族文化,而且这种民族文化是少数民族人民在其长期的生产生活中形成的,本族人民对其有深厚的情感基础和心理归属,它是本民族的价值观念的综合体。而政治认同主要是政治主体对现行政治体系及其价值系统的认可与接纳。可以说民族文化与政治体系的价值系统是两个相对独立的系统,民族文化会对少数民族对现行政治体系及其价值系统的认同产生重要影响。一般来说现行政治体系的价值系统中那些与少数民族传统文化相一致的地方会较为容易地被少数民族接受或认同,进而促进少数民族对现存政治体系的认同。而现存政治体系价值系统中那些与少数民族传统文化不一致的地方,由于民族文化的影响,少数民族不易接受其价值观念,从而阻碍着少数民族对现行政治体系的认同。因此在对少数民族开展政治认同教育过程中,要充分利用现行政治体系价值系统中与少数民族文化相一致的内容,使其成为促进政治认同有效形成的重要着力点。同时要注意对现行政治体系价值系统中与少数民族文化不一致的地方加以改造,使其成为少数民族易

---

① 高永久:《论社会转型期少数民族政治认同的国家转向》,《广西民族研究》2008年第2期。

于接受的形式。二是中国传统历史文化对少数民族对现存政治体系的认同有着重要影响。一般来说，历史传统对个体对现存政治体系的认同有着重要影响，少数民族也如此。中国人在传统上不存在国家认同，或者说他们的政治认同很淡薄，老百姓认同的是皇帝个人，而非国家及其政治体系。中国传统政治文化是一种群臣民型文化、一种依附性或顺从型文化，而且这种文化通过各种方式已深入到民众的内心深处，形成中国老百姓的民族心理和民族性格。在这样的政治文化背景下难以形成有效的政治认同，少数民族也如此。三是西方敌对势力对少数民族的文化渗透影响着少数民族对现存政治体系的认同。我国少数民族大多生活在边疆偏远地区，相对来说他们对党和国家的认同度较低，国际反共反华势力总是努力寻求各种突破口对这些少数民族实行文化渗透，或者就是直接对我国少数民族实行反共反华宣传，这大大影响了少数民族，特别是边疆地区少数民族对我国现行政治体系的认同。比如国际反华势力在中国周边地区设有数十个反华电台，如阿土木的"自由亚洲电台"、德国的"东突厥斯坦信息中心"等。他们通过电视、广播、网络向我国边疆少数民族地区，特别是新疆和西藏地区，发布大量针对中国经济、政治、民族、宗教方面的歪曲信息，大肆对我国境内少数民族实行文化渗透。反华势力的这种文化渗透对少数民族对现行政治体系及其价值体系的认同的形成有着很大的负面影响。

（四）个人因素

影响少数民族大学生政治认同的个人因素包括以下方面：一是少数民族学生的社会阅历因素。社会阅历，即社会经历，主要是指个体在社会实践中经历各种事件并对其有着自身理解的经历。一般来说个体的社会阅历越丰富，对社会的认识越深刻，对自身角色就有更为明确的定位。由于我国教育体制原因，在初等教育和中等教育阶段学生的主要目标是应付升学考试，在激烈竞争的升学压力面前，学生无法参与真正的社会实践，更谈不上对社会实践的深入理解。这使得经历高考升入大学的学生普遍存在社会阅历不足的问题。社会阅历不足往往导致大学生公民意识不足、人生经验缺乏。在面对复杂的社会形势时，尤其是在国际国内反共反华势力的负面宣传面前，他们往往不知所措，不能明辨是非，进而有可能沦为国际国内反华势力的牺牲品。这对大学生对现行政治体系及其价值系统的认同有着重要影响。而少数民族大学生更是如此。二是少数民族学生的身心发展因素。在大学阶段，学生的普遍年龄在18至25周岁，这一年龄阶段青年的普遍特点是精力旺盛、思想活跃，甚至"叛逆"，大学生尤其如此。由于思想活跃，他们常常会对社会中的各种问题发表意见，并对社会现实问题展开批判。① 他们不会轻易地相信一切，面对新的观点，他们总是先予以怀疑，然后在现实经验中找到经验事实来求证，只有在证实之后，他们才会接纳认可。凡是那些不能被他们经验事实所证实的东西，他们不会轻易接纳和认可。因此，在对大学生的政治认同教育中不能只注重向其灌输政治理论，更需要在实践中开展教育。列宁说："群众不是从理论上，而是根据实际来看问题的，我们的错误就在于总是从理论上来看问题。"大学生的这些特点使他们不会对现行政治体系及其价值系统予以轻易地认同。少数民族大学生更是如此。三是少数民族大学生的政治责任感和政治意识因素。由于社会阅历不足以及市场经济的影响，少数民族大学生对政治的重要性认识不够，他们主动参与、了解政治的意识不强，进而政治责任感较为缺乏。大学生对政治冷漠、不关心，缺乏政治意识和政治责任感的情况，致使他们对现行政治体系的认同教育的积极性不高。学生把政治教育或政治认同教育当作一门无关紧要的课程，不重视政治教育课程的学习。这种现象的产生与大学生社会阅历不够、对政治认识不深刻有关，与市场经济环境下人们普遍重视经济利益有关，也与现行政治体系在自身运作过程中存在的问题有关。部分学生政治意识不强和政治责任感缺乏的情况极大地影响了少数民族大学生对现行政治体系认同的生成。因此，在对少数民族大学生开展政治认同教育过程中首先需要特别重视少数民族大学生政治责任感和政治意识的培养。

（本文修改后发表于《天中学刊》2014年第1期）

---

① 姜孟升：《当前大学生政治认同影响因素解读》，《法制与社会》2012年第6期。

论民族文化对少数民族大学生
政治认同的影响

政治认同是政治主体对现存政治体系及其价值系统表示认可、接纳的一种情感倾向和心理归属。[①] 我国是一个多民族国家，各民族在长期历史发展中都形成了各具特色的民族文化，这种文化是少数民族在其长期共同生产生活实践中形成的具有强烈情感倾向和心理归属的观念系统。这种基于历史的民族文化认同对新时期现存政治体系认同的形成有着重要影响。本文主要对民族文化对少数民族大学生政治认同的影响展开探讨。政治主体对某一政治体系政治认同的形成一般经由政治认知、政治情感、政治信念和政治行为等过程[②]，本文关于民族文化对少数民族大学生政治认同的影响也主要从这几个方面展开。

（一）民族文化对少数民族大学生政治认知的影响

政治认知是指民族大学生对一定政治体系的价值原则、政治思想、观念形态和政治行为规范的理解和领悟。这是个体政治认同形成过程的发端。我国少数民族大学生的政治认知的形成主要通过政治教育来实现。在我国所有高等学校都开设有政治理论课，其中都特别强调对少数民族大学生开展政治教育。由于民族文化对少数民族学生具有强烈情感倾向

---

① 薛中国：《关于"政治认同"的一点认识》，《光明日报》2007 年 3 月 31 日。
② 高永久：《论社会转型期少数民族政治认同的国家转向》，《广西民族研究》2008 年第 2 期。

和心理归属,在少数民族的政治教育中,民族文化对少数民族大学生对现存政治体系认知有着极其重要影响。

民族文化对少数民族大学生政治认知的影响主要体现在少数民族总是以其自身民族文化的视角来认识和理解现行主流政治系统的价值。这种影响主要表现在以下几个方面。一是少数民族总是从其民族文化视角来选择过滤思想政治教育信息。在少数民族学生的政治教育中,教育信息的输入是政治认同教育的第一步,也是非常重要的一步,而少数民族学生对政治认同教育信息的取舍是以其民族文化为标准的,也即那些与少数民族传统文化一致和比较接近的政治教育信息被少数民族留存下来,进而进入到下一步的信息处理阶段。而那些与少数民族文化价值观不一致的信息被排除在外,从而阻碍少数民族政治认知的有效形成。二是少数民族总是以其自身民族文化视角来分析思考现存政治体系的价值观念。对现存政治价值观念的分析和思考是政治认知的重要环节。一般来说,个体对某种观念的接受不是直接形成的,个体需要对上一环节所筛选下来的信息展开深入细致的分析和思考。在这个环节中,个体首先对这些信息进行"怀疑",并在经验世界中寻找证据或者通过逻辑思维的方式来证实或证伪这些观点。在这个过程中,少数民族个体的思维方式、经验行为以及立场总是从其自身的文化价值取向出发的。因此说少数民族文化对少数民族个体对现存政治体系的认知有着重要影响。三是少数民族总是从其民族文化视角来理解和领悟现存政治体系的价值观念。在个体政治认同的形成过程中,政治主体通过对主流政治价值观念的怀疑、求证,形成了促使个体相对可以接受的观念。但随着认识过程的深入,个体需要对这些观念进一步的理解和体悟,进而把认知活动推进到更为深入的层次。少数民族个体在理解和体悟这些观点或观念的过程中总是从自身的文化立场和自身价值立场展开的,这种理解和体悟的结果就是形成较为坚定的立场和价值取向。所以说,民族文化对少数民族大学生政治认知的最终形成有着重要影响。

(二) 民族文化对少数民族大学生政治情感的影响

政治情感主要是指政治主体运用一定的政治原则、政治规范和政治价值观去理解、评价周围环境中的人和事的过程中所产生的一种主观情绪体验。它对个体或群体政治认同的形成与发展起着催化与强化作用。在对少数民族大学生开展政治教育过程中，少数民族文化在一定程度上制约着少数民族大学生政治情感的生成。民族文化是本民族在长期共同生产生活中形成的共同价值观念系统，它本身蕴含着强烈的情感倾向，而且这种情感倾向是和民族与生俱来的。[①] 斯大林认为民族是基于共同地域、共同经济生活以及在此基础上所形成的共同文化和共同心理素质的人们共同体，这里斯大林强调了民族及其文化产生和形成的根源。少数民族在其共同地域和共同经济生活中有着共同的历史遭遇，他们同甘共苦、共同奋斗，在这种生产实践中所形成的共同文化具有强烈的情感基础。

民族文化对政治认同中政治情感生成的影响主要体现在两个方面。一是民族文化制约着少数民族对现存政治体系政治情感的生成。民族文化制约着少数民族对现行政治体系情感的生成主要是由于民族文化与现行政治体系是两个相对独立的系统，少数民族对现行政治体系情感的生成意味着少数民族需要从自身的民族文化认同转向对现行政治体系的认同。少数民族文化是本民族人在长期生产生活中结成的，这种情感的形成有着坚实的实践基础和长久的历史基础。这种基础是相当牢固的，因为民族间的区别在本质上主要体现为一种文化区别，民族认同本质上主要体现为一种文化认同。现行政治体系对少数民族来说是外在的东西，人类个体或群体对外在于自身的价值观念和行为规范产生认同，需要长期的实践和情感体验。由于缺乏真实实践行动和情感体验，少数民族对现行政治体系的情感认同在短暂时间内难以形成。同时少数民族在对本民族的民族文化认同与对现行政治体系认同的比较中，现行政治体系中那些与民族文化不相融合和不相协调的地方使得民族文化成为少数民族对现行政治体系认同形成的障碍。二是民族文化在一定程度上促成了少数民族对现存政治体系的情感认同。民族文化促成少数民族对现行政治体系情感认同主要是指现行政治体系中那些与少数民族文化有着共同价值取向的观念在促成少数民族对现行政治体系认同生成过程中起着积极推动作用。由于民族文化是少数民族在长期共同生产实践中形成的，民

---

① 詹小美：《民族共同体政治认同的理解向度》，《马克思主义与现实》2013年版第1期。

族文化的形成也使少数民族在长期生产实践中结成了深厚的民族情感，任何外在于少数民族文化的东西，只要与少数民族文化相结合或者融入少数民族文化的一部分，就会促使少数民族对其产生认同感。因此，我国现行政治体系中那些与少数民族文化相一致的价值观念较容易为少数民族所接纳和认同，进而增进其对整个政治体系的认同和接纳。在对少数民族学生开展政治认同教育中要充分利用现行政治观念与少数民族传统文化相一致的内容，同时在少数民族的政治认同教育中要注重把现行政治体系的价值观念转化为少数民族文化易于接受的形式。

（三）民族文化对少数民族大学生政治信念的影响

政治信念是指人们对现行政治体系及其价值系统的信服和信仰。政治信念的形成是政治认同形成的关键，因为政治主体只有从信念和信仰上解决了对政治的认识问题，政治认同才会真正形成。同时政治信念也是政治认知和政治情感发展的必然结果，它是政治认知、政治情感和政治意志的有机统一，它一旦形成将会成为政治主体的强大动力和精神支柱。

民族文化与个体的政治信念的形成是彼此相互区别又相互联系的两个系统，一方面政治信念相对独立，较少受到民族文化的影响，另一方面少数民族个体政治信念的生成又受到民族文化的牵制。首先，关于政治信念的相对独立性。政治信念的形成是建立在政治认知和政治情感的基础上的，它需要对现存政治体系有着较为深刻的认识基础和情感基础。一般来说个体政治信念只有在深刻的政治认知和政治情感基础上才会产生。这种政治信念的产生是政治主体对现行政治体系及其价值系统认识发展的结果，是政治主体的一种内源性生成。个体政治信念的这种内源性生成是政治主体经由政治认知阶段、政治情感生成阶段基础上形成的对于现行政治体系的更为深刻的认识，是个体对现行政治体系的认识由感性上升到理性的结果，是政治主体在实践中对现行政治体系及其价值系统的情感升华，使其成为自身信念系统和信仰系统的组成部分，对此深信不疑，并随时在实践中践行，而且在其认识活动中总是把它作为其他推理的逻辑基础和判断事物优劣的标准。而民族文化是本族人民基于长期生产实践所形成的价值体系和价值原则，也是连接各族人民内部的情感纽带。在这种意义上政治信念和民族文化对少数民族来说同等重要，不存在孰重孰轻的问题。因为对少数民族来说两者都有相当深刻的认识基础和情感基础，两者对于少数民族来说都是深信不疑的。在这种意义上，少数民族文化不会对少数民族政治信念的形成产生较大影响。其次，个体政治信念的生成又受到民族文化的牵制。我们说个体政治信念的生成受到民族文化的牵制，是因为民族及其文化的生成先于现行政治体系及其价值系统的生成。根据发生学原理，先行生成的观念在个体发展中起着更为主导的作用。因此少数民族文化在一定程度上会对个体政治信念的形成起着阻碍或促进作用，现行政治体系中那些与少数民族传统文化相一致的价值观念将会促成少数民族政治信念的生成，相反现行政治体系中那些与少数民族传统文化不一致的地方会阻碍少数民族对现行政治体系的信念生成。同时对少数民族来说，首先它是一个民族，一个自然形态。而现行政治体系及其价值系统则是一个政治组织或政治形态，这种自然形态先于政治形态。少数民族政治认同的形成实质是少数民族由对民族这种自然形态的认同分化为对现行政治体系的政治形态的认同和对民族的自然形态的认同。① 在这种分化过程中，自然形态的认同必然会对政治形态认同的形成产生重要影响。

（四）民族文化对少数民族大学生政治行为的影响

政治行为是人们在政治认知、政治情感、政治信念的支配和调节下，在具体实践活动中践行政治原则和政治规范的实际行动。政治行为是政治主体政治认同过程的归宿，政治认同教育的结果就是使政治主体在认同政治规范及其原则的基础上，践行其政治规范和政治原则，为现行政治体系的政治统治服务。在政治认同教育过程中，如果一个人的政治认知、政治情感和政治信念只是形成即止，而不付诸行动，不去践行政治原则和政治规范，那么这些政治认知、政治情感和政治信念只是个人的内在动机，而没有达到政治认同教育的实际效用。个体政治行为既是个体在政治认知、政治情感和政治支配下的实际行动，也是个体充分考虑

---

① 兰青松：《多民族国家政治认同整合机制的实践思考》，《中共福建省委党校学报》2013年第8期。

其经验、认知和情感范围后而作出的实践行为。对少数民族来说，少数民族文化对少数民族个体政治行为也有着重要影响。

少数民族文化对民族大学生在政治认同中的政治行为的影响也可以从以下两个方面理解。一是民族文化会对少数民族个体政治行为的产生起着促进和阻碍作用。因为在社会生活中，个体做出某种政治行为，是个体在其自身的认知范围内，根据其自身的思想观念和价值取向的权衡和考量而做出的实践行动。对于少数民族大学生来说，当他们做出某项政治行为时，既考虑了其政治认知和政治情感，也要考虑其民族文化因素，因为对于少数民族来说，本民族的民族文化对他们来说是根深蒂固的，虽然说由于环境的变化他们的某些观念会发生改变，但其在思考问题时常会无意识地以自身的民族文化所规定的价值规范和价值原则作为参照。可以说少数民族的民族文化所规定价值原则和价值规范是少数民族大学生认识事物和看待问题的根本出发点和价值原则。现存政治体系中那些与少数民族文化相一致的观念和行为规范较为容易为少数民族认可和认同，那些与少数民族文化不一致的价值观念和行为规范往往会阻碍少数民族对现存政治体系及其价值系统的认同。这需要在对少数民族开展政治认同教育的过程中，充分利用和发挥现存政治价值系统中与少数民族文化相一致的价值原则和价值规范，同时在政治认同教育中要把那些与少数民族文化不一致的地方进行改造，使之适合少数民族文化的接受形式，更利于增强少数民族的政治认同教育效果。① 二是民族文化对少数民族政治行为的影响也是有限的。因为在少数民族政治认同教育中，其政治行为的发生，是其政治认知、政治情感、政治信念发展过程的必然结果。对少数民族来说，虽然民族文化在政治认知、政治情感和政治信念过程中起着重要影响，但当政治认同教育促使政治主体形成政治情感和政治信念时，民族文化对在此基础上产生的政治行为的影响是有限的。因为现行政治体系的价值系统已成为少数民族个体自身观念的一部分，现行政治体系的价值系统已经与少数民族文化进行了有效结合，或者说这种结合使得少数民族对现行政治系统的认同已成为少数民族文化

---

① 商存慧：《加强思想政治理论课对大学生政治认同的引导》，《人民日报》（理论版）2011年3月29日。

的一部分，一般意义上的民族文化不会再对少数民族的这种政治行为产生较大影响。正是从这个意义上说民族文化对少数民族政治行为的影响是有限的。

（本文修改后发表于《吉林师范大学学报》2014年第1期）

少数民族大学生政治认同的
生成机制探究

政治认同是政治主体对现存政治体系及其价值系统表示认可、接纳的一种情感倾向和心理归属。[①] 个体政治认同的生成是个体与某种政治体系及其价值系统在一定社会环境中相互作用并促成个体对其产生认可的一个复杂过程。本文立足政治认同的一般规律，对少数民族大学生政治认同的生成机制展开探讨，以期推进少数民族政治认同教育的发展。

（一）个体需要产生政治认同意识

政治认同产生于个体政治认同意识的产生，少数民族大学生的政治认同也如此。而政治认同意识则是政治主体在政治生活中对某一政治体系及其价值系统表现出的一种认可和接纳的欲望和倾向状态。这种欲望和倾向状态的产生既源于个体的需要，又是社会对个体要求的结果。首先，政治认同意识的产生源于主体的需要。一般来说政治认同是对自身价值和文化体系之外的某种观念的接纳与认可，这种观念体系与个体自身的观念体系是两个相互独立的系统，个体对这种观念体系的接纳与认可是源于个体的某种需要而产生的，也即个体现有的政治价值不能满足当前需要，从而产生了对另一种政治价值追求的欲望和倾向状态。对少

---

① 陈纪、高永久：《少数民族政治认同概念的内涵探讨》，《新疆社会科学》2009年第1期。

数民族大学生来说，他们对现行政治体系及其价值系统认同欲望和倾向的产生，在一定程度上就是源于他们当前的政治价值观不能满足他们的需要，或者他们当前的政治价值观尚存在某些不足，进而产生更高一级的政治价值追求，从而产生新的政治理想，促成个体政治认同意识的产生。其次，个体对某一政治价值体系产生认同欲望和倾向也是社会对个体要求的结果。马克思指出，人是社会的人，人总是生活在一定的社会之中，人在其本质上是一切社会关系的总和。个体生活在社会之中不免各种社会关系形成了对人的某种牵制，为了更好地生活，个体往往会选择服从社会要求、适应社会，使自身实现社会化。当然个体适应社会，并遵循、认同一定的价值规范还取决于这些价值规范本身的合理性，而且这种价值规范的合理性在某种程度上得到社会大多数人的认可和支持。少数民族对现行政治体系的认同也一样。现行政治体系及其价值系统有着自身的合理性和先进性，因而获得社会多数人的赞同。随着社会的发展，这种价值体系会对社会中的少数民族群体提出要求，少数民族在个体自身需要和现实社会的要求下就产生了对现行政治体系及其价值系统接纳与认同的欲望和倾向状态。另外，需要强调的是，个体对某一政治价值体系产生认同的欲望和倾向更在于这一政治价值体系本身的合理性。某种政治体系及其价值系统能够被人们接纳或者对其产生接纳倾向，其中一个重要原因在于这种政治体系及其价值系统具有满足社会及人们某种需要的价值属性，而且这种价值属性能够激起他们更高的追求。少数民族对现行政治体系及其价值系统产生认同倾向或欲望，源于现行政治体系及其价值系统满足了人们的政治需要，而这种需要也是少数民族学生自身完善和自身发展的需要，同时这也是现行政治体系及其价值系统对少数民族个体要求的结果。总之，少数民族个体对现行政治体系及其价值系统的认同是少数民族个体、社会以及现行政治价值系统本身综合作用的结果。政治认同意识的产生意味着个体政治认同过程的开始，它是个体政治认同形成的第一阶段，在此基础上导向政治认知、政治情感、政治意志和政治行为环节。

（二）认知行动推动政治认同发展

政治认同意识的产生是个体政治认同生成的第一阶段，在政治认同意识生成后个体就会产生对现存政治体系及其价值系统的进一步了解和认识的需求。个体在政治认同意识产生后形成的对现行政治体系及其价值系统的进一步的认识和了解的行为就是政治认知。政治认知所要解决的问题是对政治价值系统的深刻的认识和充分了解，这是个体政治认同进一步形成和发展的基础。个体政治认同中的政治认知包括对政治主体的自我认知、政治主体对现行政治体系及其价值系统的认知以及对政治主体当前所面临的政治社会环境的认知。[①] 首先，关于对政治主体自我的认知。自我认知是对政治主体自身的认识，主要包括对政治主体自身当前的价值观念特别是政治价值观念的认识。对自身价值观念的认识使政治主体明确当前自身政治价值存在哪些优势与不足，从而在现实社会中寻求弥补这些自身价值观念所欠缺的东西，以满足自身和社会发展需要。古人说"知人者智，自知者明"，政治主体只有在对自身深刻剖析、认识的基础上，认清自己当前状况和真实需求，才能明确自身真正想要什么，才能在复杂多变、价值多元的社会中找寻到自己理想的政治价值追求。对少数民族来说，对自我的认知就是对少数民族本族传统文化及其政治社会价值观的认知，对本族传统文化及其政治社会价值观与现行社会主流价值以及理想政治社会价值系统关系的认知，这种自我认知，对于推进政治认同中政治主体对客体和环境的认知具有促进作用。其次，关于对现行政治体系价值系统的认知。政治认同主要是对现行政治体系及其价值系统的认同，个体在此认同过程中对现行政治体系及其价值系统的认知是政治认同形成过程中认知环节的核心内容，个体只有对认识对象有了深刻的认知并明确其合理性和真正价值后才会接受和认同它。人的认识是一个从感性认识上升到理性认识的过程，理性认识是认识过程中更为高级的阶段。个体对政治体系及其价值系统的认识主要包括对现行政治体系政治主张的认识以及对现行政治体系政治实践行为的认识。对现行政治体系主张的认识主要是对这些主张的基本观点、基本范畴及其内在关系的认识，这一层次的认识对于主体政治认同的最终形成具有重要作用。因为个体只有从理性层次上和认识的深处接受了这种政治价值观才会最终导致这种价值观的形成。同时在这种认识过程中，主体还需

---

① 薛中国：《国外政治认同心理机制理论评述》，《社会科学战线》2009 年第 9 期。

要在实践中检验这种政治价值,因为提出某种主张是一回事,而是否践行这种主张是另外一回事。政治主体只有在实践检验中才能对现行政治价值系统具有更为深刻的认识,从而进一步推进政治认同的发展。最后,关于政治社会环境的认知。个体的政治认知不仅包括对政治主体和作为客体的现行政治体系价值系统的认知,还包括对联系政治认知主体和客体的社会政治环境的认知,因为政治社会环境对个体政治认同的生成具有促进和阻碍作用。一是政治认知主体产生政治认同意识除了受政治主体自身因素影响外,还缘于政治社会环境的需要和要求。人总是生活在一定的社会之中,社会的需要对个体的追求有着导向作用。因此,个体需要对社会环境有所了解,要对现实社会和理想社会需要什么样的价值体系有一个相对明确的了解,只有对社会的需要有了明确清晰的把握,个体才能最终确定自己的理想政治价值取向,并把这一价值取向作为自己的追求和目标,实现自身需要和社会价值的有机结合。二是对政治社会环境的认识还有助于促进个体政治认同的生成。因为个体政治认同的形成受到社会环境各方面因素的影响,个体在对政治社会环境的认识过程中,通过对政治社会环境各方面的把握,进而改变影响社会环境中不利于政治认同生成的因素,这对于促成个体政治认同的生成具有重要意义。总之,政治认同中个体政治认知包括对政治主体的自我认知、对现行政治价值体系的认知以及对当前政治社会环境的认知。这三者对于个体政治认同的生成有着基础性的作用,这种政治认知导向个体政治情感和政治行为阶段,并对个体政治情感的生成和政治行为的实践起着重要推动作用。

(三)情感体验内化政治认同规范

情感体验是主体对外在事物所持态度在其内心所产生的感受、体味和经历,是外在事物是否符合人的需要而产生的情感体验。[①] 如果客体对主体的满足程度较高,主体就会产生一种快乐、高兴的积极情感体验,相反如果客体不能满足主体的某种需要,就会产生一种愤怒、哀伤的态度体验。这种情感体验对于深化主体对客体的认识,促进客体正确、理

---

① 李彬:《情感体验与学生发展》,《黑龙江高教研究》2004年第1期。

性认知的发展具有重要作用。在政治认同过程中也是如此。具体来说，在政治认同过程中，情感体验对于主体内化政治认同规范、促进认识深化的作用主要体现在以下两个方面。一是情感体验为主体对现行价值系统的深入认识搭建平台。一般来说在政治认同生成过程中，个体首先是对某种价值系统进行深入理解，在此基础上形成对这种价值系统的评价，从而促成理性认识的生成。在此过程中，理解是主体对客体认识的深入，是个体感性认识向理性认识转化的过程。而情感体验在促成这个过程中具有重要意义，情感体验是个体对知识内化的开始，在此以前知识对个体来说是外在的东西，在情感体验环节，个体把外在的知识与自己内在直觉、想象等形式相结合，或者说是个体把外在的知识与自身已有的价值系统和自身理想价值系统相结合，若外在知识与主体内在的价值系统适切度较高，主体就会产生快乐、高兴的积极体验，相应这种知识或价值观就会成为主体准备接受的信条。这种情感体验过程是把外在经验转化为内在认识的中介，任何观念只有通过这种情感体验后才会逐步为主体所接受，进而促成主体对这种观念和价值体系的深入理解。二是情感体验直接推进个体对现行政治体系及其价值系统理解的深入。外在的观念和价值系统进入到主体内在体验系统后，这些观念需要和个体内心进行相互交融，这个交融的过程就是主体运用自身观点和现实经验对其进行分析评判的过程，这种分析评判对于主体对其接受与否具有决定性意义。起初，当外在观念和价值系统进入到主体内在体验系统后，主体往往运用自身的立场和经验对这些观念系统进行分析，分析这种观点的意义和价值、分析这种观点对自身的适切程度，如果这种价值系统与自身现有价值系统和理想价值系统相一致，就会产生高兴、喜悦的外在表情状态，如果这种价值系统与自身现有价值系统和理想价值系统不一致，就会产生沮丧、失落感情状态。接着，主体在对外在观念和价值系统深入分析的基础上，自然而然产生对这种价值系统的评价，这种评价对于促成个体理性认识的生成具有重要意义。因为评价是一个更高层次的认识阶段，评价是在对事物分析思考后，得出的结论。在个体政治认同的情感体验中，评价直接导致个体理性认识的生成。

（四）意志行动调节政治认同矛盾

个体情感体验最终导致个体理性认识的生成。这种理性认识的生成还是主体主观分析体验的结果，在很大程度上还有一定的主观性，这种具有主观性的东西需要在理论和实践认识中进一步深化，以成为坚定不移的政治信念。[①] 也就是说在情感体验中，只形成了个体具有较强主观倾向性的感受，这种感受具有信念的雏形，这种具有明确主观倾向性的感受还需要在认识实践中通过意志行动的调节，促进认识进一步深化，成为一种信念。这种调节和转化过程包含以下几方面内容。一是个体根据自己的目的调控自己的行为，深化现有认识。在情感体验阶段形成的个体的初步选择还需要在理论和实践中进一步巩固。在这个过程中主体可能面对众多的问题和不确定因素，这时主体需要不断调控自身行为，集中内化在情感体验阶段形成的价值系统。其间要求主体对事物的认识有一种锲而不舍的精神，这是一种意志行动，需要主体有坚强的意志。因为对认识的深化不是轻而易举地取得的，需要认识主体在实践行动中调控自身行为，克服所要面对的困难，在自身与外在观念不断地碰撞、不断地总结、不断地思索中提升对事物的认识。二是通过意志努力把外在的价值系统内化为自身信念。政治认同的核心是个体把外在的价值系统转化为自身内在的价值系统，个体在把外在的价值系统转化为内在的价值系统中需要克服很多的困难，克服困难使外在价值系统与自身不断融合，以实现自身价值理念与目标价值理念的同一。也即政治认同不是单纯地对外部价值系统的接受和认可，是外部价值系统与个体内在价值系统在坚强意志力作用下不断融合的产物，这种融合实现了原有价值体系的革新，也会对原初外在价值体系的发展产生重要影响。个体对任何观念的接受都不是一步到位的，政治认同中个体需要在坚定意志作用下使理想的价值系统转换为自身价值系统的一部分。个体在情感体验阶段所形成的价值取向只有在意志行动作用下成为自身价值观念的一部分，才会最终促进个体政治认同的生成。三是个体还需克服社会各种误导思想

[①] 余翠娥：《少数民族政治认同理性化与基层民主政治建设》，《云南行政学院学报》2008年第6期。

坚定自身理想信念。在政治认同过程中，主体调节政治认同矛盾的一个重要的方面就是主体需要运用自身意志努力克服各种错误思想对主体目标价值系统的误导。主体在情感体验阶段形成了自身的主导价值取向，然而在其践行这种价值取向的过程中往往会受到各种错误观念的影响，这时主体需要对各种错误观念予以深入细致的剖析，并在意志力的调节与作用下，坚定自己的观点并使之成为自身的信念。有时，在个体新的价值信念形成的过程中某些外在的误导思想的影响是非常强大的，这时需要主体在充分认识自身选定的价值取向后，凭借顽强的意志在与错误思想及与主体自身不断的斗争中不断坚信自身选择，使其成为自身的价值信念。对少数民族学生来说，由于民族文化和传统价值观的影响，他们对现行政治体系认同的生成更需要坚强的意志，以促进其政治认同的生成。

（五）实践行为促进政治认同生成

政治认同形成的最终目的就是使政治主体表现出基于所认同政治价值的政治行为。这种政治行为既是政治主体在自身价值需要基础上产生的，也是社会对政治主体要求的结果。马克思指出，社会上占统治地位的意识形态一般都是统治阶级的意识形态，个体或社会团体对现行政治体系政治认同的生成对于现行政治体系的巩固和发展具有重要意义。而政治行为的生成是政治认同形成的最终体现。在个体政治认同形成过程中，政治认同行为的生成对政治认同也具有自身独特的意义。这一意义主要体现为政治信念需要在实践中巩固。在政治意志作用下生成的政治信念是政治认同理性认识的达成，这种理性认识只是认识的结果，但还需要在实践中不断检验、不断修正达成对理性认识的升华。这一过程对于政治认同的最终形成具有特别重要的意义。因为前一阶段的政治信念主要是在理论领域和主观领域或者是逻辑和经验领域的达成，而对现行政治体系及其价值系统的更深层次的认识需要在实践领域达成。在实践领域达成的对现行政治体系及其价值系统的认识比在理论、逻辑和经验领域达成的对现行政治体系及其价值系统的认识更为深刻。实践是检验真理的标准，在政治实践基础上的政治信念会使政治主体对此深信不疑，而在实践基础上形成的政治信念直接促成个体政治信仰的形成。另外，实践是理想见之于客观现实的自觉行动。这个客观现实的自觉行动需要注意以下几个方面。一是这种自觉行动是政治认同中的主观倾向的反映。实践行为促成政治认同生成的一个重要方面是要求这种实践行为必须是基于所认同的政治价值观的反映。也就是说政治行为的生成是由所认同的政治价值观而产生的。若在具体实践中个体的政治行为没有反映其认同的政治价值观或恰好与其政治价值观相反，就需要个体依据自身政治价值观纠正自身政治行为，促使自身政治行为反映体现自身所认同的政治价值观，否则这种"政治认同"没有任何意义或者政治认同根本没有达成。二是这种自觉行动需要主体对行动本身进行不断的反思。在政治信念生成后的各种政治行为中，还有一个重要内容就是需要政治主体不断对自身的政治行为进行反思。这种反思主要是在实践中思考所认同的政治价值系统合理之处在哪里，还有哪些需要改进，不合理的因素有哪些，为什么这些是不合理因素，产生这种不合理因素的原因是什么，如何才能促成这种价值系统更为合理等等。也就是说这种反思不是主体只局限于原有价值系统的基本观点，而是对原有观点要有所突破。三是这种自觉行动需要导向一种更高层次的认知，促进自身政治价值观的不断发展。认识从实践中来，认识也是一个从实践到认识、再从认识到实践的不断反复循环、不断上升的过程。政治认同也是一样。在政治认同信念基础上产生的政治认同实践的更高一级层次就是促进现有政治认同的政治价值向更高一层次发展。只有政治实践的这种不断提升机制才会促进更为合理的个人需要和更为合理的社会需要。因为实践是检验真理的标准，实践也是推动真理发展的动力。在政治认同中只有在认同价值系统基础上的自觉行动导向一种更高层次的政治价值，才会不断推进人类社会政治民主的不断发展。

（本文修改后发表于《湖北函授大学学报》2014年第1期）

少数民族大学生政治认同
教育的策略

政治认同教育是促进个体政治认同生成的重要途径。[①] 在少数民族政治认同教育中，由于少数民族个体的特殊性，其教育需要遵循少数民族政治认同生成的特殊规律，采用特殊的政治认同教育策略。本文主要对少数民族政治认同教育策略展开探讨。具体来说少数民族的政治认同教育主要有以下策略：

（一）从少数民族传统文化视角开展政治认同教育

政治认同是政治主体对现存政治体系及其价值系统表示认可、接纳的一种情感倾向和心理归属。政治主体对某一政治体系政治认同的形成一般经由政治认知、政治情感、政治信念和政治行为等过程。在少数民族个体政治认同形成过程中，少数民族文化对少数民族个体政治认同有着重要影响。在政治认知方面，少数民族文化对少数民族个体政治认知的影响体现为少数民族总是从其民族文化视角来选择过滤思想政治教育信息，总是从其自身民族文化视角来分析思考现存政治体系的价值观念，总是从其民族文化视角来理解和领悟现存政治体系的价值观念；在政治情感方面，少数民族文化一方面制约着少数民族对现存政治体系政治情感的生成，又在一定程度上促成了少数民族对现存政治体系的情感认同；

---

① 薛中国：《关于"政治认同"的一点认识》，《光明日报》2007年3月31日。

在政治信念方面，少数民族文化对少数民族个体政治信念的生成形成牵制；在政治行为中，少数民族文化对少数民族个体政治行为的产生又起着促进和阻碍作用。总体来说，少数民族文化对于少数民族政治认同的生成有着深刻的影响。少数民族文化的重要性是由"民族"这一人群共同体的基本特征决定的。因此，在对少数民族开展政治认同教育过程中，需要尊重、认可少数民族文化，这样政治认同教育中的理论和观点才会得到少数民族的认同和接纳，否则就会使少数民族对政治认同教育中的理论和观点形成一种抵触情绪，甚至敌视现行政治体系及其价值系统。

民族文化对于少数民族的至关重要性以及民族文化对少数民族政治认同生成的影响要求教育者在少数民族政治认同教育中充分利用少数民族文化，并在少数民族政治认同教育中注意采取少数民族文化易于接受的教育方式。首先，在政治认同教育中要充分利用少数民族文化。少数民族文化是少数民族人民在其长期生产生活中形成的本民族的价值系统，现行政治体系及其价值系统是围绕现行政治体系建立起来的观念系统，这两个系统相互排斥又相互对立。在对少数民族开展政治认同教育过程中要注意尊重少数民族文化，并注重利用和发掘少数民族文化中与现行政治体系价值系统相接近和一致的部分，使其在少数民族政治认同形成过程中起到先导和促进作用。其次，在政治认同教育中要注重采用少数民族文化易于接受的方式。只有在对少数民族的思想理论教育中采取适合少数民族的文化接受方式才能增强少数民族学生政治认同教育的实效性。所谓少数民族的文化接受方式，主要是指在对少数民族开展思想理论教育过程中，要考虑到少数民族的文化差异采取适当的教育方式或在少数民族思想理论教育中把现行政治体系价值观转化为少数民族的文化表达，使之民族化或直接通过民族文化载体传播现行政治体系价值观。因为在一定程度上说思想理论教育实质是一种文化教育。基于此，在对少数民族开展政治认同教育过程中要通过民族文学、民族规约、民族宗教、民族信仰等方式展开。具体来说，在民族文学方面，在政治认同教育中把现行政治体系价值系统的基本观点、立场、方法融入民族文学中，让少数民族学生在欣赏民族文学中逐渐树立起马克思主义立场、观点和方法。在民族规约方面，概括总结少数民族规约中与现行政治体系价值系统相似或相通的地方，在进行思想理论教育中把现行政治体系价值系统融入少数民族规约之中，通过对少数民族开展规约教育进而对其开展相应的思想理论教育。在民族宗教方面，一方面尊重少数民族的意愿，体现对其文化的尊重，另一方面宣传马克思主义有关宗教的观点与政策，让少数民族了解马克思主义，并在对比中认同和接受马克思主义。总之，在对少数民族开展政治认同教育中要注重运用易于少数民族接受的文化方式，以增强少数民族对现行政治体系价值系统认同教育的实效性。

（二）从党和各民族共同经历与遭遇视角开展政治认同教育

政治认同是一种情感倾向和心理归宿。在对少数民族学生开展政治认同教育过程中要注重培养少数民族学生对现行政治体系的政治情感和心理皈依。在缔造新中国及其辉煌成就的过程中，中国共产党和各少数民族先辈们同甘共苦、浴血奋战，在这种共同的经历与遭遇中党和各族人民形成了深厚的情感。[①] 在今天的少数民族政治认同教育中，要注重回顾中国共产党和少数民族前辈在艰苦岁月的奋斗历程，了解他们在共同经历与遭遇中结下的深厚情谊，这有助于在政治认同教育中使少数民族大学生建立起认同现行政治体系及其价值系统的情感基础。同时政治认同的形成还需要扎实的实践体验基础。除了情感基础和心理基础外，个体政治认同的形成还需要丰富的实践体验，只有经历了实践的体验与积累，个体政治认同才会稳固形成。回顾少数民族先辈与中国共产党共同奋斗的历程，似乎先辈们和党浴血奋战、同甘共苦的日子历历在目。对先辈们艰苦实践历程的回顾，对今天的大学生来说也是一种内心的实践体验。这种内心的洗礼对于增强少数民族学生政治认同的效果具有重要意义。

正因为如此，在对少数民族大学生开展政治认同教育过程中，要让少数民族学生充分了解中国共产党和各族人民共同的经历与遭遇以增进少数民族学生对现行政治体系及其价值系统的认同。另外，在政治认同教育中促使学生对本民族历史遭遇的了解还包括对各少数民族与中国共产党共同的历史遭遇的了解以及对新中国成立后马克思主义理论及其政党在少数民族地区的伟大实践。同广大少数民族一样，旧中国工人阶级

---

① 丁忠甫：《论影响我国政治认同的因素及对策》，《重庆科技学院学报》2006年第3期。

也是国民党残酷压迫和剥削的对象。在饱受国民党的压迫和剥削中工人阶级接受了马克思主义思想，并在马克思主义指导下组成自己的政党和全国各族人民一起浴血奋战，推翻国民党反动派白色恐怖统治。在对少数民族开展政治认同教育中要让少数民族学生了解，在各少数民族与中国共产党推翻共同的敌人的过程中，他们是在马克思主义的指导下才能取得革命战争的胜利，从而增进少数民族学生对马克思主义理论的接受和认同。比如在抗日战争中，我国各少数民族与中国共产党一道，英勇斗争、不屈不挠、共同抗日，在世界战争史上创造了伟大奇迹。在对少数民族学生开展思想理论教育中，我们要注意把少数民族与共产党顽强拼搏、并肩斗争的历史展现在少数民族学生面前，让少数民族学生体会到少数民族与共产党同呼吸共命运的历史，从而坚信党的可靠性、先进性以及增强对马克思主义理论的信任、认同与接纳。此外，新中国成立后，我国各少数民族在中国共产党的领导下全面开展社会主义建设，使中国经济社会产生了翻天覆地的变化，我们在思想理论教育中也要充分让少数民族学生知道少数民族与党一道共同繁荣、共同富强的历史，以增进少数民族学生对中国共产党和马克思主义理论的接纳。总之，少数民族学生对现行政治体系价值系统的接受程度与少数民族学生对中国共产党与少数民族的历史遭遇的了解程度密切相关，要大力加强少数民族学生的历史教育。

（三）从民族地区经济社会今昔对比视角开展政治认同教育

个体政治认同的形成是个体对现行政治体系理性认识的结果。理性认识是对事物本质的认识，作为对事物本质认识后形成的对现行政治体系的认同是非常持久和牢固的。理性认识很大程度上是在对事物间的比较中形成的，比较是认识事物的重要方法，不同的事物通过比较能更深刻地认识事物本质。比较有横向比较和纵向比较两种，横向比较是共时比较，即把处于同一时间段的两个事物从各个侧面进行比较；纵向比较是历时比较，是将同一事物在不同历史阶段的情况进行比较。对我国各少数民族地区经济社会发展状况的横向比较和纵向比较可以让少数民族了解民族地区经济社会的发展状况和今昔对比情况，体会感受在马克思主义理论指导下我国民族地区经济社会的巨大变化，从而对马克思主义理论指导下的中国共产党及其理论产生接纳与认同。

在政治认同教育中注重向少数民族大学生分析少数民族地区的历时状况与现实状况，注重加强对少数民族地区区域发展状况的对比，从而增强少数民族大学生对中国共产党的认同、增强对马克思主义理论的认同。[①] 比如，新中国成立前我国各少数民族生活的边远山区，经济落后、交通不便、信息闭塞，少数民族饱受本国剥削阶级和外国资本主义的剥削与压迫，生活极端困苦和艰难。新中国成立后在马克思主义理论指导的中国共产党的领导下，我国少数民族地区在经济社会发展方面发生了翻天覆地的变化，特别是改革开放以来我国民族地方的经济社会状况更是得到了飞速发展，人民生活状况得到了极大改善。民族院校在对大学生的思想理论教育中，要注重分析这种变化，使少数民族学生在体会了解少数民族地区经济社会发展的今昔对比中，增强对中国特色社会主义道路和理论的信任，从而增强对马克思主义理论的认同与接纳。同时在对少数民族学生开展思想理论教育中要注重把各民族地区经济社会发展状况与国内国外地区发展状况进行比较，特别要注重把我国边疆民族地区与周边国家相邻地区经济社会发展状况进行比较，通过比较鉴别，让少数民族学生真正认识到马克思主义理论指导下的中国的巨大变化，认识到马克思主义理论指导下的中国共产党的先进性，从而增强对中国共产党和对马克思主义理论的接纳与认同。

同时，这种比较还包括对旧社会残酷与不公的认识。新中国成立前我国各少数民族受尽国民党反动派的政治压迫和经济剥削。例如蒋介石在1927年发动反革命政变后，认识到少数民族地区在军事上的独特优势，便勾结偏远和边疆少数民族地区封建势力，控制少数民族地区，并对少数民族进行残酷的统治。蒋介石在湖南民族地区设立保甲制度，并推举一些地痞流氓作为保长和甲长，对少数民族实行野蛮剥削和压迫。同时国民党对广大少数民族实行民族歧视政策，蒋介石政府认为中国只有一个民族，事实存在的各少数民族只是其中的宗支，并强行对各少数民族实行同化政策，不准少数民族使用民族语言、不准穿少数民族服装、不

---

① 陈颜、贾秀兰：《增强民族院校马克思主义理论课教学实效性研究》，《西南民族大学学报》（人文社会科学版）2004年第10期。

允许过少数民族节日,并认为少数民族的传统风俗都是一些伤风败俗,并强行加以制止。可以说在国民党统治时期各少数民族生活在水深火热之中,新中国成立后少数民族的悲惨遭遇得到彻底改变。新中国革命和建设的伟大成就是在马克思主义理论指导下取得的,我们在对少数民族学生开展政治认同教育中要让广大少数民族学生了解过去少数民族的悲惨遭遇,要让少数民族对其今昔生活状况进行对比,这会增强少数民族学生对现行政治体系价值系统的接纳和认同。

(四) 从对党性质与执政理念深入分析视角开展政治认同教育

由于中国共产党是中国的领导党,少数民族大学生对现行政治体系的认同在很大程度上主要指的是对中国共产党的认同。一般说来政治主体对某一政治体系及其价值系统认同的产生不是由这一政治价值系统的外在因素促成的,而是政治主体在对这一政治价值系统理性分析的基础上做出的价值选择。虽然说外在因素在促进政治主体对某一政治价值系统的认同中有着积极作用,但外在因素不是决定性的因素。在政治主体对某一政治体系及其价值系统认同的生成中,起决定作用的因素是这一政治体系本身的合理性和政治价值系统的先进性。中国共产党之所以能成为绝大多数中国人认同、拥护的政党是由中国共产党自身政治价值的先进性决定的。对中国共产党的性质与执政理念的深入分析就是对政治体系本身的合理性和政治体系价值系统的先进性的认识,这有助于促进少数民族政治认同的形成。从性质上说,中国共产党是中国工人阶级的先锋队,是中国人民和中华民族的先锋队;从执政理念上讲,中国共产党代表中国先进生产力的发展要求、代表中国先进文化的发展方向、代表中国最广大人民的根本利益。中国共产党的先锋队性质和先进的执政理念体现了中国共产党的人民性和民族性,也真正体现了中国共产党是各少数民族和中国人民切实利益的代表者。同时中国共产党在其一切实际行动中也践行着这一价值体系。可以说对中国共产党的性质及其价值系统的深入分析与深刻认识是促进少数民族对党认同的核心内容。因此我们需要在对少数民族大学生开展政治认同教育过程中,对我们党的性质和执政理念进行深入的分析,让少数民族学生对党有一个深刻的认识和理解、有一个准确的认识和理解,这对于增强少数民族学生对中国共产党的认同具有重要意义。

在对少数民族学生开展政治认同教育的过程中，还要注意把现行政治体系的价值系统与少数民族的价值系统加以比较评析，使少数民族学生在比较评析中认识、接受现行政治体系的价值系统。少数民族在其独特的生境和经济社会生活中也形成了自身独特的社会历史观和社会政治观，这些政治历史观是少数民族在长期的生产生活和斗争中形成的，反映了少数民族对自然、社会的看法，是少数民族处理人与自然、人与社会关系的基本观点，是少数民族的世界观和政治哲学。少数民族的这种世界观和政治哲学是少数民族处理社会与自然关系的经验总结，有其科学性，并适应于少数民族社会。但是这些政治历史观和政治社会观有其局限性，对少数民族政治历史观和社会价值观从促进人类社会发展的角度予以评析对于我们准确认识少数民族社会历史观以及加强少数民族对自身社会历史观的认识具有重要意义和价值，同时有助于少数民族学生认识马克思主义，有助于少数民族对马克思主义理论产生理解和认同。比如，关于世界的起源我国不同民族有不同观点，布依族原始意识中认为世界上只有清气和浊气，天地万物就是由清浊气的运动变化而产生；彝族先民认为原初物质是雾；德昂族在探索世界的本原中提出茶叶是万事万物本原的思想。这些关于世界起源的观点，将自然与社会、神话与现实、正确与错误等诸多感性认识混杂交织在一起，形成了原始朴素、错综杂糅的宇宙观念，我们在对少数民族开展思想理论教育过程中需要对少数民族的社会历史观和社会政治观展开评析，使其认识到自身观念的合理之处与不足，激起他们不断追求、不断探索的动机，在这种比较评析中增强其对马克思主义的理解、接纳和认同。

（本文修改后发表于《湖北广播电视大学学报》2014年第1期）

文化视角下的民族院校道德教育

道德素质是高素质少数民族专门人才的重要内容，过去我国民族院校道德教育多以汉文化为背景，较少考虑到各少数民族文化的特殊性。如何把握我国民族院校道德教育对象的特殊性，提高少数民族学生的道德素质，是民族院校培养高素质少数民族专门人才的职责和重要任务。本文拟从文化的视角对我国民族院校道德教育展开探讨。

一 民族院校道德教育的特殊性

民族院校道德教育的特殊性主要缘于民族院校道德教育对象的特殊性。在我国，民族院校少数民族学生比例一般保持在65%—70%，民族院校特殊的学生构成形成了道德教育对象的特殊性。少数民族道德教育对象的特殊性体现在各少数民族在生活习俗、宗教信仰、心理特征、思维方式和价值观念方面的差异性上。

（一）民族学生生活习俗的差异性

民族院校各民族学生来自不同的地方，不同民族在居住环境、经济条件和历史遭遇方面的差异，使得各少数民族在服饰、饮食、居住、生产、婚姻、礼仪、节庆、娱乐等物质生活和文化生活方面各具特色，而且在传统喜好、风气、习尚和禁忌方面的差异也较大。比如，在服饰方面，藏族人常见的服饰颜色为白色，男女多身着白色上衣、白羊皮袄、白色布衫等，在藏族人心中白色象征着圣洁、美丽与吉祥，是一切美好事物的象征。在饮食方面，回族忌吃猪肉，禁食狗、马、驴、骡及性情凶残的禽兽之肉，因为回族是一个十分讲究卫生的民族，他们特别注重饮食卫生，处处突出"洁净"二字，他们认为猪、狗、马、驴、骡是很肮脏的。在礼仪方面，藏族人在见面打招呼时忌直呼其名，一般要在名字后加"啦"字表示尊敬和亲切，有些地区在男性名字前加"阿吉"或"啊觉"；朋友互相打招呼或聊天时，忌讳别人的手搭在对方的肩膀上，更不能用手摸对方的头；藏族人忌讳不能跨或踩吃饭的用具、锅碗、瓢盆，不能跨过或踩别人的衣服，不能把自己的衣物放在别人的衣服上，更不能从人身上跨过去。总之，各个民族的生活习俗差异较大，在对少数民族的日常道德教育中，一定要考虑到各少数民族的生活习俗差异。

（二）民族学生宗教信仰的差异性

宗教是人类社会发展到一定阶段后产生的一种文化现象，它相信在现实世界之外存在着超自然的神秘力量或实体，该神秘力量统摄万物而拥有绝对权威、主宰自然进化、决定人世命运，从而使人对该神秘力量产生敬畏及崇拜。民族院校各少数民族学生由于长期生活在边远落后地区，科学知识相对缺乏，对宗教形成了一种特有的依赖和信仰。我国少数民族大多信仰宗教，其中有20多个少数民族几乎全民信仰宗教。宗教对各少数民族产生了重大的影响，一些宗教意识和宗教习惯渗透到少数民族生活的各方面，并演化为具有民族性的生活习惯，影响着少数民族的意识和行为。民族院校的少数民族学生人数众多、来源复杂，因入学前家庭和生活环境的影响，有较大一部分学生信仰宗教，有些少数民族学生还是虔诚的宗教信徒。信仰宗教现象在民族院校体现得较为突出，这也是其他一般普通高校所少见的。由于不同的民族信仰不同的宗教，而且各种宗教的仪式、习惯等差异较大，各少数民族都希望自己的宗教信仰和风俗习惯得到别人的接受和尊重，他们甚至把其他民族对待本民族宗教和风俗的态度看作是对待其民族及其自身尊严的态度。

（三）民族学生心理特征的差异性

心理特征是指个体或某一群体在社会活动中表现出来的相对稳定的

心理特质，包括能力、气质和性格。我国民族院校学生来自不同的地区，各少数民族由于各自经济条件、文化传统、风土人情的差异，形成了不同民族的心理、性格、生活和行为习惯。例如，土家族具有质朴、刚劲、勇猛、爽朗的民族心理特征；傣族具有温文尔雅、重和睦、轻纷争的心理特点；纳西族具有坚忍不拔、深沉谨慎、质朴厚重、信仰多神的心理特点；回族具有勇敢无畏、富于反抗、兼容并蓄、灵活变通的心理特征；蒙古族在民族性格特征上表现出豪放、刚毅、粗犷的特点等。另一方面，由于各少数民族大都生活在边远地区和山区，交通不便、信息闭塞、居住分散，在心理特征上形成了较为保守的民族性格和孤僻的民族心理。这些心理特征上的缺陷不仅影响着少数民族学生个人的心理特征和生活、行为习惯，而且还影响着学生之间的交往和相处。他们往往一方面渴望得到其他民族同学的认同，也会主动与同学来往、交朋友，但又会因习惯和心理等方面的原因，将自己局限在本民族的小圈子内，形成民族性的非正式群体，限制了同学间的相处和沟通。①

（四）民族学生思维方式的差异性

思维方式一般是指主体认识客观世界、思考问题、求得新知的途径与方法，即主体认识客观世界的程序、规则和框架，也即方法论原则。社会的实践活动方式是怎样的，人的思维方式大体也就是怎样的。民族院校的各少数民族学生由于长期生活在老、边、穷地区，封闭的自然环境、贫瘠的经济基础，使他们形成了各自独特的思维方式，而这种思维方式是他们把握客体、接受新知识的认知方式。在对少数民族学生开展道德教育时，必须要充分地认识和考虑到各少数民族思维方式上的差异性。比如，赵志毅考察了凉山彝族的思维方式，指出凉山彝族传统思维方式具有以下几个特点：一是具体性，凉山彝族的传统思维是基于直观经验的思维，思维的整个过程都是和具体的事物、具体的经验联系在一起的；二是类比性，凉山彝族常用一定的个别经验去比喻一种情况或一件事情，而不能撇开具体物象作单纯的理论推论；三是形象性，即凉山

---

① 巴玉玺：《对民族院校学生思想政治教育工作特殊性的认识》，《中南民族大学学报》2007年第5期。

彝族对世界的观感主要采取形象的方式来表达；四是互渗性，凉山彝族往往把原始宗教文化渗透于一切领域。这种思维方式的差异要求在对少数民族学生开展道德教育的过程中要注意内容的形象性、方法的具体性和榜样的生动性。

（五）民族学生传统价值观的差异性

价值观是主体对"什么是好的""应该是什么"的价值意识和价值判断，它是"人们基于生存、享受和发展的需要对某类事物的价值以及普遍价值的根本看法，是人们所持有的关于如何区分好与坏、对与错、符合与违背意愿的总体观念，是关于应该做什么和不应该做什么的基本见解"①。物质生产实践往往对人的价值观的形成起着决定作用，马克思指出："思想、观念、意识的生产最初是直接与人们的物质活动，与人们的物质交往，与现实生活的语言交织在一起……意识在任何时候都只能是被意识到了的存在，而人们的存在就是他们的现实生活过程。"②我国各少数民族由于各自物质生活方式、观念文化传统的差异，形成各自具有地域特色或民族特征的价值观念。这样对同一件事不同民族学生会做出截然不同的价值判断，而且各民族学生常把他们的规范和价值标准视为必然。在道德教育中我们必须认识到这种少数民族传统价值的差异，并正确地分析这种差异，既使本民族中的优秀文化价值得以保持和传承，又使其传统价值在少数民族习得时代所需的价值中起到促进作用。

二 民族院校道德教育的文化视角

（一）道德教育的文化意蕴

文化是历史凝结成的一种相对稳定的人的生活方式，道德从来就是一个文化范畴。在人类社会中，道德主要是指依靠社会舆论、传统习惯和人的内心信念来维系，并以善恶进行评价的原则规范、心理意识和行为活动的总和。人的存在实质是一种文化存在，道德教育的目的在于促

---

① 吴向东：《论价值观的形成与选择》，《哲学研究》2008年第5期。
② 《马克思恩格斯选集》第1卷，人民出版社1995年版，第72页。

使人的这种文化性的生成。而且道德教育具有一种天生的文化品性，这种文化品性主要在道德教育的目的、主体、内容和方法方面体现出来。在道德教育中，只有从文化的角度思考、理解和把握道德，才能够真正理解道德教育的本质，进而实现道德教育对人的精神的引领。因为"文化提供了物质与符号工具。人类正是通过文化适应所处的生态环境与社会环境，建构关于世界与自我的观念"[1]。

另外，道德教育也是文化进化与文化传承的重要方式。道德教育的目的在于促使人的存在的文化性生成，而人类文化往往是靠后天习得的。也就是说人类文化的延续，主要不是通过生物遗传的方式，而是通过后天学习教育的方式发展下去。在道德教育过程中，教育者通过选择传统文化中的优秀成分加以传承，并根据时代和社会需要不断更新和增添社会新的道德教育内容，以不断推进文化的创新与发展，体现道德教育的文化传承、文化创造、文化传播和文化交流功能。正如俞树彪所说：道德教育在文化上就是一种精神创造，我们要有意识地传承优良文化、学习先进文化，培养人们的民族自信心和自豪感，引导人们自主应对现代化和全球化，并在现代化和全球化中保持鲜明的文化个性，增强民族的文化自主意识，提升文化反思能力。[2]

（二）民族德育特殊性实质是文化的特殊性

民族院校学生在习俗、心理、思维、信仰和价值观方面的特殊性实质是一种文化上的特殊性。文化是一个国家或民族在历史、地理、风土人情、传统习俗、生活方式、文学艺术、行为规范、思维方式、价值观念等方面的总和，习俗、心理特征、信仰、思维方式和价值观是文化的基本内容。民族院校少数民族学生在以上诸方面的特殊性正是民族文化特殊性和民族文化多样性的表现。正如泰勒指出的，"文化，或文明，就其广泛的民族学意义来说，是包括全部的知识、信仰、艺术、道德、法律、风俗以及作为社会成员的人所掌握或者接受的任何其他的才能和习

---

[1] 孟维杰：《心理学文化品性》，黑龙江大学出版社2007年版，第57页。
[2] 俞树彪：《论道德教育的文化自觉》，《思想教育研究》2007年第2期。

惯的复合体"①。

民族差异实质是一种文化差异。对民族来说，文化差异具有本质意义，何叔涛指出："民族是从文化的角度来区分的人们共同体，同时又是具有凝聚力的利益集团。构成民族的要素和进行民族识别的标志是共同的历史渊源和语言文化，一定程度的经济联系性和大致相同的经济模式，以及建立在共同体经济文化基础上并受到族际关系所制约而强调共同起源、反映共同利益的民族感情和自我意识。"② 我国是一个多民族国家，境内55个少数民族在长期的历史发展中都形成了各自独特的传统文化，这些不同的文化"符号"成了各民族各具特色的象征。这样不同文化背景下的少数民族形成了不同的道德价值观，各个少数民族在对待个人与集体、人与社会、婚姻与家庭、宗教信仰与人生关怀等关系时就会产生不同的看法。因此在少数民族学生的道德教育中我们要尊重这种文化上的差异。

（三）民族德育文化视角有助于提高德育实效

首先从文化视角开展民族院校道德教育有利于受教育者对教育者的接纳。教育是指教育者根据一定社会的要求，有目的地对受教育者的身心施加影响的活动过程。其中教育者和受教育者是教育关系中的主体，教育者所发出的教育行为是否能被受教育者接受是教育活动能否取得实际效果的关键。由于少数民族各自文化的特殊性，在对少数民族学生开展道德教育的过程中必须尊重各民族文化，要在深入了解各民族文化基础上，有针对性地开展道德教育，这样才会得到少数民族学生的接纳，提高民族学生道德教育的实效性。

其次从文化视角开展民族院校道德教育有利于发掘和利用民族文化中的优秀德育资源提高道德教育实效。道德教育从来就是一个文化范畴，文化性是道德教育的基本属性。对少数民族来说，文化具有本质上的意义，少数民族间的差异在一定程度上就是一种文化差异。在道德教育过程中，我们要有意识地挖掘利用民族传统文化中的德育资源，因为各民

---

① ［英］爱德华·泰勒：《原始文化》，连树声译，上海文艺出版社1992年版，第1页。
② 何叔涛：《略论民族定义及民族共同体的性质》，《民族研究》1993年第1期。

族都有着自身优良的道德教育传统，而且各少数民族的文化传统中都蕴含着丰富的德育资源。少数民族传统文化中所蕴含的道德教育资源为少数民族道德教育提供了深厚的内源性发展动力，这对于提高高校少数民族学生的道德教育实效性具有重要意义。正如许瑞芳指出："只有根植于深厚的民族文化传统，汲取母体的生命养分，德育才能从根本上实现其内源性的、真正的发展。"[1]

最后从文化视角开展民族院校道德教育有利于少数民族现代德育素质的培育。少数民族学生大多来自边远偏僻的民族地区，由于根深蒂固的传统文化的影响，他们现代文化素质缺乏。民族院校必须注重对民族学生现代素质的培养，因为在当今时代，任何一个民族都不可能拒绝现代化。现代化素质的培养需要教育，正如英克尔斯所说，"在决定个人现代性水平方面，教育是一个首要的因素"，是"一个非常强有力的直接的和独立的因素"，因此少数民族道德教育要注重培育少数民族的现代德育素质。在培养少数民族现代德育素质过程中，要避免过去简单、武断的方法，要避免过去的泛政治化和社会本位导向，而应主要从少数民族文化的视角切入，以尊重少数民族文化，注重采用少数民族易于接受的方式开展道德教育，以使少数民族更容易接纳现代德育所倡导的思想和理念，增强德育实效。

三　文化视角下的民族院校道德教育实践

（一）充分认识文化对于民族德育的重要性

认识是行动的先导，只有充分认识到了文化对于民族德育的重要性，才能在德育实践中更好地从民族文化视角开展道德教育。充分认识文化对于民族德育的重要性主要包括两个方面：一是领导要充分认识文化对于民族德育的重要性；二是德育教师要充分认识到文化对于民族德育的重要性。从第一个方面看，对民族院校道德教育来说，领导者的素质、思维、决策具有决定意义，可以说各级领导对民族德育特殊性的认识状况决定着民族学生德育的成败。因为各级领导掌握着一定的权力和资源，

---

[1] 许瑞芳：《文化传统：德育现代化的内源性资源》，《教育理论与实践》2005年第3期。

他们决定着道德教育的组织与策划、影响着道德教育改革与发展。因此在民族德育过程中各级领导首先要认识到位，只有领导认识到了文化对于民族德育的重要意义，才可能更好地去组织、策划民族德育的改革与发展。从第二个方面看，教育关键在教师，道德教育尤其如此，因为教师是道德教育的直接实施者，教师在道德教育中是否选择了恰当的道德教育内容、是否采用了使学生易于接受的方式，对于道德教育的实际效果有着决定性的影响。对于民族院校的教师来说，由于民族院校的学生有着各自不同的文化特性，他们在传统喜好、风俗习惯、宗教信仰、文化心理等方面有着较大差异，在具体开展道德教育中必须要充分地认识到文化差异对于民族学生道德教育的特殊意义。

因此，一方面，民族院校领导要在充分认识民族文化对于民族德育的特殊意义的基础上，不断地推进民族院校道德教育的改革与发展，注重对所有教师开展有关民族文化方面的培训，不断丰富教师对各民族文化的认识，提高教师的多元文化水平。另一方面，民族院校教师也要不断提高自身的道德教育水平，不断改进自身的教学方法，采取各民族易于接受的方式，做到因材施教。在道德教育中，教师要更多地了解不同民族的文化常识，力争从文化的视角对民族学生开展道德教育，以提高民族院校学生道德教育的实效性。

（二）运用适合民族接受的方式实施民族德育

道德教育的方法是提高道德教育实效的关键，一定的道德教育内容只有通过有效的方法才能为受教育者所接受，进而内化为人生准则的一部分。因而在对民族学生开展道德教育时，我们需要根据各少数民族不同的文化背景，采用其易于接受的方式。这样道德教育才能更为民族学生所接受，才能提高道德教育实效。

因此，在民族院校具体的道德教育实践中，一方面，我们要深入了解各民族的文化特征，并运用各少数民族都乐于接受的方式开展德育。比如，我国境内大多数少数民族学生在思维方式上都具有具体性、类比性和形象性的特点，根据这一特点在道德教育中我们可采用榜样示范、陶冶教育和实际锻炼等方法。具体来说，我们可以采取教育者、各民族伟人和优秀学生等榜样示范，使受教育者从内心产生对榜样的惊叹、爱慕和敬佩，从而激起他们对榜样的仰慕之情，进而自觉运用榜样的力量来提高自己的思想境界；同时我们要注重校园文化建设，开展丰富多彩、积极健康的民族文化活动，使各民族学生在学校的物质文化和精神文化环境中受到熏陶、感染，使各少数民族学生在欣赏和参与各种音乐、美术、舞蹈、雕刻、诗歌、影视等文艺活动中潜移默化地受到影响。另一方面，我们要结合各民族文化的特殊性，变换道德教育的方式。比如各民族都有不同的禁忌习俗，在道德教育中我们不能冒犯民族禁忌，否则就会引起受教育者的反感。这时我们需要从恰当的角度并选取恰当的素材，来摆事实、讲道理。例如，彝族忌食狗肉，他们特别感恩狗，不但不能杀它，而且还在"尝新节"吃新粮前，先给狗吃新米饭，我们在对彝族开展道德教育的过程中，就要慎谈与狗有关的例子。

（三）充分利用民族传统文化开展民族德育

道德教育的目的是让受教育者接受具有普遍性的道德原则和规范，每一个民族都有一定的道德教育形式，在民族院校的道德教育过程中，充分利用民族传统文化的具体形式开展道德教育对提高德育实效性具有重要意义。我国少数民族传统文化的形式包括生活文化、宗教信仰文化、禁忌文化、节日文化等，在具体道德教育实践中我们要有意识地利用这些道德教育的文化载体。

利用民族传统文化载体开展道德教育，主要包括以下方面：一是利用民族生活文化开展德育。一个民族的生活文化往往反映一个民族的行为规范、道德准则和价值判断，并显示出一个民族独特的文化特征。少数民族的生活文化主要包括服饰文化、饮食文化和民族文学；少数民族服饰以其各自独具特色的文化含义和审美情趣呈现出五彩斑斓的绚丽色彩；少数民族的饮食文化更是民族历史及文化传统积淀的产物；民族文学是对民族文化感性体验与理性思维的结合体。在具体道德教育实践中我们要有意识地对少数民族的生活文化加以利用。二是利用民族信仰文化开展德育。信仰文化是民族文化生态中不可或缺的组成部分，它往往在人们的内心中建立起有力的、持久的情绪和动机。在对少数民族开展道德教育过程中，我们要根据宗教经典、宗教道德思想教育机制，营造道德教育认知情景，培养学生的道德情感、指导学生的道德行为选择。

三是利用民族节日文化开展德育。民族节日文化是指某一民族创造的在特定的时日内展现出来的不同形态文化形式，它表现为一定体系，有着独特的内在结构、文化特征和社会功能。我国少数民族节日繁多，既有自古传承而来的传统节日，又有现代形成的各种节日，而且每一节日都有着丰富的内容和多样的形式。在道德教育中，我们要有意识地利用这些民族节日文化。四是利用民族禁忌文化开展德育。禁忌文化是指在某个民族或宗教传统里禁忌某些事物、行动或语言的文化现象。我国各民族在在历史发展中，由于生活环境、社会实践的不同形成了不同内容和不同民族特色的原始禁忌，这些禁忌对自然生态环境的保护和人们的思想道德规范产生着积极影响。因此在道德教育中，我们一方面要利用少数民族禁忌文化中的有益成分直接应用于我们的道德教育，另一方面在道德教育中，我们要寻找传统文化禁忌与现代德育素质的结合点，把传统禁忌文化作为培养现代德育素质的媒介，使少数民族更易于接受现代德育的内容，提高道德教育的实效性。

（本文修改后发表于《学校党建与思想教育》2012 年第 14 期）

民族院校大学生马克思主义理论接受、认同教育规律

民族院校是我国少数民族高等教育领域的特殊组成部分，其学生构成主要是少数民族，目前各民族院校少数民族学生比例基本上都在60%左右。特殊的少数民族学生构成决定了民族院校教育教学的特殊性。党的十八大报告指出，推进马克思主义中国化时代化大众化是当前马克思主义理论教育的一项重要任务，民族院校作为对少数民族开展高等教育的重要机构，在民族院校和民族地区推进马克思主义大众化过程中具有重要作用。当前我国民族院校在推进马克思主义大众化教育中主要移植内地普通高校的教育模式，而较少对影响民族院校少数民族大学生马克思主义理论教育的深层次因素展开研究。本文试着对民族院校大学生马克思主义理论接受、认同规律展开探讨。

（一）民族学生对马克思主义理论的认同程度与马克思主义理论工作者对少数民族传统文化的尊重程度密切相关

民族学生对马克思主义理论的认同与马克思主义理论工作者对少数民族文化的尊重密切相关，主要体现在两个方面。一是由于民族文化对少数民族的至关重要性，需要马克思主义理论工作者对少数民族文化予以尊重，需要尊重各民族间的文化差异；二是马克思主义理论工作者在对少数民族学生开展马克思主义理论教育中需要广泛采用适合少数民族接受的文化方式开展教育。

民族传统文化对于少数民族的重要性是由"民族"这一人们共同体的基本特征决定的。斯大林指出,"民族"是具有共同地域、共同经济生活、共同文化以及在此基础上形成的共同心理素质的人所组成的人们共同体。在原始社会末期,随着部落联盟的解体,人类进一步获得解放,其交往范围进一步扩大,人类逐步形成了基于共同地域、共同经济生活、共同文化的人们共同体——民族。民族是在人类社会发展中形成的自觉的人们共同体,这种共同体的核心是在共同地域、共同经济生活基础上所形成的共同文化。民族文化差异是各民族间最核心的差异,它是各民族的精神家园和最后领地,对少数民族来说外界对其文化的尊重就是对其民族的尊重。因此,对少数民族开展马克思主义理论教育,需要尊重、认同少数民族文化,这样才会得到少数民族的认同和接纳,少数民族在接受马克思主义理论工作者后才会进一步接受马克思主义理论工作者的观点和立场。教育是教育者和受教育者建立在良好关系上的一种影响和感化,在对少数民族学生开展马克思主义理论教育中必须尊重少数民族文化,通过文化尊重和人格尊重建立良好的教育和受教育关系,从而形成民族学生对马克思主义理论的有效接受。相反,如果在思想政治教育中漠视或不尊重少数民族文化,会使少数民族对马克思主义理论形成一种抵触情绪,甚至敌视马克思主义者和马克思主义理论及观点。因此,在对少数民族学生开展马克思主义理论教育中,要注重认同、尊重少数民族文化。

民族文化对于少数民族的至关重要性要求教育者在对少数民族大学生开展马克思主义理论教育中要采取少数民族文化易于接受的教育方式。因为对少数民族文化的尊重是一回事,在开展马克思主义理论教育中能否采取少数民族接受的文化方式是另一回事,只有在对少数民族的思想理论教育中采取适合少数民族的文化接受方式才能增强少数民族学生马克思主义理论教育的实效性。所谓少数民族的文化接受方式主要是指在对少数民族开展思想理论教育过程中,考虑到少数民族的文化差异采取适当的教育方式,或在少数民族思想理论教育中把马克思主义理论转化为少数民族的文化表达,使之民族化或直接通过民族文化载体传播马克思主义理论。因为在一定程度上说思想理论教育实质是一种文化教育。在对少数民族开展马克思主义理论教育中要通过民族文学、民族规约、民族宗教、民族信仰等方式展开。具体来说，在民族文学方面，在马克思主义理论教育中把马克思主义的基本观点、立场、方法融入民族文学中，让少数民族学生在欣赏民族文学中逐渐树立起马克思主义立场、观点和方法。在民族规约方面，概括总结少数民族规约中与马克思主义基本理论和立场相似或相通的地方，在进行思想理论教育中把马克思主义基本理论融入少数民族规约之中，通过对少数民族开展规约教育进而对其开展相应的思想理论教育。在民族宗教方面，一方面尊重少数民族的意愿，体现对其文化的尊重，另一方面对马克思主义有关宗教的观点与政策进行宣传，让少数民族了解马克思主义，并在对比中认同和接受马克思主义。同样在民族信仰方面，一是体现尊重，二是向其宣传共产主义，并把少数民族信仰与马克思主义信仰有机结合起来，因为马克思主义信仰是对人类幸福美满社会的追求，目的是去解放全人类，少数民族信仰与马克思主义信仰有许多可以结合的基础。总之，在对少数民族开展马克思主义理论教育中要注重运用易于少数民族接受的文化方式，以增强少数民族马克思主义思想理论教育的实效性。

（二）民族学生对马克思主义理论的认同程度与民族地区经济社会发展状况及民族学生对其了解程度密切相关

民族学生对马克思主义理论的认同程度与少数民族地区经济社会发展状况密切相关，主要取决于两个方面：一是经济基础对上层建筑和社会意识的决定作用，使得少数民族地区的经济社会发展水平影响着民族学生对马克思主义理论的接纳与认同；二是民族学生对少数民族地区经济社会发展状况今昔对比的了解促使民族学生更进一步接纳马克思主义，增强对马克思主义的认同。[1]

马克思主义理论认为社会存在决定社会意识、经济基础决定上层建筑，人们的社会经济状况如何决定着人们的社会意识状况，同时人们的社会意识状况对社会经济状况具有反作用。当前我国各民族经济社会发展程度不一样，各民族地区经济社会发展状况直接影响着少数民族对马

---

[1] 陈颜、贾秀兰：《增强民族院校马克思主义理论课教学实效性研究》，《西南民族大学学报》（人文社会科学版）2004年第10期。

克思主义理论的接受与认同程度。马克思主义认为小农经济只会产生封建意识，商品经济会产生资本主义意识。马克思主义理论是在资本主义充分发展基础上，马恩等人在揭示资本主义的弊端的基础上提出的超越资本主义的世界观、价值观和社会学说，对这种世界观、价值观和社会学说的理解和认同需要有一定经济基础作支撑。当前我国各少数民族地区经济社会发展程度不一样，这种发展差距决定了各民族对马克思主义理论的理解与认同层次不一样，这要求我们对各民族或各地区对马克思主义的理解与认同不能强求一致，当前迫切需要做的是着力发展我国少数民族地方经济，推进民族地方经济社会发展，通过经济社会的发展扩大人们的活动范围，改变人们陈旧的意识，促成人们新的观念的形成，以认识到马克思主义理论的科学性和先进性，从而对马克思主义理论产生认识和接纳。同时也只有少数民族地区经济社会的发展，才能使少数民族对代表人类社会先进水平的价值观得到更高层次的认同和接纳。

另外，少数民族大学生对马克思主义理论的理解和认同与少数民族学生对民族地区经济社会发展状况的了解程度密切相关。在马克思主义理论教育中，教师要通过对少数民族地区经济社会状况的今昔对比，使少数民族对马克思主义理论产生认同与接纳。因为比较是认识事物的重要方法，通过比较能更深刻地认识不同事物的本质。比较有横向比较和纵向比较两种，横向比较是共时比较，即把处于同一时间段的两个事物从各个侧面进行比较；纵向比较是历时比较，是将同一事物在不同历史阶段的情况进行比较。对我国各少数民族地区经济社会发展状况的横向比较和纵向比较，可以让少数民族了解民族地区经济社会的发展状况及其今昔对比情况，让其体会感受在马克思主义理论指导下我国民族地区经济社会的巨大变化，从而对马克思主义理论指导下的中国共产党及其理论产生接纳与认同。因此，教师在马克思主义理论教育中要注重向少数民族大学生分析民族地区经济发展历时状况与现实状况，分析我国少数民族地区经济社会发展状况与周边国家民族地区经济社会发展状况，从而增强少数民族对中国共产党的认同、增强对马克思主义理论的认同。比如，新中国成立前我国各少数民族生活的边远山区，经济落后、交通不便、信息闭塞，少数民族饱受本国剥削阶级和外国资本主义的剥削与压迫，生活极端困苦和艰难。新中国成立后在马克思主义理论指导的中国共产党的领导下，我国少数民族地区在经济社会发展方面发生了翻天覆地的变化，特别是改革开放以来我国民族地方的经济社会状况更是得到了飞速发展，人民生活状况得到了极大改善。在对少数民族大学生开展思想理论教育过程中，要注重分析这种变化，使少数民族学生在体会了解少数民族地区经济社会发展的今昔对比中，增强对中国特色社会主义道路和理论的信任，从而增强对马克思主义理论的认同与接纳。同时在对少数民族学生开展思想理论教育中要注重对各民族地区经济社会发展状况与国内国外地区进行比较，特别要注重把我国边疆民族地区经济社会发展状况与周边国家相邻地区进行比较，通过比较鉴别，真正认识到马克思主义理论指导下的中国的巨大变化，认识到马克思主义理论指导下的中国共产党的先进性，从而增强对中国共产党和对马克思主义理论的接纳与认同。

（三）民族学生对马克思主义理论的认同程度与少数民族对本民族历史遭遇的认识和了解程度密切相关

民族学生对马克思主义理论的认同程度与其对少数民族历史遭遇的了解密切相关，主要是指民族学生通过了解新中国成立之前或之后我国少数民族的历史遭遇及各少数民族与中国共产党共同的历史遭遇，通过了解马克思主义理论及其政党在少数民族及其地区的伟大实践，促进民族学生对马克思主义政党及马克思主义理论的认同。马克思主义是中国共产党的指导思想，深刻了解我国各少数民族与中国共产党为各民族的独立和富强而共同斗争的历史，有助于增进民族学生对中国共产党的了解和认识、从而促进他们对马克思主义的理解、认同和接纳。

少数民族大学生对本民族历史遭遇的深入了解有助于增强少数民族学生对马克思主义理论的认同感。新中国成立前我国各少数民族受尽国民党反动派的政治压迫和经济剥削。例如蒋介石在1927年发动反革命政变后，他认识到少数民族地区在军事上的独特优势，便勾结偏远和边疆少数民族地区封建势力，控制少数民族地区，并对少数民族进行残酷的统治。蒋介石在湖南民族地区设立建立保甲制度，并推举一些地痞流氓作为保长和甲长，对少数民族实行野蛮剥削和压迫。同时国民党对广大少数民族实行民族歧视政策，蒋介石政府认为中国只有一个民族，事实存在的各少数民族只是其中的宗支，并强行对各少数民族实行强行同化政策，不准少数民族使用民族语言、不准穿少数民族服装、不允许过少数民族节日，并认为少数民族的传统风俗都是一些伤风败俗，强行加以制止。经济上各少数民族也受尽了国民党残酷的剥削，比如在少数民族地区征兵，强迫少数民族服兵役使各少数民族困苦不堪，最初征兵一年一次，后来变为一年两次，并在征兵过程中收取大量钱财，有钱人出钱免兵役，无钱人被迫服役，而那些地主阶级的青壮年无论多少都免除兵役；另一个方面是苛捐杂税，国民党统治时期，民族地区苛捐杂税多如牛毛，税务名目多、数额大。据中华民族史料记载，国民党时期黔东南税务名目达50多种，滇东南达60多种，黔南望谟县税务名目达100多种。在内蒙古民族地区地方军阀依靠势力对蒙古族人民进行盘剥，抢走牧民羊群。可以说国民党统治时期各少数民族生活在水深火热之中，新中国成立后少数民族的悲惨遭遇得到彻底改变。新中国革命和建设的伟大成就是在马克思主义理论指导下取得的，我们在对少数民族学生开展马克思主义理论教育中要让广大少数民族了解过去少数民族的悲惨遭遇，要让少数民族对其今昔生活状况进行对比，从而增强少数民族学生对马克思主义理论的接纳和认同。

另外，在马克思主义理论教育中促进学生对本民族历史遭遇的了解还包括对各少数民族与中国共产党共同的历史遭遇的了解以及对新中国成立后马克思主义理论及其政党在少数民族地区的伟大实践。同广大少数民族一样，旧中国工人阶级也是国民党残酷压迫和剥削的对象。在饱受国民党的压迫和剥削中工人阶级接受了马克思主义思想，并在马克思主义指导下组成自己的政党，和全国各族人民一起浴血奋战，推翻国民党反动派白色恐怖统治。在对少数民族开展马克思主义理论教育中，要让少数民族学生了解各少数民族与中国共产党在推翻共同的敌人的斗争中浴血奋战结下的深厚情谊，并相信在中国只有在中国共产党的领导下，在马克思主义指导下才能取得革命战争的胜利，以增进少数民族学生对马克思主义理论的接受和认同。比如在抗日战争中，我国各少数民族与中国共产党一道，英勇斗争、不屈不挠、共同抗日，在世界战争史上创造了伟大奇迹。在对少数民族开展思想理论教育中，我们要注意把少数民族与共产党顽强拼搏、并肩斗争的历史展现在少数民族学生面前，让少数民族学生体会到少数民族与共产党同呼吸共命运的历史，从而坚信党的可靠性、先进性以及增强对马克思主义理论的信任、认同与接纳。另外在新中国成立后，我国各少数民族在中国共产党的领导下全面开展社会主义建设，使中国经济社会产生了翻天覆地的变化，我们在思想理论教育中也要充分让少数民族学生知道少数民族与党一道共同繁荣、共同富强的历史，以增进少数民族对中国共产党和马克思主义理论的接纳。总之，少数民族学生对马克思主义理论的接受程度与少数民族学生对中国共产党与少数民族的历史遭遇的了解程度密切相关，要大力加强少数民族的历史教育。

（四）民族学生对马克思主义理论的认同程度与民族学生对马克思主义理论的认识和了解程度密切相关[①]

马克思主义是马克思主义者在追求人类社会解放过程中所形成的社会政治观和历史观，我国各少数民族在其独特生境和各自经济社会生活中也形成了自身的社会政治观和历史观，有比较才有鉴别，有评析才能更深刻。民族学生对马克思主义的认同程度与民族学生对马克思主义理论的认识和了解密切相关。一方面，在对少数民族学生开展马克思主义理论教育中，要注重向少数民族学生全面"灌输"马克思主义理论，使少数民族学生对马克思主义理论有一个全面了解；另一方面，在马克思主义理论教育中要注意把马克思主义社会历史观与少数民族社会历史观加以比较评析，使少数民族学生在比较评析中认识到马克思主义的科学性和广泛性、认识到少数民族政治观和历史观的局限性，从而接受和认同马克思主义。

在马克思主义理论教育中，要注重向少数民族学生全面"灌输"马克思主义理论，使少数民族学生对马克思主义理论有一个全面了解。马克思主义是马克思主义创始人及其追随者们在总结人类社会发展的一般规律基础上，从推进人类社会整体发展和人类社会解放的基础上提出的关于无产阶级世界观和人类社会发展的一般学说。斯大林指出，马克思

---

① 韦国善：《加强少数民族大学生思想政治教育的着力点》，《思想理论教育导刊》2010年第8期。

主义是在资本主义文明基础上、在借鉴和批判资本主义文明基础上建立和发展起来的，是当前政治社会文明程度最高的文明形态，其政治视野、政治立场和政治价值具有科学性和合理性，代表着人类社会发展方向，这一点马克思主义理论教育者必须要向他们讲清楚。同时要向他们科学讲解马克思主义的基本内容。马克思主义主要内容包括马克思主义哲学、马克思主义政治经济学和科学社会主义三个方面。马克思主义哲学在批判继承德国古典哲学基础上，克服了旧哲学形而上学和唯心主义成分，把唯物主义和辩证法有机结合，系统揭示了自然界、人类社会和思维的一般规律；马克思主义政治经济学在吸收英国政治经济学的基础上，详细阐述了资本主义产生、发展的一般规律，揭示了资本主义社会在整个人类社会发展中的地位与作用；科学社会主义是马恩在批判借鉴法国空想社会主义基础上，从历史唯物主义视角揭示的关于人类社会发展需要经由资本主义社会发展到共产主义的理论学说。这三个方面有机结合构成马克思主义理论的基本框架，在对少数民族学生开展马克思主义理论教育中，需要从整体视角向少数民族大学生阐明马克思主义的基本思想和基本观点。少数民族学生只有对马克思主义关于人类社会发展的普遍规律、关于对人类幸福社会的构想与追求有了全面深入了解，才能对其产生接纳与认同。

另一方面，在马克思主义理论教育中要注意把马克思主义社会历史观与少数民族社会历史观加以比较评析，使少数民族学生在比较评析中认识、接受马克思主义。少数民族在其独特的生境和经济社会生活中也形成了自身独特的社会历史观和社会政治观，这些政治历史观是少数民族在长期的生产生活和斗争中形成的，反映了少数民族对自然、社会的看法，是少数民族处理人与自然、人与社会关系的基本观点，是少数民族的世界观和政治哲学，少数民族的世界观和政治哲学是少数民族处理社会与自然经验的总结，有其科学性，并适应于少数民族社会。但是这些政治历史观和政治社会观有其局限性，我们需要对其客观评析。在教学中教师从促进人类社会发展的视角对少数民族政治历史观和社会价值观予以评析，对于少数民族学生准确认识少数民族社会历史观具有重要意义和价值，同时有助于少数民族学生认识马克思主义，有助于少数民族对马克思主义理论产生理解和认同。比如，关于世界的起源我国不同民族有不同观点，布依族原始意识中认为世界上只有清气和浊气，天地万物就是由清浊二气运动变化而产生；彝族先民认为原初物质是雾；德昂族在探索世界的本原中提出茶叶是万事万物本原的思想。这些关于世界起源的宇宙观念，将自然与社会、神话与现实、正确与错误等诸种感性认识混杂交织在一起，形成了原始朴素、错综杂糅的宇宙观念，我们在对少数民族开展思想理论教育过程中需要对少数民族的社会历史观和社会政治观展开评析，使其认识到自身观念的合理之处与不足，激起他们不断追求、不断探索的动机，在这种比较评析中增强对马克思主义的理解、接纳和认同。

（本文修改后发表于《四川民族学院学报》2014年第1期）

民族院校开放办学新路径

"开放式办学"是指高等学校在加强内部办学的同时,在办学诸方面注重面向学校系统以外,与外部系统进行信息交流,以获得广阔视野与养分,促进学校系统更优化的一种办学模式和办学理念。由于民族院校的民族性、地域性和民族院校的部门办学体制,使得我国民族院校长期以来形成了一种相对封闭的办学状态。我们必须正确认识民族院校的使命及当前我国民族院校所面临的社会大环境的变化,深刻认识民族院校开放式办学的必要性。

开放式办学是民族院校基本职能的内在要求。培养人才、科学研究和社会服务是民族院校的三大基本职能,这些职能内在要求民族院校实施开放式办学。民族院校在履行其职能时不能把自己封闭起来,必须从其三大职能的开放性要求出发进行职能定位,推进教学的开放、研究的开放和社会服务的开放,以给民族院校一种广阔的发展视野。从人才培养角度看,任何一所院校都不可能满足学生了解新信息、获取新知识和掌握新技能的所有需要,民族院校需要开放办学,充分利用校外资源,以满足学生对知识、能力和素质的多样性需求。从科学研究的角度看,科学不分民族、科学没有国界,民族院校要开放办学,博采众长、为我所用。从社会服务角度看,民族院校只有与民族地区经济社会以及整个国家乃至全球的需要紧密结合才会有更大的发展空间。

开放式办学是民族院校提高教育质量和办学水平的需要。在我国,随着社会主义市场经济体制的逐步确立,政府与民族院校的关系发生了深刻的变化,民族院校价值的确认越来越偏重于社会的认可程度。毕业生在就业市场的竞争力取决于民族院校的人才培养质量，质量不高就会影响学校在社会上的地位和信誉，因此提高质量成了当前民族院校面临的迫切问题。民族院校的开放式办学就是着力于推进民族院校教育质量和办学水平的提高。在这方面，民族院校可以通过学校内部各个院系和部门之间相互开放、通过学校对社会的开放（包括对企业、政府和其他高校的开放）以及开展各种国际交流面向世界的开放，不断提升自身专业水平、优化师资结构、提高人才培养质量，从而提升民族院校的办学水平、办学声誉和办学质量。

开放式办学是教育信息化和国际化对民族院校提出的客观要求。进入 21 世纪以来，社会环境发生了深刻的变化。一方面，科学技术的迅猛发展使人类社会迈入了一个全新的信息时代，新技术革命的兴起，尤其是通讯、信息、航天技术的发展，大大加强了世界各国在经济、科技、文化和教育各方面的联系，使得包括民族院校在内的高等学校不得不实施开放式办学，面向国内、国际开放，以促进学术、文化和教育的交流和合作。另一方面，随着当今经济全球化、世界一体化的逐步形成，高等教育国际化成为一种潮流。在高等教育国际化的过程中，我国民族院校也将广泛地参与全球范围内的教育服务与竞争。面对国内国际高等教育领域的激烈竞争，民族院校必须冲破封闭式办学体制，以开放的心态敞开胸怀与国内外大学展开深入的交流、沟通与合作，走开放式办学之路，在开放中办成一流民族院校。

（本文发表于《光明日报》2011 年 6 月 20 日）